消費税の
税率構造と
仕入税額控除

医療非課税を中心に

安部和彦［著］

東京　白桃書房　神田

はじめに

　本書は，消費税法上，非課税売上げに対応する仕入税額について控除が認められないため生じる控除対象外消費税を事業者が負担することを余儀なくされる問題に関し，どのような法的対応策があるのかについて，その税率構造と仕入税額控除との対応関係に焦点を当てて探求するものである。

　消費税は税率が5％から10％に二段階で上げられるなど，近年税源としての重要性が益々増加しているが，そのような基幹税というべき税制の中での存在感にもかかわらず，消費税に関する法的研究は意外なほど少ない。その理由については，本文でも触れたが，法学の研究が主として裁判規範としての法に焦点があてられる傾向にあり，法的紛争には至らない論点に関する租税法の研究者や実務家の関心が低いことを反映しているためと考えられる。また，租税実務家として最大勢力である税理士は，筆者自身そうであるが，出来上がった租税制度の解釈や運用には興味を示すものの，問題のある制度を改善するため理論的整合性を持った提案を行うといったことには消極的なのが実情で，この分野での存在感は残念ながら薄い。

　もともと本書の執筆動機は，医療機関における控除対象外消費税問題をどのように解決すべきなのか，クライアントから質問されたことに端を発している。当初は極めて実務的な，理論的な論点に乏しい「さして面白くない」問題と高を括っていたものの，医療機関経営者の極めて真摯な一方で，どこか患者の視点に乏しい議論の応酬に次第に疑問を感じ始め，当事者から一歩引いた論点の全体像を提示するような視点が重要で，そのためには諸外国の制度の検討を含めた仕入税額控除制度の理論的な研究が必要なのではないかと思い至り，急遽博士論文のテーマにしたところである。そのため，本書は租税法の研究書ではあるものの，その分野の研究者や実務家のみならず，いやそれよりはむしろ，医療機関の経営者にこそご一読いただき，間近に迫った税制改正論議の参考資料としていただければ，と願っている。

　本書は序章においてまず研究の目的とその分析手法を述べたのち，第1章において付加価値税としての消費税法の基本構造について，その税率構造と課税の累積を排除する仕入税額控除との対応関係に焦点を当ててその内容をみていくこととする。

　第2章においては，本研究のメインテーマである医療機関における控除対象外消費税問題を取り上げる。すなわち第2章においては，まず医療機関の経営状況を確認した後，そこにおける控除対象外消費税の負担状況とそれが発生するメカニズムについてみていくこととする。次に，本研究により解決への方向性を示したいと考えている医療機関における控除対象外消費税負担の問題が争われた神戸地裁の裁判例の検討を行っている。さらに，控除対象外消費税の負担が医療機関の経営に与え

i

る影響を検討し，合わせて当該問題解決のための選択肢及び各選択肢のメリット・デメリットを提示する。

第3章では，付加価値税の税率構造と医療機関における控除対象外消費税問題の比較制度分析を行う前提として把握すべき，第4章以下で取り上げるイギリス，カナダ，オーストラリアとわが国の医療制度の比較制度分析を行っている。

第4章では，付加価値税の税率構造がわが国と比較して相当程度複雑であり，ゼロ税率や非課税措置が広範に認められているイギリスの付加価値税について，EUの付加価値税指令との関係にも触れながら取り上げ，当該税率構造を持つこととなった背景とその複雑さゆえの問題点，マーリーズ・レビューを中心にした見直しの議論の動向について検討している。

第5章では，前半で病院等の公的機関に対し控除不能となった付加価値税の一部を還付する仕組みを持つカナダの付加価値税を取り上げ，その仕組みが導入された背景とわが国への導入可能性について検討する。後半では，医療の提供に関しゼロ税率が適用されるという世界的に見てもユニークな制度を持つオーストラリアの付加価値税を取り上げ，その得失を検討している。

最後の第6章では結論として，前章までの付加価値税制の比較法的検討を踏まえ，わが国の医療機関における控除対象外消費税問題の解決策として，カナダの付加価値税制に範をとった還付制度の導入という方法を示し，合わせて当該制度の他の非課税措置への発展可能性と今後の課題を提示している。

本書は一橋大学大学院国際企業戦略研究科経営法務専攻に提出した博士論文が基になっている。博士後期課程在学中，最初の2年間は藤枝先生，後半の3年間（うち1年間は藤枝・吉村ゼミとして共同で指導を受けた）は吉村先生の指導を受けることができた。稚拙かつ不十分な内容とはいえどうにかこうにか論文提出にまで辿り着くことができたのは，吉村先生の厳しくも的確なアドバイスを受けることができたからに他ならない。吉村先生が気鋭の租税法学者であることは論を俟たないが，実は先生は中医協の「医療機関等における消費税負担に関する分科会」の公益委員に就任されており，本論文のテーマに関する指導教授として（恐らくわが国において）最も適任であったことは，筆者にとって望外の幸運であった。

また，博士後期課程2年次に入学時とは異なるテーマに変更することを（恐らくはあきれながらも）許して下さった藤枝先生には，カナダの法律事務所からアドバイスを得る便宜を図っていただいた上，東大に移られた後も副査として論文の審査に立ち会っていただくなど，折々で大変お世話になった。論文作成過程では他にも多くの方々の支援を得ることができたが，中でもお二人には特にお世話になったことをここに記して御礼申し上げたい。

最後に，20年以上前筆者が簿記を勉強する際に使用した中村忠先生の教科書を出

はじめに

していた出版社であるという懐かしさから，ついコンタクトを取った白桃書房から本書を出版することができたのも，何かの縁である。出版事情が厳しい中，無名の実務家による博士論文の刊行に快く応じていただいた，白桃書房社長の大矢栄一郎氏に厚く御礼申し上げたい。

2015年6月

安部　和彦

はじめに

序　章　消費税法の解釈と立法

1　はじめに ··· 1
2　本書の基本的なアプローチ ·· 5

第1章　消費税法の基本構造

1　付加価値税としての消費税 ·· 9
　（1）付加価値税の転嫁　9　（2）付加価値税に対する課税の意義　10
2　消費課税の意義と納税義務 ··· 12
　（1）消費課税の意義　13　（2）わが国における消費税の位置づけ　14
　（3）消費税は「付加価値」税なのか　15　（4）消費税の納税義務と課税標準　17
3　仕入税額控除制度の意義と機能 ··· 19
　（1）仕入税額控除の法的性格　19　（2）仕入税額控除の方法　21
4　税率構造と仕入税額控除との対応関係 ·· 23
　（1）消費税の課税対象　23　（2）輸出免税の意義と問題点　25
　（3）非課税の意義と特徴　27

第2章　医療機関における控除対象外消費税問題

1　はじめに ·· 33
2　医療機関の経営状況 ··· 33
　（1）わが国における医療の提供体制　33
　（2）わが国における医療機関の経営状況　35
3　わが国の診療報酬制度 ·· 38
　（1）公的医療保険の特徴　38　（2）診療報酬の仕組み　40
　（3）診療報酬改定のプロセス　42　（4）診療報酬制度の問題点　43
4　医療非課税と控除対象外消費税 ··· 45
　（1）付加価値税における非課税の意義　45　（2）物的非課税と人的非課税　50
　（3）非課税における税額転嫁と隠れた付加価値税　50
　（4）医療非課税と控除対象外消費税　52　（5）消費税導入時の議論　54
　（6）控除対象外消費税の所得課税上の取扱い　55

（7）導入時に医療非課税以外の選択肢は取り得たのか　56
　5　控除対象外消費税負担をめぐる裁判例の検討 ──────────── 57
　　（1）はじめに　57　　（2）事件の内容　58　　（3）本判決の検討　61
　　（4）本判決の意義と展望　64
　6　控除対象外消費税負担が医療機関に与える影響 ─────────── 65
　　（1）負担の状況　65　　（2）控除対象外消費税の発生要因　67
　　（3）医療機関の設備投資の状況　68
　7　問題解決のための選択肢 ───────────────────── 71
　　（1）考えられる選択肢　71　　（2）各選択肢の検討　73
　　（3）税制上の措置を行わない場合の弊害　84
　8　付加価値税の国際比較 ────────────────────── 87
　　（1）主要国における付加価値税の現状　87
　　（2）付加価値税の国際比較と評価の尺度　90　　（3）日本の消費税と効率性　94
　9　小　　括 ────────────────────────── 95

第 3 章　医療制度の国際比較

　1　はじめに ─────────────────────────── 97
　2　イギリスの医療制度 ─────────────────────── 98
　　（1）イギリスの医療供給体制　98　　（2）公的医療保障制度　100
　3　カナダの医療制度 ──────────────────────── 102
　　（1）カナダの医療供給体制　102　　（2）公的医療保障制度　104
　4　オーストラリアの医療制度 ──────────────────── 105
　　（1）オーストラリアの医療供給体制　105　　（2）公的医療保障制度　106
　5　わが国の医療制度 ──────────────────────── 108
　　（1）わが国の医療制度の基本理念　108　　（2）公的医療保険制度導入の経緯　109
　　（3）公的医療保険制度の特色　112　　（4）医療供給体制　115
　6　医療政策の国際比較 ─────────────────────── 116
　　（1）医療費の国際比較　116　　（2）医療制度の国際比較　119
　7　小　　括 ────────────────────────── 121

第 4 章　イギリス及び EU における医療の提供に対する付加価値税の取扱い

　1　はじめに ─────────────────────────── 123
　2　付加価値税導入の経緯とその後の経過 ─────────────── 124

（1）イギリスにおける付加価値税の導入　124　（2）付加価値税導入後の推移　125
3　税率構造と仕入税額控除制度 ……………………………………………………… 126
　（1）イギリス付加価値税の税率構造　126　（2）仕入税額控除制度の概要　129
　（3）非課税売上対応課税仕入税額の控除否認　130
　（4）仕入控除制額の算定方法　131　　（5）少額不追及制度　134
　（6）課税仕入れに関する使用意図の変更　135　　（7）税率構造と効率性　135
4　医療の提供に対する付加価値税の取扱い ……………………………………… 137
　（1）医療の提供に係る付加価値税の取扱い　137
　（2）イギリスにおける医薬品の提供に係る付加価値税の取扱い　139
　（3）イギリスにおける介護サービスの提供に係る付加価値税の取扱い　140
　（4）イギリスにおける医療従事者の付加価値税の控除　141
　（5）イギリスにおける判例の動向　141　　（6）日英の制度比較　143
5　EU付加価値税指令と医療非課税 ………………………………………………… 144
　（1）欧州における医療の提供に係る付加価値税の取扱い　144
　（2）付加価値税指令における非課税規定　146　　（3）仕入税額控除制度　149
　（4）欧州における控除対象外付加価値税問題　152
　（5）人的非課税措置に関する控除対象外付加価値税問題　153
6　欧州における付加価値税の非課税措置見直し論 …………………………… 157
　（1）非課税措置の見直し論議　157
　（2）社会政策的配慮に基づく非課税措置の見直し　161
　（3）課税選択（オプション）制度　163
7　小　　括 ………………………………………………………………………………… 166

第5章　カナダ及びオーストラリアにおける
　　　　　医療の提供に対する付加価値税の取扱い

1　はじめに ………………………………………………………………………………… 167
2　カナダにおける付加価値税導入の経緯 ………………………………………… 167
　（1）カナダ税制の特徴　167　　（2）付加価値税の沿革　170
3　カナダ付加価値税の税率構造と仕入税額控除制度 ………………………… 177
　（1）税率　177　　（2）税率構造　178　　（3）仕入税額控除制度　180
4　カナダにおける医療の提供に対する付加価値税の取扱い ……………… 181
　（1）医療の提供に対する取扱い　181　　（2）公的機関への還付制度　182
　（3）病院に対する還付制度　183　　（4）公的病院の要件　184
　（5）入院患者の治療行為　184　　（6）その他の患者に対するサービスの提供　185
　（7）公的病院の要件に該当しない活動　185　　（8）地域貢献活動　186

（9）還付制度の見直し論議　186
 5　カナダ付加価値税における還付制度の評価 ──── 188
　（1）還付制度の意義　188　　（2）還付制度の規模　190
　（3）還付制度のわが国への導入可能性　191
 6　オーストラリアにおける付加価値税導入の経緯 ──── 192
　（1）オーストラリアにおける付加価値税の位置づけ　192
　（2）付加価値税の導入の背景　193
 7　オーストラリア付加価値税の税率構造と仕入税額控除制度 ──── 195
　（1）税率　195　　（2）非課税及びゼロ税率　195
　（3）仕入税額控除制度の概要　196　　（4）仕入税額控除の特例　198
 8　オーストラリアにおける医療の提供に対する付加価値税の取扱い ── 202
　（1）医療の提供に係る付加価値税の取扱い　202
　（2）医療の提供に対するゼロ税率適用の理由　203
　（3）Vos 委員会のレポートと上院の委員会による批判　203
　（4）GST-free となる医療の提供　205　　（5）医療隣接サービスの提供　206
 9　小　　括 ──── 208

第6章　結　論

 1　控除対象外消費税問題への対処方法 ──── 211
　（1）控除対象外消費税問題の診療報酬改定からの切り分け　211
　（2）医療非課税の維持　212　　（3）還付制度の導入　212
　（4）簡易課税適用事業者及び免税事業者への対応　220
　（5）公的介護保険サービスへの対応　221　　（6）非課税還付制度導入論の限界　221
 2　他の非課税措置への応用可能性 ──── 222
　（1）仕入税額控除制度の法的意義と非課税措置　222
　（2）他の非課税措置への応用可能性と判断基準　223
 3　今後の課題 ──── 227
　（1）医療提供体制の変化とそれに対する税制の対応　227
　（2）非課税措置の抜本的な見直し　227

参考文献
索　　引

序章　消費税法の解釈と立法

1　はじめに

　本書は，わが国の医療機関における収入額の大部分を占める社会保険診療報酬に対する消費税が非課税とされる一方で，当該報酬に対応する仕入れに係る消費税額が仕入税額控除の対象から除外される結果，事業者である医療機関が負担することを余儀なくされる消費税額，すなわち控除対象外消費税額[1]につき，今後どのような対処方法によりその解決を図ることが妥当なのか解明することをその主たる目的とするものである。そのため本書では，消費税法における税率構造，すなわち売上に対する課税（標準税率，軽減税率及びゼロ税率）・非課税の適用と仕入税額控除の対応関係に焦点を当て，当該対応関係の法的意義を検討することで，医療非課税を維持しながら控除対象外消費税問題に対処する具体的な道筋を明らかにする。

　わが国における消費税に関する先行研究は，経済学・財政学的なアプローチによる制度の大きな枠組みに関してのものが多くを占め，租税法の立場からの研究は，従来，仕入税額控除に関する手続法的な観点からの研究，すなわち税務調査において適時に調査官に対し帳簿書類を提示しない場合仕入税額控除の要件である「帳簿書類の保存」を満たしているか，という論点[2]をめぐる研究[3]に比較的偏っている傾向にあった。これは，法学の研究が主として裁判規範としての法に焦点が当てられる傾向にあり[4]，法的紛争には至らない論点に関する租税法の研究者や実務家の関心が低いことを反映しておりやむを得ない側面もあるが，この状況は決して消費

---

[1] 事業者が消費者から預かった消費税額を法令上納めなくても済むことについて一般に「益税」と称するのに対し，逆に，このように税額を事業者が負担することとなる問題を「損税」ということがある。

[2] これをめぐる判例としては，最高裁平成16年12月16日判決・民集58巻9号2458頁，最高裁平成16年12月20日判決・判時1889号42頁，最高裁平成17年3月10日判決・民集59巻2号379頁などがある。

[3] その代表的なものとして，増井良啓「帳簿不提示と消費税の仕入税額控除」判時1676号（1999年）164-169頁，占部裕典『租税法の解釈と立法政策Ⅱ』（信山社・2002年）513-553頁，首藤重幸「消費税法解釈論上の諸問題」租税法研究第34号（2006年）18-34頁などがある。

[4] 財政法学の研究領域が伝統的に国家内部における財政管理に偏っていたため，裁判規範としては機能せず，実務解説的な検討を超えた法学研究が不活発であったことを指摘するものとして，藤谷武史「財政活動の実体法的把握のための覚書（一）」国家学会雑誌119巻3・4号（2006年）138-140頁参照。

税に関し解決すべき法的論点が少ないということを意味しているわけではない。むしろ，法的紛争にまでは至らないものの，実務において大きな問題となっており，その解決が当事者により切実に望まれているが，解決への理論的な道筋がつけられないため，混迷を極めているという論点がある。消費税法に関するその典型的な論点が，本研究で取り上げる医療機関における控除対象外消費税負担の問題[5]である。控除対象外消費税問題は先行研究がほとんどなく取り組み辛い論点であるが，消費税法の基本的な構造である仕入税額控除の問題に踏み込むことを要するため，その理論的検討は極めて重要である[6]。

　ところで租税法の研究方法には，一般に大きく分けて，租税に関する法律の解釈原理ないし解釈理論の解明と形成とを目的とする法解釈学的アプローチによるものと，租税に関する法律の立法から解釈・適用までの過程を社会学的にとらえ，その現状を客観的に究明することを目的とする法社会学的アプローチによるもののふたつがあるとされる[7]。無論，実際の研究は両アプローチのいずれかのみで行われるものではなく，その比重の違いこそあれ，基本的に両者を併用して行われることになる。ただし，租税法は税制改正大綱等に基づき毎年何らかの改正がなされることから，他の法律よりも，法文ないし制度（実定法）が変わらないこと[8]を前提にした法解釈論よりもむしろ立法，すなわち解釈論によっては合理的な結論ないし解決策が導き出せないため（法）制度そのものを作り替えること[9]の重要性が高い法規ではないかと思われる[10]。租税法規は自生的・安定的な法秩序ではなく，租税理論を背景に経済社会の変化に対応すべく継続的に可変的な法体系[11]である。租税法

---

[5] その唯一の例外が第2章で取り上げる神戸地裁の裁判例である。
[6] 問題意識を共有するものとして，村井正「わが国消費税制の課題と展望」税理2013年9月臨時増刊号36頁。
[7] 金子宏『租税法（第二十版）』（弘文堂・2015年）24頁。
[8] 昭和21年の公布以来一度も改正されていない憲法や明治29年の公布以来の抜本的な改正が現在議論されている民法（契約法）などを指す。
[9] 平井教授によれば，法制度設計のための理論ないし技法を「法政策学」という。平井宜雄『法政策学（第2版）』（有斐閣・1995年）5頁。また，厚生労働省の官僚によるわが国の立法過程の理論的な分析を行った研究も出ている。中島誠『立法学（新版）』（法律文化社・2007年）3－23頁参照。
[10] 行政法学が制定法の改廃・制定に関与し立法学としての特質を強調することの意義について説くものとして，大橋洋一「制度変革期における行政法の理論と体系」公法研究65号（2003年）80頁がある。また，政策税制（非営利団体の所得課税）に関して，対象から適切な距離を取って租税法学による理論的枠組を提示する意義を説くものとして，藤谷武史「非営利公益団体課税の機能的分析（一）」国家学会雑誌117巻11・12号（2004年）1024－1025頁がある。
[11] 憲法学者の高橋教授は，今日求められている憲法学とは，権力は永遠の敵であり，国民の権利は権力との不断の闘争によってしか確保できず，その立場から制度設計や制度運用につき現実化困難な，過度に理想的なあり方を求める（憲法学においては優勢な）

における立法論は，より良い法制度（租税法規）を設計し実現するため，いかにして関係者の合意形成を図り[12]，また，執行可能な租税法規を提案[13]していくかが探求されるのである。

　従来，租税法規の立法過程において中心的な役割を果たしてきたのは，財務省主税局（地方税であれば総務省自治税務局）の官僚であり，その対抗勢力として登場する，利害関係を有する日本経団連・業界団体とそれを管轄する各省庁の担当部署，及びその意向を受けた政権与党の政治家であった。このような現象は，民主主義国家における政策決定過程としてそれなりの合理性を有するものと考えられるが，他方で税の「あるべき論」よりもむき出しの業界エゴが幅を利かせる側面もあったよう思われる[14]。特に問題なのは，政策決定の過程にアクセスしにくい業界団体や国民一般の声がその中に反映し難いという点である。特定の業界団体にしか影響が及ばない分野に係る税制改正であればそれでもよいだろうが，例えば，最終消費者が負担することとなる消費税の議論において，国民一般の声が立法過程においてほとんど反映しないというのは問題であろう。

　租税法の立法過程の透明化は，民主党政権下で政治家主導の政府税調の運営といった方法等により模索されたが，年を追うごとにその性格があいまいとなり，自民党の政権復帰により元に戻った。議論すべき分野が広く利害調整が複雑化しかつ内容が専門的になりがちな租税法については，その立法過程の透明化は，言うは易く行うは難し分野の典型と考えられる。しかし，一度できた法律を後から修正するよりも，できる前に直すべき点を直す方が効率的なのは言うまでもない。租税法の法案が国会に提出される前に，あらゆる機会をとらえてよりよい立法を目指して国

「抵抗の憲法学」ではなく，権力を国民がコントロールできるものととらえ，国民の権利が保障されるような制度の設計と運用に関する現実的な可能性のある理論を提示し，妥協をも厭わない「制度の憲法学」であるとしている。このような視点，すなわち制度設計や制度運用に関しその現実化の可能性を念頭において議論を進める姿勢や，実施した結果制度設計の失敗が明らかになった場合には批判を甘受するという緊張感ないし覚悟は，租税法学においてもそのまま当てはまるものと考えられる。高橋和之「『戦後憲法学』雑感」成田頼明・園部逸夫・塩野宏・松本英明編『行政の変容と公法の展望』（行政の変容と公法の展望刊行会・1999年）258－265頁参照。

[12] 社会科学の世界では，理論的整合性を過度に求めるあまり，世間一般の賛同者が少数にとどまる議論を殊更に尊重する傾向がみられないわけでもないが，制度の設計と運用に関する法律学的研究においては，現実に直面している法的課題を解決するため，可能な限り多数の賛同が得られる案を模索し，制度改正を実現する姿勢こそを尊重することとなる。

[13] 実定法の制度設計であるため，それにかかわる法律家（租税法であれば弁護士や税理士，国税職員をも含む）の思考様式に適合した概念を提示すること，すなわち実務に即した制度設計を行うことは必須の条件となる。平井前掲注9書12－13頁参照。

[14] このような事例につき，高齢者マル優の限度額引上げをめぐる自民党郵政族の動きを記したものとして，加藤寛・横山彰『税制と税政』（読売新聞社・1994年）93－95頁参照。

民各層が意見表明を行うことが，租税法の立法過程の透明化につながるものと考えられる。その具体的な発信の方法としては，①研究者や実務家による論文の発表や報告，②税制改正を要求する業界団体の主催する研究会等への参加，③税理士会等[15]による税制改正事項の提言の発表，といったものが考えられる。その意味で，利害関係から一歩離れた，利益誘導的ではない，理論的かつ専門的な立場からあるべき租税法規の提案を行う研究の重要性と役割は，今後大きくなることが期待され，また租税法学はそれに応えていく[16]必要があると考える。

　このような視点を本書に即してみていくと，第2章でみるように医療機関における控除対象外消費税について争われた神戸地裁平成24年11月27日判決（裁判所ＨＰ行政事件裁判例集）[17]を検討した結果，現行消費税法の解釈論によっては医療機関における控除対象外消費税の問題を解決することは非常に困難であるという問題意識の下，その解決には基本的に立法によるほかなく，そのために国民各層の合意形成が可能となるような道筋を示すことが本書における研究の目的となるということになる。すなわち，本書は解釈論というよりは政策論ないし立法論の色彩が強いということになるが，その研究姿勢としては，付加価値税である消費税という経済理論に全面的に依拠して形成された税体系という特徴[18]を踏まえ，経済学の成果や知見を十分に導入しつつ，租税法及び税務会計を中心にした租税領域の実務家である税理士としての経験を生かし，新たに立法化される制度の運用面（租税立法においては執行可能性）にも配慮した設計及び分析[19]を行っていくこととする[20]。

　また，本書のテーマは租税政策の社会保障制度への接近という側面もあるが，従

---

[15] 税理士法第49条の11では「税理士会は，税務行政その他租税又は税理士に関する制度について，権限ある官公署に建議し，又はその諮問に答申することができる。」と規定されている。

[16] 税制改正論議において利害関係者が参照可能な分析や提案を租税法の研究者ないし租税実務家がタイムリーに行うということも重要である。勿論，一旦制度化された租税法の評価（立法趣旨・意図が適切に反映しているか，その後の経済社会の変化に対応できているのか等）も租税法の研究者等の重要な役割であろう。

[17] 本件訴訟を平井教授が提示する訴訟の類型である「政策志向型訴訟」ととらえ，現行制度の矛盾点をあぶり出し国民及び政策当局の注意を喚起するものと評価することが可能であろう。平井前掲注9書6頁参照。

[18] 課税所得の計算において会計学の知見（税務会計）を全面的に取り入れている法人税法とは，その点で大きく異なるといえる。

[19] 租税法の研究においてこのような姿勢の重要性を説くものとして，中里実「租税法の位置づけ」中里実・弘中聡浩・渕圭吾・伊藤剛志・吉村政穂編『租税法概説』（有斐閣・2011年）3頁参照。

[20] 租税法学における立法学の重要性は，租税法学黎明期の昭和26年に既に中川一郎氏により「税法の解釈学だけが税法学ではなく，税法の立法学も税法学である。」と説かれている。中川一郎『税法学巻頭言集』（平成25年・清文社，初出は『税法学』第5号（昭和26年5月））5頁。

来このような視角からの理論的分析が必ずしも積極的になされてきたとは言えないところである[21]。しかし，国家支出の大部分を占める社会保障制度とそれを賄う租税制度とを一体で考えるというのが民主党政権時に提唱され自民党政権においても継承されている「社会保障と税一体改革」の基本的なコンセプトであり，そのような思考こそが今後益々重要となっていくことは間違いないであろう。本書は，租税政策の医療制度への接近と機能分化（ないし役割分担）に係る理論的分析を行うものである。

2　本書の基本的なアプローチ

　本書が扱う医療機関における控除対象外消費税の問題の解決方法は，大きく分けて，①診療報酬の改定による方法と，②消費税法の改正による方法（立法による解決）のふたつがある。いずれがより妥当な方法であるかについての具体的な議論は第2章以下で詳細に検討することとなるが，この問題に対する本書の問題意識の焦点は，現行消費税法の課税システムに基因する医療機関における控除対象外消費税の負担について，診療報酬改定という医療制度ないし医療政策にその解決を委ねることの妥当性にある。

　第2章第3節でみるように，公的医療保険制度を採用するわが国において，「望ましい」医療政策実現のため公定価格である診療報酬の果たす役割は非常に大きく，その報酬改定に注がれる労力も甚大であるが，利害関係者の種々の意図を反映させることが求められていることから，その決定メカニズムは極めて複雑怪奇である。しかも原則として2年ごとに改定される診療報酬は，その時々の経済情勢や財政事情を反映した，必ずしも継続性を重視しているとはいえないような改定がなされる傾向にある。そのような診療報酬改定によって，医療機関にとっての法的安定性や予測可能性・透明性の確保[22]が要請される消費税の問題の解決を図ることが果たして妥当といえるのであろうか。非課税に伴う負担は転嫁により解決するのが消費税の「原則」であるとして，租税法内部による解決を放棄し医療政策に丸投げすることが果たして妥当な政策的判断と言えるのか。もっともこれは，医療政策と租税政策とのいずれが優位であるかという議論ではなく，両政策の機能に応じた役割分担の問題であると考えられる。ここでの判断基準は，国民がいかなる「価値」

---

[21]　年金制度に関するこのような視点からの分析として，小林秀太「租税政策と社会保障制度」金子宏編『租税法の基本問題』（有斐閣・2007年）35-54頁及び同「法と経済学における税と保険料」季刊社会保障研究 Vol.42 No.3（2006年）260-270頁参照。
[22]　医療機関の経済的な意思決定におけるこれらの法的価値の保障は，憲法84条に規定される租税法律主義の重要な機能であるといえる。金子宏「租税法における学説と実務」『租税法理論の形成と解明上巻』（有斐閣・2010年）129頁参照。

に重きを置いて選択するのかということになるであろう。

　仮に後者の②による場合には，解決策を検討する際の手順と基準が問題となるだろう。すなわち，平成元年の消費税導入時及び平成９年の消費税率引上げ時には上記①の方法によったわけであるが，今回の消費税率の引上げ時[23]の対応として①の方法は果たして適切といえるのかどうかがまず検討され，その結果それによる対応では不適切であることが言えなければ，②を検討する意義は乏しいということになる。そのような判断を下すための前提条件として，わが国の医療機関の経営状況についてのデータによる把握及び診療報酬制度の基本的な理解が必要となることから，本書ではその点についても必要に応じて触れることとする[24]。

　次に，控除対象外消費税問題に対処するため消費税法の改正を行うとして，どのような改正を行うのか検討する際には，まず現行税制を前提に適切な措置を講じるという手法によらざるを得ないということを念頭に置くということである。税制改正の議論をする際，ややもすると現行税制の枠組みを無視して，あたかもまっさらな状態で新税制を構築するかのごとき議論を展開する例もみられるが，実際にはそのような手法を採ることはできない。現行の消費税法は，社会保険診療の提供に対する消費税は導入以来非課税とされており，国民（＝患者）は既に20年余そのような取扱いを前提に社会保険診療を受けている。したがって，仮に社会保険診療の提供に対する消費税の取扱いを非課税から別の取扱いにする場合[25]には，何故そうなるのか，そうすべきなのかを国民全般に対して説得力のある説明を果たすことが強く求められるということになる。

　また，上記検討の結果仮に立法措置が必要とされる場合，いかなる立法措置が考えられ，そのいずれが妥当であるのかを比較検討することとなるが，立法的解決によるケースでは現行税法上存在しない新たな措置の導入が必要となることが多い。その場合には，当該制度を導入した場合，予想される影響（プラス面及びマイナス面の双方）についても慎重に検討することが不可欠となるが，その際に参考となるのは既に導入済みの諸外国における立法趣旨とその運用状況の解明である。した

---

[23] 平成24年8月に可決・成立した改正消費税法（社会保障の安定財源の確保等を図る税制の抜本的な改革を行うための消費税法の一部を改正する等の法律）によれば，平成26年4月から8％，平成27年10月から10％（いずれも地方消費税を含む）に引き上げられることとなっていた（その後10％引上げは平成29年4月からに延期）。

[24] 現状把握のための統計データ等の分析は法律学的な研究の枠外であるという見方もあるかもしれないが，現状の正確な理解は制度設計の前提であり，より良い法制度を導入するためには必要不可欠な作業であると考えられるため，本研究ではこの点にも配意したい。同様の問題意識として，渡辺徹也「外国子会社配当益金不算入制度の意義と効果」租税法研究第40号（2012年）106頁参照。

[25] 消費税における非課税から課税への転換とは，消費税の枠外にいた最終消費者を枠内に呼び込むことであるととらえることが可能であろう。

がって，本研究では比較制度論的アプローチを行うこととしたい。

実際に比較制度論的アプローチを行うにあたって重要なのは，言うまでもなく，どの国の制度を比較検討対象として取り上げるのかである。消費税は付加価値税制に分類されるが，付加価値税は世界で初めてフランスにおいて導入されてから未だ60年ほどと歴史が浅く，所得課税と比較すると研究の蓄積[26]は必ずしも十分ではない。また，EUにおいては付加価値税指令による税制の標準化を目指しており，その規定がEU域内だけでなく域外の諸国における付加価値税制にも影響を及ぼしている。一方で，付加価値税指令は加盟国の実情に合わせた「逸脱」をも認めているが，それにより付加価値税制が本来持つはずの簡素性や中立性が阻害されているとして問題になっており，EU域外のより中立的な税制（カナダ，オーストラリア，ニュージーランドなど）を参照しながら再構築を模索しているところである。

上記を踏まえ本研究においては，比較制度論的アプローチの対象国として，次の観点からEUの付加価値税指令を含むイギリス，カナダ及びオーストラリアを取り上げた[27]。第一に，わが国において1989年に消費税を導入するにあたり制度設計の模範としたのが欧州の付加価値税制であり，医療を非課税としたのも欧州における取扱い（付加価値税指令においてにその基本原則が示されている）に倣ったものであるとされるためである。第二に，欧州の中でもイギリスは付加価値税制の税率構造が複雑であり，そのような制度を採用した背景とその実態（後述するマーリーズ・レビューではそのような税率構造に関して批判的な検討が加えられている）を解明することはわが国の消費税制度の設計，中でも仮に非課税から別の課税形態（軽減税率など）に移行した場合の影響といった事項を検討するにあたり何らかの示唆を得ることが期待されるためである。第三に，カナダ及びオーストラリアにおける付加価値税[28]の導入は1990年代以降とOECD加盟国中後発のグループに属しており，両国においては制度設計にあたりイギリスをはじめとする欧州諸国における制度の問題点を検討しているものと考えられるためである。付加価値税制の発展は単線的なものではなく，先行する欧州の税制を遅れて導入する国が参照し是正すると，それをまた欧州が参照して是正を検討するという動きを示している。そのため，カナダやオーストラリアが欧州の付加価値税のどのような点を問題としどのような改良を加えたのかを解明することは，わが国の制度設計に有力な示唆を与えるものと考えられる。第四に，カナダ及びオーストラリアはともに英連邦加盟国であ

---

[26] 租税法の研究を質・量ともに牽引するアメリカにおいては未導入であることも，付加価値税研究の困難さにつながっている。

[27] 租税法における比較法ないし比較制度分析においても一般にアメリカ法の重要性は高いが，本書における分析においては，付加価値税を導入していないアメリカにおける制度研究の重要性はEUやカナダ・オーストラリアほど高くないものと考える。

[28] イギリスに遅れて付加価値税を導入した英連邦諸国の多くにおいては当該税制をGST（Goods and Services Tax）と称する。

り,医療制度についてもイギリスの強い影響を受けているため,医療に係る付加価値税の取扱いについて比較検討する意義が十分あると考えられるためである。

　なお,前述のとおり,控除対象外消費税問題については,消費税率8％引上げ時には診療報酬改定により[29],10％引上げ時には何らかの税制上の対応を行うこと[30]が明らかにされている。そのため,本書では10％引上げ時というタイミングで対応可能な税制上の措置という点にも配意した分析及びそれに基づく提言を行うこととしたい。

---

[29] 中医協医療機関等における消費税負担に関する分科会(以下「中医協消費税分科会」)「『医療機関等における消費税負担に関する分科会』における議論の中間整理」(2013年9月25日)2－6頁参照。なお,当初は平成24年8月に可決・成立した改正消費税法第7条第1号トにおいて,「医療機関等における高額の投資に係る消費税の負担に関し,新たに一定の基準に該当するものに区分して措置を講ずることを検討し」とあったが,中医協消費税分科会での検討の結果,投資のタイミングによる医療機関間の不公平が生じることや,医療機関独自の判断による投資のみを取り出して補填することに保険加入者の理解を得ることが困難といった理由により,8％引上げ時に高額投資への措置を講ずることは見送られた。同中間整理1－2頁参照。

[30] 自由民主党・公明党「平成25年度税制改正大綱」90頁及び同「平成26年度税制改正大綱」117頁。

| 第1章 | 消費税法の基本構造 |

1 付加価値税としての消費税

(1) 付加価値税の転嫁

　わが国の消費税を含む付加価値税は，その負担の転嫁により，納税義務者（事業者又は課税貨物を保税地域から引き取る者）と担税者（実際に租税を負担する者で最終消費者）とが異なる間接税である。すなわち，付加価値税は租税負担を納税義務者（＝事業者）が他者（≒最終消費者[1]）に転嫁することを予定している租税である。このことの意味するところを以下でまず確認していく。

　基礎的なミクロ経済学の議論を基に，付加価値税の課税とその転嫁を小売業者と消費者のみ登場する簡単なケースで図式化すると，図表1－1のようになる[2]。

図表1－1　付加価値税の課税と転嫁

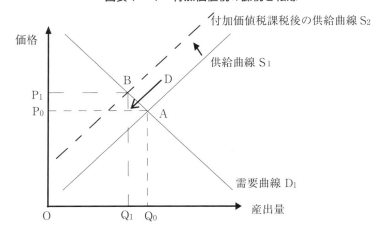

---

[1] 最終消費者への転嫁のメカニズムが機能しない典型が本書で取り上げている医療機関が提供する社会保険診療である。
[2] 以下の議論は，N・グレゴリー・マンキュー（足立英之他訳）『マンキュー経済学Ⅰミクロ編（第3版）』（東洋経済新報社・2013年）183－188頁に基づいている。議論の単純化のために前段階の仕入れがないこと，及び，ここでなされている分析は他の市場等の状況や影響を無視する部分均衡分析（partial equilibrium analysis）であることに留意す

上記の図表 1 − 1 において，付加価値税の課税前の財の価格（P）及び産出量（Q）は需要曲線 D_1 と供給曲線 S_1 との交点である A で決まり，それぞれ P_0 及び Q_0 である。次に財に対して付加価値税が課され，その税額がすべて消費者に転嫁される場合，納税義務者が小売業者であるため供給曲線は上方にシフトして S_2 となり，課税後の需要曲線と供給曲線との交点は B となるため，財の価格及び産出量はそれぞれ P_1 及び Q_1 となる。そのため，当該財に関しては，消費者の支払い OQ_1BP_1 で示される面積から小売業者の売上（税抜＝手取り）OQ_1DP_0 で示される面積の差額である P_0DBP_1 が国庫に納められる付加価値税額となる。P_0 が税抜価格，P_1 が税込価格，付加価値税率が $(P_1 − P_0)／P_0$ であることを踏まえると，付加価値税額は以下の算式でも示すことができる。

付加価値税額＝小売業者の売上（税抜）OQ_1DP_0 ×付加価値税率

　課税前の小売業者の売上（手取り）は OQ_0AP_0 であったので，付加価値税の課税により小売業者の手取りは Q_1Q_0AD だけ減少している。また財の産出量ないし取引量も Q_0 から Q_1 へと減少することとなり，付加価値税はその税額を100％消費者に転嫁できたとしても経済活動の水準（すなわち産出量）を抑制する効果がある。

(2)　付加価値に対する課税の意義

　消費税のような付加価値税は，製品の製造から小売までの生産・流通過程の各段階において生じる付加価値を課税標準として課される税目であるとされる[3]。付加価値税の課税標準である付加価値をマクロ経済学的に見ていくと図表 1 − 2 のようになる[4]。

図表 1 − 2　生産・流通過程と付加価値

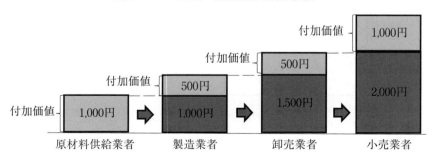

べきである。また，スティグリッツ（藪下史郎訳）『公共経済学（下）』（東洋経済新報社・1996年）381 − 385頁も参照。
[3]　金子宏『租税法（第二十版）』（弘文堂・2015年）679頁。ただし，本章次節でみるように，事業者が原価を下回る価格で売却する（要するに付加価値がゼロないしマイナスの）

図表１－２はある製品の製造から小売までの生産・流通過程の各段階において生じる付加価値を示したものである。上記は個別の取引における付加価値を示したものであるが、これを一国の国内で行われる取引全体に拡張しその付加価値の総和を求めると、国内総生産（GDP）となる。これはGDPを最終財・サービスの生産額、すなわち付加価値として測定する方法である。

GDPの算出方法はほかにふたつあり、そのひとつが国内で生産された最終財・サービスへの総支出額を求めるという方法がある[5]。これは消費支出、投資支出、財・サービスの政府購入の合計に、「輸出－輸入」を加えた金額である。投資支出は民間企業投資と民間住宅投資に分けられるので、消費支出をC、民間企業投資をI_e、民間住宅投資をI_h、財・サービスの政府購入をG、輸出をX、輸入をMとすると、GDPは以下の算式で示される。

$$GDP = C + (I_e + I_h) + G + (X - M) \quad \cdots\cdots (1-1)$$

上記（１－１）の右辺のうちI_eとXを左辺に移項すると、

$$GDP - I_e - X = C + I_h + G - M$$

GDPは国内総産出から中間材料投入を控除した残額でもあるため、国内総産出をP、中間材料投入をUとすると、上記算式は、

$$P - U - I_e - X = C + I_h + G - M$$

両辺に付加価値税（税率t）を乗じて整理すると、

$$t\{(P-X) - U - I_e\} = tC + tI_h + tG - tM \quad \cdots\cdots (1-2)$$

上記（１－２）の意味するところであるが、左辺の（P－X）は国内総産出から輸出額を控除したもので、付加価値税の課税標準に該当する。Uは中間材料投入、I_eは民間企業投資であるため、両者の合計が仕入税額控除の対象となる課税仕入額

場合であっても、その対価で課税されることから、厳密な意味での付加価値を課税標準とするとは言えないという指摘もある。西山由美「付加価値税のEU域内協調」租税法研究第26号45頁参照。ただし、これもマクロ経済学的にみれば無視できる点であろう。

[4] ポール・クルーグマン＝ロビン・ウェルス（大山道広・石橋孝次・塩澤修平・白井義昌・大東一郎・玉田康成・蓬田守弘訳）『クルーグマンマクロ経済学』（東洋経済新報社・2009年）190－194頁参照。

[5] 以下の議論は立石雅俊「GDPより推計した消費税額と納税申告額との乖離」自治総研2010年8月号19－20頁に負っている。

の合計額となる。したがって左辺は，理論的には，課税標準に税率を乗じた付加価値税額から，課税仕入額に税率を乗じて求められる仕入控除税額を差し引いた，一国の付加価値税額の総額を意味する。

一方の（1－2）の右辺であるが，付加価値税を負担している部門の内訳を示しており，Cは家計部門，I_hは家計部門による住宅購入，Gは政府部門[6]でありそれぞれ付加価値税を負担し，tMは輸入貨物に課された付加価値税であるため国内消費に係る付加価値税額から控除される。すなわち，付加価値税はその転嫁が完全になされていれば，家計部門と政府部門が負担していることを意味する。

勿論，上記計算は実際の各国の付加価値税法の規定を忠実に反映したものではないため，上記算式に基づいて計算した付加価値税額と実際の付加価値税収には差異が生じる。例えば，Cには帰属家賃や帰属保険，付加価値税の非課税項目（国によって異なるが，その代表的なものは医療，教育，住宅家賃など）が含まれているため，除く必要がある。

GDPの算出に係るもうひとつの方法は，要素所得ないし分配所得の合計額をGDPとするものである。すなわち，生産要素である労働，土地，他人資本及び自己資本の投入により稼得された収益が各要素に報酬として分配されると考え，各要素に対する分配所得をそれぞれ賃金，地代，利子及び利潤ととらえてその合計額をGDPとするものである。

医療機関の控除対象外消費税問題を検討していると，とかく個別の医療機関におけるミクロ的な議論に終始しがちであるが，付加価値税としての消費税を上記のようにマクロ的にとらえ，税制の本来あるべき姿を理解しそこから現行税制を分析することで，個別具体的な問題の解決を図る際の手掛かりがつかめる可能性があるのではないかと考えられるところである。

2　消費課税の意義と納税義務

わが国の消費税[7]については一般に，多段階の一般消費税であり，前段階税額控除型の付加価値税である，とされる。ここではまず，わが国の消費税の基礎的な理解を得るために，消費課税の意義について整理してみる。

---

[6] 政府支出である公共事業（公共投資）は民間投資のように中間財扱いはされず，原則として付加価値税が課される。

[7] 消費税法（昭和63年12月30日法律第108号），消費税法施行令（昭和63年12月30日政令第360号），消費税法施行規則（昭和63年12月30日大蔵省令第53号），租税特別措置法（昭和32年3月31日法律第26号）などを法源とする。

[8] 租税論では「消費」は「所得」に対比されることが多いが，「所得」は将来の「消費」を行う力を示すものであり，「消費」は物品やサービスを実際に消費した力（消費支出）そのものを指す，とすることにより，両者の差異は相対的なものであると理解すること

(1) 消費課税の意義

　広義の消費税（消費課税）は，一般に，物品やサービスの消費（consumption[8]）に担税力ないし負担能力を認めて課税する租税と定義される[9]。したがって，消費課税は最終消費者に負担を求めることを前提としている租税であるといえる。

　消費税は，原則としてすべての物品及びサービスの消費に対して課税される一般消費税であり[10]，かつ間接消費税[11]である。

　一般消費税であっても，取引の段階のうち一回のみ課税されるのか，それとも複数の取引段階で課税されるのか，という違いが生じる。取引のある特定の段階にお

図表 1－3　小売売上税，取引高税及び付加価値税の納付税額の比較（税率10％とする）

取引段階	税抜販売価格	小売売上税	取引高税	付加価値税
材料生産者[15]	10,000円	－	10,000円×10％＝1,000円	10,000円×10％＝1,000円
製造業者	20,000円	－	21,000円×10％＝2,100円	20,000円×10％－1,000円＝1,000円
卸売業者	30,000円	－	32,100円×10％＝3,210円	30,000円×10％－2,000円＝1,000円
小売業者	40,000円	40,000円×10％＝4,000円	43,210円×10％＝4,321円	40,000円×10％－3,000円＝1,000円
消費者		納付額総額：4,000円	納付額総額：10,631円	納付額総額：4,000円

　　が可能である。See Alan Schenk and Oliver Oldman, Value Added Tax: A Comparative Approach, Cambridge University Press (2007), at 8.
[9]　金子前掲注3書674頁，水野忠恒『租税法（第5版）』（有斐閣・2011年）726頁。
[10]　金子前掲注3書675頁。無論，実際の一般消費税には課税除外品目（ネガティブリストともいう）が存在する。
[11]　最終消費行為よりも前に物品やサービスの提供を行った段階で課税するもので，当該物品やサービスの提供を行った者を納税義務者とするものをいい，消費税，たばこ税，酒税，揮発油税などがその例である。消費課税の多くが間接消費税であるのは，最終消費の段階で課税し徴収するのは困難であることが多いという徴税技術上の問題であると解されている。金子前掲注3書675頁。消費税について裁判例では，岡山地裁平成2年12月4日判決・判時1424号47頁（広島高裁岡山支部平成3年12月5日判決・税資187号236頁も同地裁判決を引用）によると，「消費税は，物品やサービスの消費に担税力を認めて課される租税であるが，最終消費の段階では租税の徴収を行うことが困難であるという徴収技術上の理由から，最終的な消費行為そのものを課税対象とするものではなく，その前段階の物品やサービスに対して課税が行われ，税負担が物品やサービスの価格に含められて最終的には消費者に転嫁されることが予定されている」とされている。

いてのみ課税されるものを単段階消費税といい，酒税やたばこ税，カナダで1989年まで連邦税として施行されていた製造者売上税[12]（manufacturer's sales tax），アメリカの州税である小売売上税[13]（retail sales tax）などがそれに該当する。付加価値税と比較すると一般消費税としての「一般性」にやや欠けるといえる[14]。

一方，製造段階，卸売段階，小売段階など取引のあらゆる段階において課税されるものを多段階消費税といい，わが国の消費税や欧州においてかつてVAT（Value Added Tax，付加価値税）が導入されるまで広く採用されていた取引高税[16]（turnover tax）などが該当する。

取引高税は各段階において売上高を課税標準に課税するが，前段階の税額を控除しないため，税の累積が生じる（前頁図表1－3参照）。これを一般にカスケード効果（cascade effect）といい，企業間取引を企業内取引に取り込むこと（垂直的統合）でこのデメリットを回避するという企業行動を引き起こしたため，税制が企業行動に影響を及ぼすことから中立性（neutrality）の観点から問題視[17]されていた。また，国際的な商取引において，輸出に係る国境税調整により税額の還付を行うとしても，前段階取引の数をどれだけ経ているかにより還付すべき金額が異なることから，執行が困難であるという問題を抱えており，欧州統合に向けての障害のひとつとなったため，その欠点を解消すべく付加価値税が取って代わっていったという経緯がある。

(2) わが国における消費税の位置づけ

わが国の税収に占める消費税の割合は次頁の図表1－4のとおりである。

平成26年4月の改正法施行前の税率5％で総税収の16％強を占める消費税・地方消費税は，既に法人所得税（法人税及び地方法人住民税・法人事業税を含む）と同

---

[12] カナダにおける付加価値税（GST）導入前の消費課税については，第5章第2節参照。
[13] 例えば，ニューヨーク州のSales and Use Taxにおいては，電話，不動産管理，内装工事，リムジンサービス，アミューズメント施設への入場，ジムの会費といった，法律に列挙されたサービスのみが課税対象となっている（New York Tax Law sec. 1101 and 1105(c)）。
[14] 事業者に対する法律サービスや会計サービス（いわゆるB to B取引）など，サービスの提供は小売段階以外においても提供されるため，一般に小売売上税の課税対象には適さないと理解されている。製造者売上税ではさらにサービスへの課税が困難となる。水野前掲注9書728頁，金子前掲注3書677－678頁。
[15] 材料生産者の生み出した付加価値は10,000円であるとする。後掲図表1－9においても同じであるとする。
[16] わが国においても昭和23年に採用されたが，税の累積に対する批判が強く，翌年廃止されている。
[17] 欧州における批判については，例えば，ジョルジュ・エグレ（荒木和夫訳）『付加価値税』（白水社・1985年）16－17頁参照。

第1章　消費税法の基本構造

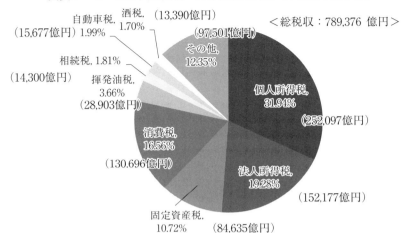

図表1−4　わが国の国税・地方税収の内訳（平成24年度予算）

（注）　上記は国税・地方税を合わせて金額であり，例えば個人所得税には国税の所得税のみならず地方税の個人住民税が含まれ，消費税には地方消費税が含まれる。また，カッコ内は各税目の税収額を示す。
（出典）　総務省「国税・地方税の税収内訳（平成24年度予算・地方財政計画額）」

等の地位を占めており，基幹税として位置づけられようが，今後予定通り税率が引上げられれば[18]，法人所得税を抜いてその割合は個人所得税に迫ることが想定されるところである。

　なお，消費税の税収は地方交付税法に定めるところによるほか，年金，医療及び介護の社会保障給付並びに少子化に対処するための施策に要する経費に充てることが法律上[19]明記されている（消法1②）。

(3)　消費税は「付加価値」税なのか

　付加価値税は各取引段階の付加価値を課税標準[20]として課税する一般消費税である，と一般に解されている。ここでいう付加価値とは，経済学上，国民経済計算の分配と生産の側面からとらえることが可能である。まず分配の側面からは，生産要素である労働，土地，資本（他人資本及び自己資本）における付加価値，すなわ

---

[18]　後述第6章の試算では，税率10％時は約26.8兆円と現在の個人所得税を上回る規模となる見込みである。
[19]　平成24年8月10日に成立した「社会保障の安定財源の確保等を図る税制の抜本的な改革を行うための消費税法等の一部を改正する等の法律案」第2条第1項に基づく。
[20]　一方，消費税法によれば，消費税の課税標準は（個々の）課税資産の譲渡等の対価の額である（消法28①）。

15

ち賃金，地代，支払利子及び企業利潤の合計額を指す（加算法）。もうひとつの生産の側面からは，付加価値は，事業の総売上高から土地・建物，機械設備，原材料等に対する支出を控除した残額を指すこととなる（控除法）。付加価値税の場合，前段階の税額につき仕入税額控除制度により控除することで税の累積を回避している（図表１－３参照）。このような取引段階ごとの連鎖的な税額控除の仕組みを一般に付加価値税のチェーンという[21]。

日本の消費税は付加価値税の類型に属すると一般に解されているが，諸外国の付加価値税とは異なった特徴がある。例えばある付加価値税の国際比較制度研究では，日本の消費税をインボイスなしの仕入税額控除型付加価値税（Credit-Subtraction VAT without Invoices）と位置づけている[22]ように，仕入先が発行するインボイス（税額票）によってではなく事業者自らが保存する帳簿書類[23]によって仕入控除税額を算定するという変則的な（atypical）付加価値税制を採っている[24]。また，インボイス制度[25]を採用していないこととの関連で，免税事業者からの仕入れであっても仕入税額控除が認められるという点も他の国の付加価値税制にないわが国の消費税法特有の仕組みとなっている[26]。

また，消費税は，第１節で説明したように経済学的には付加価値に対する課税ととらえるべきであるが，一方で法的にとらえると，「付加価値」税とは必ずしも言えないという評価がなされることがある。その意味するところは，事業者が製品をその原価を下回る価格で販売する場合のような，付加価値がゼロないしマイナスのケースであっても，その受領した対価で消費税が課税されることから，厳密な意味で付加価値を課税標準とした租税ではないというものである。これは欧州の「付加価値税」においても同様のことが言える[27]。そうであればむしろ，消費税は消費者

---

[21] Institute for Fiscal Studies, Tax by Design: The Mirrlees Review (2011), at 168-170.
[22] Schenk and Oldman, *supra* note 8, at 67.
[23] 帳簿及び請求書等の保存を仕入税額控除の要件としている（消法30⑦）。平成９年４月１日から施行された改正消費税法で以前の「帳簿又は請求書等」の保存から改められた。
[24] このような帳簿方式（アカウント方式）が採用された理由としては，消費税の導入にあたり，わが国の商習慣上インボイスを発行することが一般的ではなく，事業者に余計な負担や費用をかけるのは好ましくないという政策的配慮があったためと一般に解されている。金子前掲注３書687頁及び占部裕典『租税法の解釈と立法政策Ⅱ』（信山社・2002年）518頁参照。
[25] EU型の付加価値税を一般にインボイス控除型付加価値税（EU-style credit-invoice VAT）という。Schenk and Oldman, *supra* note 8, at 68.
[26] インボイス制度を採用しインボイスが仕入税額控除の要件となっている諸国においては，一般に登録事業者のみにインボイスの発行が認められているため，登録不要の免税事業者は通常インボイスを発行することができない。Schenk and Oldman, *supra* note 8, at 138.
[27] 西山由美「付加価値税のEU域内協調」租税法研究第26号45頁。

の個人消費を課税ベースとする租税[28]，ないし，消費者の「消費支出」を担税力に課税する租税であると解する[29]のが法的には妥当といえるだろう。

(4) 消費税の納税義務と課税標準

　間接消費税である「消費税」の納税義務者は，国内において課税資産の譲渡を行う[30]個人事業者及び法人であり（消法5①，2①三四，両者を合わせて「事業者」という），消費者はその実質的な負担者であるに過ぎない（東京地裁平成2年3月26日判決・判時1344号115頁）。ここでいう「法人」には，営利法人のほか，人格のない社団等や慈善団体等の非営利事業，国及び地方公共団体も含まれる（消法3・60）[31]。消費税は一般に物税[32]（impersonal tax）に分類されるため，納税義務者の人的事情に関わりなく課税すべきとなり，特定の納税義務者に対する非課税措置（人的非課税）や優遇措置は原則として否定されることとなる[33]。わが国の消費税はこの原則に比較的忠実で，免税事業者（事業者免税点）制度（消法9）を除き，納税義務者の人的事情に即した非課税制度や優遇措置は存在しない[34]。これは第5章でみるように，人的非課税措置に係る控除対象外付加価値税の問題に対処するため，還付制度を導入しているカナダとは大きく異なるといえる。

---

[28] 岡村忠生「消費課税とヒューマン・キャピタル」日本租税研究協会第65回研究大会記録（日本租税研究協会・2013年）66－67頁参照。

[29] 吉村典久「消費税の課税要件としての対価性についての一考察」金子宏編『租税法の発展』（有斐閣・2010年）398頁参照。富山地裁平成15年5月21日判決・税資253号順号9349（控訴審名古屋高裁金沢支部平成15年11月26日判決・税資253号順号9473も同地裁判決を引用）によれば「消費税とは，一般的に，物品やサービスの消費支出に担税力を認めて課される租税をいうものであって，国民に対し，消費支出に現れる経済的な負担能力に応じた負担を求めるものである。」とされる。これを事業者の側から見れば，消費税の担税力は事業者の販売能力であると解することもできる。田中治「納税義務者・課税取引と非課税取引」金子宏編『租税法の基本問題』（有斐閣・2008年）708－709頁参照。

[30] 外国貨物を保税地域から引き取る者も，課税貨物につき消費税の納税義務者となる（消法5②）。

[31] EUの付加価値税指令を参照して公法人（bodies governed by public law）の消費税の納税義務を論じるものとして，西山由美「消費課税における公法人の事業者適格」税大ジャーナル13号（2010年）55頁参照。

[32] 対となる概念が，人的側面に着目して課される人税（personal tax）である。金子前掲注3書13頁。

[33] 西山由美「公益活動に対する消費課税」租税法研究第35号（2007年）90－91頁。

[34] むしろ特定収入に係る規定（消法60④，別表第三）により，適用対象となる事業者（その多くは収益事業にのみ法人税が課される公益法人であり，多くの場合経理体制は貧弱である）に仕入税額控除の制限（特定収入対応の課税仕入れに係る仕入税額控除の否認）及び制度の複雑化に基づくコンプライアンスコストという負担が強いられているとも考えられる。この問題を克服するため，小規模の公益法人に関する仕入税額控除の簡素化を提言するものとして，西山前掲注33論文101－102頁参照。

また，消費税の納税義務の成立時点は国税通則法上，所得税及び法人税とは異なるものとして規定されている（通法15②）。すなわち，所得税は暦年終了時，法人税は事業年度終了時に成立するというように期間税であるが，消費税は課税資産の譲渡の都度[35]成立することから一般に随時税に分類できる[36]。消費税が随時税であるとした場合，納税義務の成立に関し問題となり得るのは，事業者が免税事業者に該当するケースである。随時税の場合，事業者は取引を行う時点において自らが納税義務者であるかどうかを把握している必要があるため，消費税法においては，基準期間[37]という概念を設定し，当該期間の課税売上高が1,000万円以下である事業者については納税義務を免除するという規定を置くことにより，取引時点において自らが課税事業者か否かという判断ができるようにしている。

　さらに消費税法上，消費税の税額算定の基礎となる課税標準は課税資産の譲渡等の対価の額であり（消法28①），その金額の合計額が課税標準額であると規定されている（消法45①一）。これは，国内取引に関しては各課税期間の間に行われた課税資産の譲渡等に対して消費税が課されることをいうもので，課税期間を単位とした租税である期間税としての性格を有する[38]ことを意味するものと考えられる[39]。そのため，国内取引に関しては課税資産の譲渡等及びその対価に係る期間帰

---

[35] 役務提供と対価の額の確定・支払いのタイミングがずれており，役務提供時に対価の額が具体的に認識できない場合，随時税としての納税義務の成立が問題となり得るが，京都地裁平成23年4月28日判決・税資261号順号11679（控訴審大阪高裁平成24年3月16日判決・訟月58巻12号4163頁も同旨）では，弁護士会法律相談センター受任事件負担金に関し，弁護士会が徴収する受任事件負担金は，弁護士会の事務処理によって会員弁護士が受任の機会を得ることに基づき，それにより得られる利益の一部を拠出するという性格のものであるから，「役務の提供に対して受ける反対給付であり，いずれも対価性があって，その役務の提供は対価を得て行われたものということができる」旨判示し，役務提供（受任機会の斡旋）と対価（負担金）の金額の確定及び支払いのタイミングがずれていても両者に対応関係があれば対価性ありとしている。三木教授はこのような場合，国税通則法の規定から納税義務が成立していないとして判旨に反対している。三木義一「消費税法の基本構造と対価」税理2014年3月号145-154頁参照。一方，本件は事業として対価（収受すべき金銭）を得て行われる資産の譲渡等という消費税の課税要件を満たしているため，納税義務の成立のタイミングは決定的な要件とはならないとみることも可能であろうし，それが裁判所の立場であると考えられる。

[36] 金子前掲注3書750頁。ただし，同書701頁では，外国貨物の引取り（輸入取引）は随時税であるが国内取引に係る消費税は期間税であるとしている。これは，国内取引に係る消費税は，課税期間を単位に，課税資産の譲渡等に係る課税標準である金額の合計額を集計して申告する仕組みとなっていることを根拠としているものと考えられる（消法45①）。

[37] 個人事業者の場合は前々年，法人事業者の場合は原則として前々事業年度をいう（消法2①十四）。なお，消費税を随時税ではなく期間税と解した場合であっても，基準期間は2期前であるため，実務上納税義務者の判定に何ら支障はない。

[38] 金子前掲注3書701頁。

属[40]が問題となるが，所得課税の場合と同様に原則として，資産の譲渡等が行われた課税期間にその対価（収受し又は収受すべき一切の金銭）が発生したものと解する権利確定主義[41]が妥当することとなる（消法28①）。

3　仕入税額控除制度の意義と機能

(1)　仕入税額控除の法的性格

　消費税における税額算定の方法は，基本的に，課税期間中の課税資産の譲渡等の対価の額の合計額（消費税の課税標準）に税率を乗じた金額（売上税額）から，課税仕入れに含まれている税額（仕入税額）を控除することとなる。この課税仕入れに含まれている税額，すなわち前段階における税額を控除する仕組みのことを一般に仕入税額控除という。仕入税額控除は，経済に対する課税の中立性を確保する観点から税負担の累積を防止する[42]という付加価値税の基本理念を保障するために，必要欠くべからざる仕組みないし基本要素[43]である。

　わが国の消費税法における仕入税額控除制度については，第30条にその定めがある。それによれば，課税期間中に国内において行った課税仕入れに係る消費税額等

---

[39]　このように解すると，国税通則法の納税義務の成立時期の規定との整合性が問題となり得る。金子名誉教授は，消費税に関して，課税期間の最後の資産の譲渡等に係る納税義務は，国税通則法の規定に忠実に従えば，その課税期間における最後の資産を含むすべての譲渡等の価額の合計額から最後を除くすべての資産の譲渡等の価額の合計額を差し引いた金額について成立すると解するよりほかないものとする。金子前掲注3書751頁参照（贈与税についても同様に解している）。国税通則法がこのように規定されているのは，所得課税と異なり，暦年の収入金額と必要経費とを対応させる必要は原則としてないという考え方に基づくものであろう。品川芳宣「国税通則法の実務解説（第2回）納税義務の成立・税額の確定手続」租税研究2013年10月号160頁参照。私見では，消費税の期間帰属が所得課税の年度帰属に準拠し権利確定主義を採用していることからみても，このような現行国税通則法の規定そのものが消費税法における税額算定の基本構造に即していないと考えられることから，同法15条2項7号につき，消費税は外国貨物の引取り（輸入取引）を除き期間税であると規定し直す必要があるものと考える。
[40]　所得課税の場合は年度帰属が問題となる。金子前掲注3書278－282，702頁。
[41]　権利確定主義については，金子前掲注3書278－282，677頁参照。
[42]　税制改革法第10条第2項でも消費税は「課税の累積を排除する方法によるもの」とされている。仕入税額控除の意義について，横浜地裁平成11年6月9日判決・税資243号221頁でも「経済に対する中立性を確保する趣旨から，前段階の取引に係る税額を控除するという，いわゆる課税の累積を排除するという方式を採用したことによるものと解される。」としている。
[43]　金子前掲注3書704頁及び占部前掲注24書513頁参照。「前段階控除が消費税の生命」という見解もある。大島隆夫・木村剛志『消費税法の考え方・読み方（二訂版）』（税務経理協会・平成9年）224頁。

を控除することとされている（消法30①）。それでは，当該規定に基づく仕入税額控除は法的にはどのようなものと位置づけられるのか。この点については学説上，EUにおける議論[44]から租税債権者である国に対する払戻請求権ととらえられるという見解[45]が示されているが，消費税法の文理解釈からそれを導き出すことは困難である。消費税の仕入税額控除をめぐる裁判例はそのほとんどが帳簿書類の保存の意義ないし記載要件の不備，すなわち専ら消費税法第30条第7項について争われたものであるが，仕入税額控除の法的性格について明確にしたものは見受けられない。しかし，仕入税額控除が付加価値税としての消費税を成り立たせるために課税の累積を排除する方法として必要不可欠な要素であるという立法趣旨[46]を踏まえれば，それが事業者に与えられた特典であると理解するのは無理があるだろう[47]。

　日本法の観点から仕入税額控除の法的性格を理解するにあたっては，例えば繰越欠損金の性格をめぐる最高裁判決[48]（最高裁平成25年3月21日判決・判タ1391号113頁）が参考になると思われる。当該判決で最高裁は，法人税（法法57①⑨（現⑩））及び法人事業税の所得割（地法72の23①）における欠損金の繰越控除規定は強行規定であり，それを認めない神奈川県臨時特例企業税条例は法人事業税の課税標準規定と矛盾するため違法である旨判示している。すなわち最高裁は，欠損金の繰越控除規定の趣旨として，歴史的な変遷をたどってはいるものの，法人の事業年度が人為的に設定された期間に過ぎないことから，当該規定は各事業年度間の所得金額と欠損金額の平準化を図ることで法人の税負担をできるだけ均一化しその結果公平な課税の実現に貢献しているのであり，いわば法人課税所得計算の基本構造をなすものととらえているわけである。同様に，仕入税額控除が付加価値税としての

---

[44] 例えば，付加価値税指令（Council Directive VAT 2006/112/EC of 28 November 2006 on the common system of value added tax.）第167条では仕入税額控除は控除する権利（a right of deduction）であることが明記されている。

[45] 西山由美「仕入税額控除」金子宏編『租税法の基本問題』（有斐閣・2007年）731頁。

[46] 第2章で取り上げることとなる，神戸地裁平成24年11月27日判決によれば，「仕入税額控除制度は，付加価値税としての消費税の性質上，本質的に必要とされる制度」とされている。

[47] 「権利」と理解するものとして，田中治「消費税における仕入税額控除の存在理由と判例動向」金子宏『租税法の発展』（有斐閣・2010年）293頁参照。また，占部前掲注24書530頁においても，「消費税法30条1項において，納税義務者は仕入税額控除の権利を付与されており」とあり，同じ立場と考えられる。

[48] 代理人弁護士という立場からの本判決の解説として，藤枝純「神奈川県臨時特例企業税最高裁判決と課税自主権」租税研究2013年8月号186-199頁参照。一審横浜地裁平成20年3月19日判決・判時2020号29頁の評釈としては，斎藤誠「臨時特例企業税条例が法人事業税に関する地方税法の規定の趣旨に反するとされた事例」ジュリストNo.1398 46-47頁，控訴審東京高裁平成22年2月25日判決・判時2074号32頁の評釈としては，吉村政穂「法定外税の限界」ジュリストNo.1404 74-75頁参照。

消費税を成り立たせるため課税の累積を排除する方法として必要不可欠な要素であることを踏まえると，仕入税額控除制度は消費税の税額計算における基本構造をなすものととらえるのが妥当と考えられる。

(2) 仕入税額控除の方法

仕入税額控除の方法は大きく分けて，実額による方法と概算による方法とがある。実額による方法においては，仕入税額控除の対象となる消費税額は，その課税期間中に国内において行った課税仕入れに係る消費税額及びその課税期間中における保税地域からの引き取りに係る課税貨物について課された（又は課されるべき）消費税額の合計額である。ここでいう課税仕入れとは，事業者が事業として他の者から資産を譲り受け，もしくは借り受け，又は役務の提供を受けることをいう（消法2①十二）。ただし，役務の提供のうち給与を対価とするものは課税仕入れから除かれる（消法2①十二カッコ書）。

実額による仕入税額控除の具体的な計算方法は以下の区分により行う。

① 課税資産の譲渡等のみを行っている（課税売上割合が100％の）事業者
② 課税売上割合が95％以上でその課税期間における課税売上高が5億円以下[49]の事業者
③ 課税売上割合が95％以上でその課税期間における課税売上高が5億円超の事業者
④ 課税売上割合が95％未満の事業者

上記における「課税売上割合」とは，課税期間中の国内における資産の譲渡等の対価の額の合計額に占めるその課税期間中の国内における課税資産の譲渡等の対価の額の合計額の割合をいう（消法30⑥，消令48①）。これを算式で示すと以下のとおりとなる。

$$課税売上割合 = \frac{課税期間中の国内における課税資産の譲渡等の対価の額の合計額（売上に係る対価の返還等の金額控除後）}{課税期間中の国内における資産の譲渡等の対価の額の合計額（売上に係る対価の返還等の金額控除後）}$$

①から④の区分により仕入税額控除の計算方法を示すと，次頁の図表1-5のようになる。

図表1-5で示された計算方法のうち，「個別対応方式」とは，課税仕入れ等に係る消費税額について以下の3つの区分（用途区分）に分類し，アの金額に，ウに

---

[49] ②③の「課税売上高5億円」は進行年度の課税売上高で判定するのであり，「基準期間（消法9②）」の課税売上高で判定するわけではないことに留意すべきである。

図表1－5　課税仕入れ等に係る仕入税額控除の計算方法

	課税売上割合等	計算方法
①	課税資産の譲渡等のみを行っている（課税売上割合が100％の）事業者	全額控除
②	課税売上割合が95％以上でその課税期間の課税売上高が5億円以下の事業者	全額控除
③	課税売上割合が95％以上でその課税期間の課税売上高が5億円超の事業者	個別対応方式又は一括比例配分方式（選択適用）
④	課税売上割合が95％未満の事業者	個別対応方式又は一括比例配分方式（選択適用）

課税売上割合[50]を乗じた金額を加えて仕入控除税額を計算する方法である（消法30②一）。
ア．課税資産の譲渡等にのみ要するもの
イ．その他の資産（非課税資産）の譲渡等にのみ要するもの
ウ．両方に共通して要するもの

　もうひとつの「一括比例配分方式」とは，課税仕入れ等に係る消費税額について課税売上割合で按分計算した金額を仕入控除税額とする方法である（消法30②二）。上記②又は③に該当する事業者は個別対応方式又は一括比例配分方式のいずれかの方法により仕入控除税額を計算することが求められるが，消費税法上両者の選択は事業者の任意である[51]。ただし，一括比例配分方式を選択した事業者は，2年間以上継続して適用した後でなければ個別対応方式への変更はできない[52]（「2年縛り」の規定，消法30⑤）。

---

[50] 所轄税務署長に申請し承認を受ければ，課税売上割合に代えてその他の合理的な割合である「課税売上割合に準ずる割合」により計算することも可能である（消法30③）。
[51] いずれが原則・例外というものではなく「並列」と考えるべきとされている。大島・木村前掲注43書246頁。文理解釈上もそうなるであろう。
[52] 大島・木村前掲注43書246頁によれば，「非経常的な設備投資や商品の例外的な大量購入があった場合に，個別対応方式と，簡便法である一括比例配分方式とを巧妙に使い分けて恣意的な仕入税額控除をすることは防止しなければなりませんが」というのがその趣旨とされるが，両者を巧みに使い分ける租税回避行為なるものが具体的にどういうものを指すのかイメージし難いところであり，また，そもそも両者は消費税法上「並列」であることを勘案すれば（簡易課税は「例外」なので簡易課税選択における「2年縛り」は一応正当化され得る），「2年縛り」の存在意義は薄弱であると言わざるを得ない。恐らく当該「2年縛り」の規定はつまみ食い的に一括比例配分方式の適用を受けることを防止しようというものと想定されるが，仮にイギリスと同様に（理論的にはより正確な仕入控除税額の計算がなされる）個別対応方式が本来原則であるとすれば，例外である

仕入税額控除のもうひとつの方法である概算による方法とは，簡易課税制度を指す。簡易課税制度とは，基準期間における課税売上高が5,000万円以下の課税期間について，事業者の選択により，課税売上額の一定割合（みなし仕入率）を仕入控除税額とみなして計算する方法である（消法37）。みなし仕入率は第一種事業（卸売業）が90％，第二種事業（小売業）が80％，第三種事業（農林水産業や製造業等）は70％，第四種事業（飲食店等）は60％，第五種事業（サービス業等）は50％となっている。

簡易課税制度は課税売上高のみ把握すれば控除額が計算できる簡易な納付税額の計算方法であるが，これは消費税法を実施するにあたり，納税者の混乱を避け，中でも中小事業者の協力を得るために採用されたとされる[53]。その一方で，みなし仕入率と実際の仕入率とのギャップ，すなわち一般にみなし仕入率が実際の仕入率よりも相当程度高いため，控除水準が過大となっており，その結果いわゆる「益税」が発生しているということもかねてから指摘されており，会計検査院の指摘[54]に基づき改正消費税法[55]でも「消費税の簡易課税制度の仕入れに係る概算的な控除率については，今後，更なる実態調査を行い，その結果を踏まえた上で，その水準について必要な見直しを行う。」とされていた。そのため，平成26年度の税制改正でみなし仕入率の区分の見直しが行われ，従来第四種事業であった金融保険業は第五種事業（みなし仕入率50％），第五種事業であった不動産業は新たに設けられた第六種事業（みなし仕入率40％）とされた（新消令57①）[56]。なお，仮に還付制度を導入した場合の簡易課税の取扱いについては，第6章で触れることとする。

4　税率構造と仕入税額控除との対応関係

(1)　消費税の課税対象

消費税の課税対象（課税物件）は取引[57]であり，国内取引と輸入取引とに分類

　一括比例配分方式から原則方式にはいつでも移行できないとおかしいとも考えられる。イギリスの仕入税額控除については第4章第3節参照。
[53]　水野前掲注9書768頁。
[54]　会計検査院平成24年10月「『消費税の簡易課税制度について』に関する会計検査院法第30条の2の規定に基づく報告書（要旨）」参照。
[55]　平成24年附則第7条第一号ニ。
[56]　平成27年4月1日以後に開始する課税期間から適用される。
[57]　消費税の本来の課税対象は「消費」であり（税制改革法10①），消費とは経済学的には消費支出を指すが，消費支出そのものを課税ベースとすることの技術的な困難性から，代替的に，事業者による商品の販売，役務の提供等に着目して課税する仕組みとなっている（税制改革法10②）。

できる。国内取引とは国内において事業者が行った資産の譲渡等,すなわち事業として対価を得て行われる資産の譲渡及び貸付並びに役務の提供である（消法2①八, 4①）。

　国内取引又は輸入取引に該当するもののうち,資産の譲渡等には該当するものの一定の範囲の取引ないし外国貨物は課税の対象から除かれているが,これを非課税取引（外国貨物については非課税貨物）という（消法6）。

　また,消費税の課税対象から外れる取引として,課税対象外取引（out of scope,不課税取引ともいう）がある。課税対象外取引には,国内取引ではあるが事業外の取引など資産の譲渡等に該当しない取引や,国外で行われた取引（国外取引）がある。消費税の課税対象取引は事業として行われる取引であり（消法2①八）,個人が家財道具を知人に譲渡する取引などは,個人が消費者として行う取引[58]であり事業外の取引であるため,課税対象外取引となる。また,保険金や配当,損害賠償金の受領は対価性がないため課税対象外取引となる（消法2①八）。

　さらに,国内取引に該当するものであっても,物品が海外に輸出される場合や,サービスの提供が国外で行われる場合には,それに対する消費税は免除されるが,これを免税ないし輸出免税という（消法7）。ここでいう免税とは,単に対象取引を課税の対象から除外する（これは非課税である）というよりはむしろ,ゼロパーセントの税率で課税することであることから,課税取引[59]の一形態（税率がゼロパーセントであるため最終消費者に負担を求めないという意味では非課税と同じである）と理解すべきであり,諸外国では「ゼロ税率（zero-rated）による課税」と整理することも多い[60]。免税と非課税の違いは,事業者にとって対応する課税仕入れに係る消費税額が仕入税額控除の対象となる（免税）か,ならない（非課税）かであるといえる。

　消費税の課税対象を図で示すと図表1－6のとおりとなる。

図表1－6　消費税の課税対象取引と課税対象外取引

国内取引				輸入取引		国外取引
課税取引	免税取引	非課税取引	課税対象外取引	課税貨物	非課税貨物	課税対象外取引

---

[58] 一方,個人が事業者として棚卸資産又は事業用資産を家事使用したり消費したりするときは,対価を得て資産の譲渡が行われたものとみなして消費税が課税される（みなし譲渡,消法4④一）。

[59] 狭義の「課税取引」は標準税率での課税をいうが,広義の「課税取引」には軽減税率及び免税（ゼロ税率）も含まれる。

[60] Schenk and Oldman, supra note 8, at 263-268及び渡辺智之「付加価値税（VAT）におけるゼロ税率」論究ジュリスト2012年春号223-226頁参照。

(2) 輸出免税の意義と問題点

① 輸出免税と仕向地主義

　輸出される物品や国外で提供されるサービスを輸出免税（ゼロ税率）とするわが国の消費税法の取扱いは、諸外国における付加価値税の国境税調整（border tax adjustment）の取扱いに準拠している。付加価値税に関する国際的二重課税の排除を目的とした国境税調整の背景にある考え方は、いわゆる仕向地主義（destination principle）といわれるものである[61]。仕向地主義とは、物品やサービスの輸出先国（仕向地国）に付加価値税の課税権があるという考え方である（消費地課税主義）。そのため、物品やサービスの輸出元国においては、輸出時において免税としてそれらを課税対象から除外し、同時に対応する課税仕入れに係る税額を通常の仕入税額控除のメカニズムの下控除し、控除しきれない部分の金額を還付することとしているのである。仕向地主義の下では、輸出先国において、輸入品と国産品とが付加価値税の負担に関し同一の水準（輸入先国の税率）で競争することとなり、中立性の観点から望ましい課税方法であると同時に、WTOの自由貿易体制と公正な競争条件の確保を志向する通商政策とも整合性があるといえる[62]。なお、付加価値税に関する仕向地主義に基づく輸出免税は、GATT小委員会により付加価値税が間接税[63]であることから輸出補助金[64]に該当せずGATTに違反しないものとされた[65]。

　輸出される物品や国外で提供されるサービスに関する課税に係るもうひとつの考え方は、物品やサービスの輸出元国（源泉地国）に付加価値税の課税権があるという源泉地主義（origin principle、原産地主義ともいう）である。源泉地主義の下では、物品やサービスの輸出元国においては、輸出時において付加価値税が（標準税率で）課税され、一方で輸出先国においては輸入時において付加価値税が課されな

---

[61] 金子前掲注3書693頁。

[62] 中川淳司・清水章雄・平覚・間宮勇『国際経済法（第2版）』（有斐閣・2012年）8頁参照。

[63] このようなGATTのルールは直接税中心の国、端的に言えばアメリカに不利である、という問題提起がアメリカからなされていた。占部裕典『国際的企業課税法の研究』（信山社・1998年）245－246頁参照。

[64] GATTにおいては、貿易歪曲効果の高い輸出補助金について、供与禁止（鉱工業品）ないし供与を避ける努力（農産品）が求められた。根岸哲「産業補助金・融資と法」碓井光明・来生新編『現代の法8　政府と企業』（岩波書店・1997年）137頁参照。

[65] 増井良啓「租税政策と通商政策」小早川光郎・宇賀克也編『行政法の発展と変革　下巻』（有斐閣・平成13年）530－531頁。WTOの補助金規定においても、交付が禁止される租税関連の補助金（レッド補助金）は、①輸出に関連する直接税の免除及び②輸出に関連し国内消費向けに販売される場合に課される間接税の額を超える税の免除又は軽減であり、輸出免税はその対象外である。根岸前掲注64論文138頁参照。

いこととなる。その結果，輸出先国において輸入品は輸入元国の付加価値税を（輸入元国の税率で）負担することとなり，輸入品と国産品との間の価格競争力は輸入元国と輸出先国の税率次第となることから，中立性の観点から問題があるといえる[66]。

わが国の消費税法において輸出される物品や国外で提供されるサービス（無形資産を含む）を免税（ゼロ税率の適用）とするのは，いうまでもなく仕向地主義の考え方に準拠したものである。しかし，EU においては付加価値税指令に基づく輸出される物品やクロスボーダーサービス取引の取扱いはもう少し複雑である[67]。すなわち，物品の輸出については原則として仕向地主義に基づき免税となるが，EU 域内供給（intra-Community supply）で供給先が最終消費者ないし免税事業者（B to C 取引）の場合には，源泉地主義で課税される[68]。一方，クロスボーダーサービス取引については，EU 域外からのものと域内からのものとで変わってくる。すなわち，EU 域外からのサービスの提供は仕向地主義に基づき源泉地では免税となるが，EU 域内におけるサービスの提供は，B to B 取引の場合仕向地主義に基づき源泉地では免税となるもののリバースチャージ（reverse charge）方式[69]により仕向地の仕入事業者が仕向地において申告・納税し，B to C 取引の場合源泉地主義で課税される。付加価値税の課税につき，EU 域内の物品の取引やクロスボーダーサービス取引に関し B to C 取引を源泉地課税とするのは，それらの B to C 取引も仕向地主義によることとすると，源泉地（輸出免税）でも仕向地（税関がないため捕捉不可）でも課税できない課税の空白が生じてしまうためである[70]。

---

[66] 後述神戸地裁平成24年11月27日判決でも輸出免税の意義は「消費地課税主義」にあるとしている。

[67] EU においては加盟国間の物品の通関手続が1992年末で廃止されており，加盟国間の取引のうち，従来の輸出に相当するものが EU 域内供給であり，輸入に相当するものが EU 域内取得（intra-Community acquisition）である。

[68] 仕向地主義は税関による国境税調整を必要とするが，域内通関手続を廃止した EU においては国境税調整を必要としない（あたかも同一国内で取引したかのような）源泉地主義を志向することとなる。そのため，EU は付加価値税の取扱いに関して，域内取引は源泉地主義，域外取引は仕向地主義によることを目指した（definitive VAT regime）。しかし，各国の付加価値税率が異なり，また貿易の不均衡も存在するため，徴収額の再分配を行うシステム（clearing house）が必要とされることから，源泉地主義への完全な移行は保留状態である（付加価値税指令402条1項）。Schenk and Oldman, *supra* note 8, at 361-364.

[69] B to B 取引で採用されるリバースチャージ方式は付加価値税制が前提とする取引のチェーンを切断する結果をもたらす。Ian Crawford, Michael Keen, and Stephen Smith, Value Added Tax and Excises, Dimensions of Tax Design: the Mirrlees Review (2010), at 345.

[70] ただし，この考え方では近年重要性が高まっている国境を越えたデジタル財（音楽，電子書籍など）の取引に対応できないとして，OECD は報告書を出している。OECD,

② 輸出免税の問題点

　輸出取引に関する免税に関する最大の問題点は，輸出取引に係る仕入税額控除を利用した租税回避行為ないし逋脱行為を誘発しかねないということである。これはカルセール・スキームの横行など既に欧州において問題となっており，各国でそれへの対抗立法がなされている[71]。しかし，欧州においては「輸出免税措置が諸悪の根源」というような短絡的な議論はなされておらず，無論逋脱行為には厳正に対処するものの，課税事業者が独立して物の供給を行っている限り仕入税額控除を行う権利は認められるべきという立場を崩していない[72]。輸出免税に伴う還付は事業者に対する恩典措置ではなく，仕入税額控除制度が適正に機能していることを意味するにすぎないととらえるのが正当な理解であろう。したがって，消費税の還付と逋脱行為を殊更に結びつけて，還付の適用可能性を狭めようとすることは，立法上も執行上も妥当とは言えないと考えられる。この点は，還付制度導入の検討の際にも考慮すべきである。

(3) 非課税の意義と特徴

　国内取引として行われる資産の譲渡等のうち，次頁の図表1－7に掲げるような，社会政策的配慮から課税すべきでないとされるもの（図表中の①～⑧）や，消費税の課税にその性質上なじまないもの（図表中の⑨～⑮）については，課税の対象から除かれている（消法6①，別表1）[73]。これを非課税取引[74]という。

Implementation of the Ottawa Taxation Framework Conditions, The 2003 Report, at 14. わが国においても，現行消費税法上，同じデジタル財の取引であっても，国内事業者から購入した場合国内取引として消費税が課税される一方で，海外事業者から購入した場合国外取引として課税対象外となり，事業者間の競争中立性を歪めるとして，政府税調でOECDやEUの議論を基にした是正策が検討され，平成27年度の税制改正でリバースチャージ方式等が導入された。2013年11月14日政府税調第2回国際課税ディスカッショングループ各資料参照。また，佐藤英明「電子的配信サービスと消費課税」ジュリスト2012年11月号14—20頁も参照。

[71] ドイツの対応については，西山由美「消費課税における『事業者』の法的地位」税法学557号（2007年）209－219頁参照。

[72] イギリスの事業者がPCのチップをEU域内の他国に輸出した取引に関し，輸出免税の基づき還付を申請したところ，当該取引がカルセール・スキームのチェーンの中に組み込まれていることをもって課税庁がそれを認めなかった事案につき，欧州司法裁判所は，事業者がVATの不正取引にチェーンに組み込まれていることを知らなかった（善意の事業者である）場合には，その取引の中に事業者が組み込まれていても，仕入税額控除を行う権利が認められる旨判示した。C-354/03, C-355/03, and C-484/03 (Optigen et al.), 12 January 2006.

[73] 輸入取引についても，保税地域から引き取られる外国貨物のうち一定のものは，国内における非課税取引とのバランスを図るため，非課税とされている（非課税貨物，消法6②，別表2）。金子前掲注3書692頁参照。

図表1－7　消費税の非課税取引の類型

社会政策的配慮に基づくもの	①	公的な医療保障制度に基づく療養・医療等
	②	社会福祉・更生保護事業
	③	助産
	④	埋葬料・火葬料
	⑤	身体障害者用物品の譲渡等
	⑥	一定の学校の授業料・入学金等
	⑦	教科用図書
	⑧	住宅の貸付
その性質上消費税になじまないもの	⑨	土地の譲渡・貸付
	⑩	有価証券・支払手段等の譲渡
	⑪	金融・保険取引
	⑫	郵便局株式会社等が行う郵便切手・印紙・証紙等の譲渡
	⑬	物品切手（商品券・プリペイドカード等）の譲渡
	⑭	国・地方公共団体等が法令に基づき行う役務等の手数料
	⑮	外国為替業務等に係る役務の提供等

　このうち，「社会政策的配慮から課税すべきでないとされるもの」を非課税とすることの意義は，社会保険診療や福祉サービス等を受ける者に消費税を負担させないという，社会的弱者への配慮ないし再分配政策（逆進性対策）を意味すると考えられる。

　非課税取引の最大の特徴は，対応する課税仕入れに係る消費税額について仕入税額控除の対象から除外されることである（exempt without credit[75]）。消費税の税率構造と仕入税額控除との対応関係を示すと，図表1－8のようになる。

---

[74] 非課税取引が図表1－7に掲げられている項目に限定される理由として，消費税の前に導入が検討された「売上税」は非課税項目が社会保険診療や正常分娩を含め51もありその項目の選定が必ずしも理論的ではなかったこと，また，帳簿方式の場合課税・非課税が複雑だと帳簿での整理が困難であること，を挙げる見解もある。大島・木村前掲注43書43頁参照。

[75] ブラジルやポルトガルでは非課税取引についてその性格を的確に表した当該用語を用いているという。Rita de la Feria and Richard Krever, Ending VAT Exemptions: Towards a Post-Modern VAT, *Oxford University Centre for Business Taxation WP 12/28* (2012), at 7.

第1章 消費税法の基本構造

図表1－8　消費税の税率構造と仕入税額控除との対応関係

課税（標準税率）	対応する課税仕入れに係る仕入税額控除は全額可
課税（軽減税率[76]）	
免税（ゼロ税率）	
非課税	対応する課税仕入れに係る仕入税額控除は全額不可

図表1－9　非課税取引が介在した場合の税の累積

取引段階	税抜販売価格	A すべて課税取引の場合	B 卸売⇒小売が非課税の場合
材料生産者	10,000円	10,000円×10％＝1,000円	10,000円×10％＝1,000円
製造業者	20,000円	20,000円×10％－1,000円＝1,000円	20,000円×10％－1,000円＝1,000円
卸売業者	30,000円	30,000円×10％－2,000円＝1,000円	30,000円×0％＝0円
小売業者	40,000円	40,000円×10％－3,000円＝1,000円	40,000円×10％－0円＝4,000円
消費者		納付額総額：4,000円	納付額総額：6,000円

　そのため，非課税取引を行う事業者は，当該取引に対応する課税仕入れに係る税額をその売上先に価格の調整によって転嫁できなければ，自らがその税額を負担することとなる。また，非課税取引が事業者間（B to B）取引の場合，非課税取引の財・サービスを仕入れた事業者はそれに係る仕入税額控除ができないため，図表1－9でみるように税の累積が生じることとなる。

　図表1－9は，取引の各段階で生み出される付加価値が10,000円であるとき，A「すべての段階が課税取引の場合」とB「卸売業者から小売業者への段階のみ非課税とした場合」の，各段階の税額及び納付税額総額の比較表である。AよりもBの方が納付税額総額が2,000円多くなるが，これは卸売業者から小売業者への売上が非課税取引とされたため，小売業者が卸売業者からの仕入れに係る税額控除がで

---

[76] 現行の消費税法には軽減税率の規定はない。ただし，「平成26年度税制改正大綱」で「消費税の軽減税率制度については，『社会保障と税の一体改革』の原点に立って必要な財源を確保しつつ，関係事業者を含む国民の理解を得た上で，税率10％時に導入する。」とされ，また，平成26年末の総選挙で自民・公明両党は平成29年4月の税率10％引き上げと同時に軽減税率の導入を目指すことを共通公約とするなど，導入の可能性は高まっている。

きず,また,卸売業者も製造業者からの仕入れに係る税額控除ができないことと,卸売業者の非課税措置に伴う納付税額が減少した分とのネットの税額上昇(3,000円+2,000円-3,000円=2,000円)ないし税の累積を意味する。当該税額上昇分は,仕入税額控除の機能不全により卸売業者が控除不能税額2,000円を丸ごと負担しているということである[77]。要するに,取引の中間段階で非課税取引が介在すると,各段階で生じた付加価値と税額との対応関係が切断されることとなる。

一方,非課税取引が消費者向け(B to C)取引の場合,非課税取引が次の段階の事業者の仕入税額控除に影響を及ぼすことがないため,正当化されるという議論がある[78]。しかし,この場合も本書で焦点を当てている医療機関の控除対象外消費税の問題,すなわち事業者が前段階の仕入税額を控除できずその負担を強いられているという問題が生じているため,説得力には乏しいといえる。

したがって,非課税取引が介在すると,事業者間(B to B)はもちろんのこと,消費者向け(B to C)の場合も取引に歪みが生じることとなる。これは偏に非課税取引に対応する課税仕入れに係る消費税額が控除できないという「対応関係」に起因する問題である。この点に関しある経済学者は,付加価値税における「課税」と仕入税額控除の「権利」とは一体であり,売上税額の納税義務を免除しつつ仕入税額控除を認めるということは本質的にあり得ないとする[79]。裁判例においても賃貸マンションの補修費の仕入税額控除が争われた事案では,仕入税額控除制度は「税の累積を避けるために仕入れに含まれている消費税額を控除する制度であるから,(中略)その仕入れに対応する売上げが非課税売上げである以上,税の累積排除を考慮する必要がなく,仕入税額控除の根拠を欠く[80]」としており,現行税制の仕組

---

[77] 卸売業者が当該税額を価格に転嫁しない場合。もちろん卸売業者が当該負担を回避するため転嫁することも考えられるが,その場合は小売価格の上昇を通じて最終的に消費者が負担することとなる。

[78] 例えば,大島・木村前掲注43書34頁では,「それから社会政策的配慮からする非課税項目の多くは,いわば終末消費に対する販売であって,これが非課税であることが取引の次の段階に影響するものではないことを注意しておきましょう。」とされている。

[79] 宮島洋「消費課税の理論と課題」宮島洋編著『改訂版消費課税の理論と課題』(税務経理協会・平成12年)7頁。

[80] 神戸地裁平成14年7月1日判決・税資252号順号9154(控訴審大阪高裁平成14年12月20日判決・税資252号順号9252も同旨)。ただし,当該判決は事業者が負うこととなる非課税売上げに対応する控除不能仕入税額の負担について,消費税法はどのように対処することを予定しているのかについて論じておらず,その点につき,法は転嫁により対処することを予定していることを示した神戸地裁平成24年11月27日判決は理論的にもより明確な判示といえる。当該判決については第2章第5節参照。

[81] 田中治「納税義務者・課税取引と非課税取引」金子宏編『租税法の基本問題』(有斐閣・2008年)715-716頁。

[82] 渡辺前掲注60論文223頁。

みを肯定している。ただし，この点については，法的には必ずしも明確ではない[81]。

また，課税対象取引であるゼロ税率・軽減税率の適用取引と課税対象外取引である非課税取引とは性質が全く異なるため，同列に議論すべきでないという主張もみられる[82]。仮にそのとおりであれば，医療に関し非課税を維持したままでは控除対象外消費税問題は解決し得ないこととなるが，果たしてそうなのか，次章において検討することとしたい。

第2章　医療機関における控除対象外消費税問題

1　はじめに

　本章では，医療機関において問題となっている控除対象外消費税の負担について，付加価値税制度の基本的な仕組み，中でも税率構造と仕入税額控除との対応関係に焦点を当てながらその発生メカニズムを解明するとともに，当該負担が医療機関の経営に与える影響，解決のために考えられる選択肢及び各国の付加価値税制におけるこの問題の現状について分析する。ただし，この問題を分析する上で重要なのは，付加価値税の転嫁のメカニズムとそれが機能しない公定価格としての社会保険診療報酬を理解することであるため，併せてこの点についても述べることとしたい。

2　医療機関の経営状況

(1)　わが国における医療の提供体制

　医療機関の経営状況についてみていく前に，まずその前提となる医療の提供体制を概観することが有益であるだろう。厚生労働省によればわが国における病院[1]の開設主体の内訳は次頁の図表2－1のようになっている。

　さらに，病院における開設者別の病床数のシェアを見てみると次頁の図表2－2のようになる。

　図表2－1・2－2から明らかなように，わが国の医療の提供体制は医療法人を中心にした民間[2]が中心で，病院に関しては個人立を加えると施設数では7割強，病床数でも5割強を占めている[3]。これは欧州では国公立病院や宗教系の慈善病院が主流であるのと大きく異なる傾向を示している。その歴史的な理由については，

---

[1]「病院」とは，1948年に制定された医療法上，入院可能な病床数20以上の施設をいう（医療法1の5①）。
[2] 本章では，わが国の「民間」の医療機関を開設主体が医療法人及び個人であるものに限定する。
[3] 厚生労働省の同じ調査によれば，施設数に関しては病床数19以下の「診療所（歯科を除く，総数99,547施設・129,366床，医療法1の5②）」の場合，医療法人が37.0％，個人立が46.4％と合わせて83.4％，病床数に関しては医療法人が67.0％，個人立が28.0％と合わせて95.0％となり，さらに高い割合となっている。

図表２－１　開設者別施設数（平成23年10月１日現在）

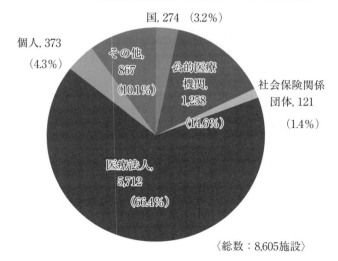

〈総数：8,605施設〉

（注）「公的医療機関」とは医療法31条に規定される開設者による医療機関で，自治体病院，日本赤十字社，済生会，厚生連，国保連合会などを，「その他」とは公益法人，私立大学，社会福祉法人，医療生協，株式会社などによる医療機関を指す。
（出典）　厚生労働省「平成23年医療施設（静態・動態）調査・病院報告」

図表２－２　開設者別病床数のシェア（平成23年10月１日現在）

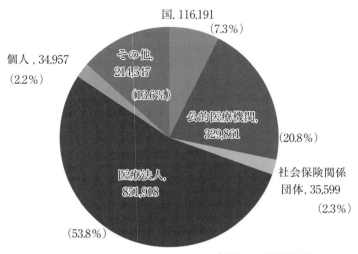

〈総数：1,583,073床〉

（出典）　図表２－１と同じ

一般に，1874年に文部省が発布した「医制」以来「自由開業医制」が採用されていたこと[4]や，戦前において地方政府に公立病院への財政支出を行う余裕が乏しかったこと，医師のキャリアパスとして勤務医として全うするのではなくある程度経験を積んだのち独立開業する（もしくは親の跡を継ぐ）のが一般的であったこと[5]，1950年の医療法人制度や1960年の医療金融金庫（現在の独立行政法人福祉医療機構）の創設など政策的に戦後ほぼ一貫して民間医療機関の奨励・量的拡大に努めたこと[6]などが挙げられるところである。

(2) わが国における医療機関の経営状況

次に，わが国における医療機関の経営状況について統計データをもとにみていく。最初に医療機関の中核となっている医療法人に占める黒字法人[7]の割合を示すと図表2－3のようになる。

図表2－3は民間医療機関である医療法人のデータであるが，同じ調査において自治体病院，社会保険関係団体及びその他公的病院（日本赤十字社，済生会，厚生連など）の比率も公表されており，2010（平成22）年度の一般病院に関しては，自治体病院は59.3％，社会保険関係団体が64.7％，その他公的病院が79.6％となっている。これから，法人税法上，社会医療法人を除き普通法人と取り扱われ医業利益

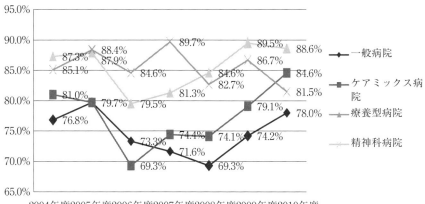

図表2－3　黒字病院比率の推移

(出典)　厚生労働省「平成22年度病院経営管理指標」

---

[4]　島崎謙治『日本の医療』（東京大学出版会・2011年）340頁。
[5]　猪飼周平『病院の世紀の理論』（有斐閣・2010年）48－49頁参照。
[6]　島崎前掲注4書76－78頁，池上直己・J．C．キャンベル『日本の医療』（中央公論新社・1996年）58頁。
[7]　当該年度の経常利益が黒字の病院をいう。

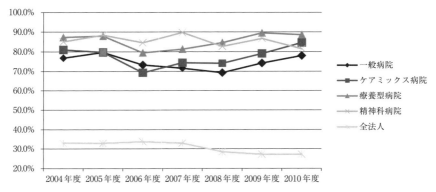

図表2－4 黒字法人の割合の推移

(出典) 医療法人については図表2－3と同じ，全法人については国税庁編「平成22年度分会社標本調査[10]」

に対して法人税が課される医療法人の方が概ね経営状況がよく，効率的な経営が行われていることを窺わせる（法法4①，別表第二）。

　病院の形態別にみると，一般病院[8]が最も黒字病院の割合が低く，療養型及び精神科が高い傾向にある。主として小泉政権時の診療報酬改定（後述第7節参照）の影響により2008年度には一般病院の黒字割合は70％を割り込む水準まで下がったが，その後の診療報酬のプラス改定により精神科病院を除き概ねどの形態も黒字割合が改善している。

　次に，医療法人における黒字経営の割合を国税庁の統計[9]による全法人のデータと比較してみると上記図表2－4のようになる。

　全法人（約258万社）に占める黒字法人[11]は概ね3割程度で推移しているが，リーマンショック後の景気低迷を反映して2008年度以降その割合は30％を切ってお

---

[8] 一般病院は主として急性期の疾患を扱う一般病床が全体の80％以上の病院，療養型病院は主として長期にわたる療養を必要とする患者を収容する療養病床が全体の80％以上の病院，精神科病院は精神病床が全体の80％以上の病院，ケアミックス病院はそれらのいずれにも該当しない病院をいう。

[9] 国税庁編「平成22年度分会社標本調査」

[10] 国税庁の統計の2004・2005年度は各年の2月1日～翌年1月31日までに終了した事業年度をいい，2006年度以降は各年の4月1日～翌年3月31日までに終了した事業年度をいう。

[11] 比較する国税庁の統計における表記は「欠損法人以外の法人」となっている。欠損法人にはその年度が黒字であっても繰越欠損金の控除（法法57）により所得金額がゼロとなった法人も含まれているため，黒字割合が医療法人におけるそれよりも低くなることに注意が必要である。

り，2010年度は27.2％である。

　黒字法人の割合の推移に関し，全法人の状況と医療法人の状況とを比較すると，概ね以下のようになるものと考えられる。

① 全法人の黒字割合は景気動向に左右されるが，医療法人は景気動向よりもむしろ公定価格である診療報酬の改定に左右される傾向にある。

② 全法人の黒字割合と比較すると医療法人の黒字割合は概ね80％程度と相当程度高い。これは主として医療法人の収入の大半を占める社会保険診療報酬が公定価格であり，そこでは出来高払い[12]を中心にするなど医療機関の経営に配慮した価格設定になっているためと考えられる。当然のことであるが，価格の決定プロセスが異なる業態の経営状況を単純比較することには慎重であるべきだが，現状把握という点ではこのような比較にも一定の意味があるだろう。

　さらに病院の利益水準を見ていくこととする。本業の収益力を示す医業利益率[13]の推移は図表2－5のようになっている。

　医療法人については全般的に一般病院の利益率が低く，療養型病院の利益率が高い。療養型病院は一般病院と比較して医療スタッフの配置基準[14]が緩和されてお

図表2－5　医業利益率の推移

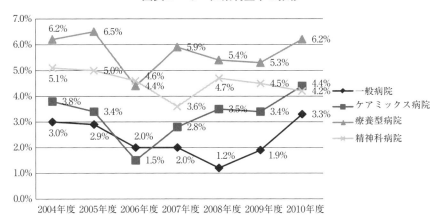

（出典）　図表2－3と同じ

[12) 一般に，診療行為ごとの標準的な原価を基準に一定の利益を乗せた診療報酬金額が定められ，その行為ごとに当該報酬金額を支払われる方式をいう。診療行為の原価を基準に利益が乗せられた診療報酬が支払われるため，医療機関は通常一定の利益を確保することができることとなる。本章第3節参照。
13) 民間企業でいう営業利益率を指す。
14) 一般病院（一般病床）の医師の配置は患者16人に1人以上，看護師は患者3人に1人以上とされているのに対し，療養型病院（療養病床）の場合医師は患者48人に1人以上，看護師は患者4人に1人以上とされている（医療法施行規則19）。

り，人件費負担が重くないため利益率が高くなる傾向にある。しかし一般病院についても2008年度の1.2％を底にその後改善され，2010年度には3.3％まで上昇している。これは特に2010年の診療報酬がプラス改定されたことの影響と考えられる。とはいえ，医療機関における控除対象外消費税の負担が平均して2％強[15]とされる中で，税率が10％となった場合には特に一般病院については現状の利益率ではその負担を吸収することは困難であると言わざるを得ないだろう。

当該指標に関しても，同じ調査において自治体病院，社会保険関係団体及びその他公的病院の割合が公表されており，2010（平成22）年度の一般病院に関しては，自治体病院はマイナス13.2％，社会保険関係団体が0.1％，その他公的病院が2.0％となっている。医療法人の利益率は他の経営形態のそれを上回っているが，中でも利益を計上しないと存続が危ぶまれる民間病院と，他会計負担金等の補助金により赤字部分が補填される自治体病院との差は顕著である[16]。控除対象外消費税の負担についても，赤字に転落してもそれが補填されることがない民間病院の方がより深刻な問題となり得るであろう。

3　わが国の診療報酬制度

(1)　公的医療保険の特徴

社会保障制度は一般に大きく，財源調達の観点から社会保険方式と税方式のふたつに分けることができる。わが国の医療保障制度は基本的にそのうちの社会保険方式，すなわち公的医療保険制度を採用している[17]。公的医療保険制度の下では，制度の対象者に一定の拠出（保険料）を義務付け，当該拠出を財源に（さらに税金などの投入なども含めたところで[18]）その対象者に給付を行うという仕組みが採られ

---

[15] 日本医師会・日医総研「消費税の実態調査」（平成21年2月12日・平成24年7月改）7頁。

[16] 自治体病院の低採算性を正当化する根拠として，自治体病院は地域医療の確保という観点から政策的医療や不採算医療，すなわち小児，周産期，救急，災害及びへき地医療（五事業）といった医療への取り組みが求められているからという主張がよくなされる。しかし，このような医療を民間の医療法人が担っている事例は枚挙に暇がなく，低採算性・高コスト体質を正当化することは困難であるという反論の方が説得力を持つものと考えられる。島崎前掲注4書343－349頁参照。

[17] その他の医療保障制度は公費医療及び医療扶助である。公費医療は感染症対策などの予防医療や健康被害に関する医療等をいい，医療扶助は生活保護法に基づいて医療を要する被保護者に対して行う現物給付である（生活保護法15，34）。

[18] 諸外国における一般的な理解では，財源の一部に税を用いても社会保険制度と定義されるが，その割合が大きくなれば税方式との境界が曖昧となる。笠木映里「医療・年金の運営方式」日本社会保障法学会編『これからの医療と年金』（法律文化社・2012年）15

ている。
　公的医療保険の特徴は一般に以下の点が挙げられる[19]。
① 拠出に基づく給付（医療の場合原則として現物給付）は，国民の自助努力，自己責任の考え方と親和的であり，自立した国民によって形成される国家という現代の福祉国家の理念に合致する。
② 拠出された保険料が基本的にすべて制度の財源に充てられるため，財政面における安定性が高い。
③ 税方式を採用した場合と比較すると，給付水準が財源による制約を受けにくい。
④ 労働者保険型[20]の場合，労働者（被保険者）を使用する事業主にも保険料の負担義務があるため，労働者の保険料負担が軽減される。裏を返せば，当該事業主負担が雇用に伴うコスト増につながる。
⑤ 拠出できない者が制度から排除される可能性がある。
　わが国の公的医療保険は大きく分けて，保険者，被保険者及び医療機関（保険医療機関）の三者によって成り立っている。保険者は公的医療保険を管理運営する主体であり，例えば国民健康保険の場合市町村ないし特別区（地域保険，ただし平成30年度から都道府県に移管）及び国保組合（職域保険）である。被保険者とは保険の加入者であり，保険料を（事業主と共に）拠出し医療の現物給付を厚生労働大臣の指定を受けた保険医療機関[21]から受ける。
　わが国の公的医療保険は1961年に，全国民が何らかの公的医療保険の適用を受けることができるという意味での「国民皆保険」を達成し現在に至っている。国民皆保険を達成して以来，わが国の医療保障制度，中でも公的医療保険制度の基本理念は，所得水準にかかわらず必要かつ十分な医療が受けられるという普遍主義的な「医療の平等消費」であると考えられる。
　保険医療機関が被保険者・被扶養者に医療サービスの提供（療養の給付）を行った場合，その対価として保険者が保険医療機関に支払う金銭を社会保険診療報酬

頁参照。また，社会保険といえども税が投入されるのであるから，社会保険を税方式と対比させるのは適切ではないとして，税方式を社会扶助方式と呼ぶべきとの指摘もある。堀勝洋『社会保障法総論（第2版）』（東京大学出版会・2004年）39-40頁参照。
[19] 笠木前掲注18書15-17頁参照。
[20] 19世紀末のドイツで採用されたビスマルク立法に端を発する社会保険制度で，被保険者が労働者に限定されるという特徴がある。わが国では健康保険法による医療保険が労働者保険型である。
[21] 社会保険診療を行うためには，（保険）医療機関で診療を担当する医師も「保険医」として登録をする必要があるが，これを二重指定制といい，医師個人についても保険診療に対する責任を明確化するという趣旨であるとされる（福岡地裁昭和36年2月2日判決・訟月7巻3号666頁）。

（単に診療報酬と称することも多い）という[22]。

(2) 診療報酬の仕組み

　公的医療保険制度において重要なふたつの柱は，保険料の徴収（ファイナンス）と医療提供体制（デリバリー）である[23]。保険料は公的医療保険制度を支える主たる資金源であり，被保険者（及び雇用主）から支払われる当該保険料の徴収（ファイナンス）機能を担うのは保険者[24]である。一方，被保険者及び被扶養者に対する保険医療の給付（デリバリー）を担うのは保険医療機関である。これらのふたつの柱は，診療報酬を介在して機能する。すなわち，徴収すべき保険料（の料率）は診療報酬の水準とリンクしており，また，保険医療の給付の内容は診療報酬の適用範囲により画定されるからである。わが国の公的医療保険は，ファイナンス面では国民皆保険制度の下，伸び続ける国民医療費をどのように賄うかが近年の重要課題であり続けている。一方のデリバリー面では自由開業医制と医療機関へのフリーアクセスで特徴づけられるわが国の医療提供体制の下，患者のニーズと医療の提供のミスマッチ[25]をいかに解消するかが課題となっている。

　診療報酬は，主として医師・歯科医師の提供する診療に対して支払われる報酬で，大きく分けて自由診療報酬と社会保険診療報酬とに分けられる。このうち自由診療報酬は公的医療保険の適用を受けない自由診療に係る報酬で，医師と患者との交渉によりその価格が決定される[26]。一方，公的医療保険の適用を受ける社会保険診療は，健康保険法70条1項の委任に基づき厚生労働省令である療養担当規則（「保険医療機関及び保険医療養担当規則」）に基づき診療を行うことが求められており[27]，その報酬（社会保険診療報酬）は公定価格が定められている。すなわち，社会保険診療を提供した医師・歯科医師は，原則として「診療報酬の算定方法[28]」に

---

[22] 西村健一郎『社会保障法』（有斐閣・2003年）204頁。保険薬局が行った療養の給付（処方薬の提供など）も診療報酬の対象となる。

[23] 加藤智章「公的医療保険と診療報酬政策」日本社会保障法学会編『これからの医療と年金』（法律文化社・2012年）113－114頁参照。

[24] 公的医療保険を管理・運営する主体で，健保組合や国保組合，全国健康保険協会（協会けんぽ），共済組合等を指す。

[25] 首都圏における小児周産期医療の提供不足や歯科医の過剰，東北地方やへき地における医療過疎，全国的な救急医不足などがその例である。

[26] 厚生労働省の統計（「平成24年度国民医療費」）によれば社会保険診療の金額（国民医療費）は約39.2兆円となっているが，自由診療についてはその規模が分かるような公的統計が存在しない。

[27] ただし，柔道整復師等による施術を受けた場合等のケースでは例外的に，被保険者が治療費（自由診療扱い）をいったん全額医療機関に支払い，その後被保険者の申請により保険者が治療費の7割相当額を被保険者に対して支払う「療養費」という制度も存在する（健康保険法87，国民健康保険法54）。

定められた診療報酬点数に基づき患者に報酬を請求することとなる（点数単価出来高払い方式）。出来高払い方式は医師の裁量性が尊重され医学の進歩に即応できるという利点がある[29]。半面，一般に過剰診療になる傾向にあり，医療費の高騰にもつながりかねないことから，わが国においても2003年4月から，大学病院など高度先端医療を提供する特定機能病院を中心に，医師による診断（diagnosis）と具体的になされた診療行為（procedure）に基づく診断群分類との組み合わせ（combination）により診療報酬を決定する定額払い制度（Diagnosis Procedure Combination，DPC）が導入された。DPC制度下における診療報酬は，手術料や麻酔料といった出来高部分と，入院基本料や検査など包括評価部分[30]とで構成され，後者は診断群分類ごとに定められた1日当たりの点数と入院日数などを掛け合わせて算定されることとなる。したがって，現在のわが国の診療報酬は，出来高払いと包括支払い方式の混合形態であるといえる[31]。社会保険診療報酬は，患者が医療機関の窓口で支払う一部負担金と医療機関が保険者に対して支払いを請求する金額（療養の給付に関する費用，健康保険法76①）とで構成される。

　わが国の診療報酬は基本的に病院と診療所とで同じ報酬体系で計算される。そのため，診療所と病院との機能が未分化であり，両者の外来部門で患者の競合がしばしばみられるが，近年その弊害を是正するための措置（病診連携）が重要視されている。

　自由診療に保険診療を付加して行うことを一般に「混合診療」といい，1976年の厚生省の行政解釈によって禁止されている，と説明される[32]。混合診療の禁止[33]により，混合診療を行うと，保険診療部分も保険給付の対象から外され，被保険者が自由診療部分のみならず診療全体について全額自己負担せざるを得なくなるという結果を招くこととなる。混合診療をめぐる最近の裁判例としては，腎臓癌を患っ

---

[28] 原則として2年に一度改定され，直近のものは平成26年厚生労働省告示第57号「診療報酬算定方法の一部を改正する件（告示）」である。

[29] 島崎前掲注4書364頁。

[30] 出来高払いによる過大診療の弊害を除去するために導入された診療報酬の包括化は，逆に過少診療を促しかねないことが指摘されている。稲森公嘉「公的医療保険の給付」日本社会保障法学会編『これからの医療と年金』（法律文化社・2012年）98頁参照。

[31] 島崎前掲注4書103頁。

[32] ただし，保険医療機関及び保険医が遵守すべき療養担当規則は健康保険法を根拠法としており，それに係る違反行為は保険医療機関指定や保険医登録の取消処分となり得ることも同法（健康保険法80，81）に規定されているため，少なくとも保険医療機関及び保険医に対する行為規範としての混合診療禁止には法的根拠はあるという有力な見解も存する。島崎前掲注4書239－240頁参照。

[33] 混合診療（公的医療給付と私的医療給付の同時提供）の禁止は，公的医療保険制度を持つ日本のみならず，いわゆる税方式を採用するイギリスやカナダでも議論の的となっている。

ている原告が，保険診療であるインターフェロン療法と保険外診療である活性化自己リンパ球移入療法を併用する治療を受けていたところ，保険外診療のみならず保険診療も全額自己負担となったことから，これは国の法的根拠のない誤った見解によるもので，原告は保険診療分につき療養の給付を受ける権利があることの確認を求める訴えを提起したものがある。一審の東京地裁（東京地裁平成19年11月7日・判時1996号3頁）は原告の主張を認めたが，控訴審（東京高裁平成21年9月29日・判タ1310号66頁）では原判決を取り消し，上告審でも最高裁は本件の保険外診療が評価療養の要件を満たさないため，保険外併用療養費の支給要件を満たさないことから，保険診療部分も療養の給付を行うことができない旨判示した（最高裁平成23年10月25日・民集65巻7号2923頁）。

ただし，2006年に導入された保険外併用療養費制度[34]（健康保険法86）により，高度の医療技術を用いた療養等のうち厚生労働大臣が指定するもの（評価療養，健康保険法63②三）及び被保険者の選定に係る特別の病室の提供その他の厚生労働大臣が定める療養（選定療養，健康保険法63②四）を療養の給付の対象外（自由診療）とするものの，被保険者が保険医療機関からこれらの給付を療養の給付と併せて受けた場合には，療養の給付に相当する部分が保険外併用療養費として保険者から金銭が支給されることとなった。混合診療解禁の主張は繰り返しなされているが，今後は保険外併用療養費制度の拡充でどこまで対応できるのかが議論の焦点となっていくものと考えられる。

(3) 診療報酬改定のプロセス

自由診療報酬は私的自治の原則に基づき医師と患者間の交渉により自由に価格が決定されるため，通常の財の価格決定メカニズムと特に差異はない。ところが社会保険診療報酬は公定価格であるため，医師と患者間の交渉により価格を決定することはできない。代替的に，診療報酬は健康保険法76条2項の規定に基づき，原則として2年に一回（西暦の偶数年），医科，歯科及び調剤の三種類に関し厚生労働省中央社会保険医療協議会（中医協）に対する諮問を経て決定されるが，これを診療報酬改定という。以下で診療報酬改定のプロセスを簡単に見ていくこととする。

診療報酬改定において最も重要な役割を果たしているのは社会保険医療協議会である。1950年に設置された社会保険医療協議会はその根拠法（中央社会保険医療協議会法）に基づき，厚生労働省に中央社会保険医療協議会（中医協）が，地方厚生局に地方社会保険医療協議会（地医協）が置かれている（社会保険医療協議会法1）。中医協は支払側委員，診療側委員，公益代表により構成されており，事実

---

[34] この制度の前身となる1983年に導入された特定療養費制度においては，一部の特定承認保険医療機関（大学病院など）での医療行為しか対象ではなかったが，本制度は全保険医療機関での医療行為にその対象が拡大されている。

上，支払側と診療側との交渉の場となっている[35]。

　診療報酬の改定は，内閣が予算編成過程で決定する診療報酬の改定率を前提[36]に，厚生労働省社会保障審議会（医療保険部会及び医療部会）において策定された基本方針に基づき[37]，中医協においてなされる具体的な診療報酬点数の設定等を経て実施されるというプロセスをたどるのが通例である。

　こうしたプロセスを経て決定される診療報酬であるが，近年はわが国における医療需要の多様化及び高度化，疾病構造の変化（慢性疾患や生活習慣病のウエートの増加）とそれらに対応するための医療供給の高度化・複雑化により，診療報酬制度は精緻化と複雑化が益々進んでいる。そのため，例えば消費税率の改定を診療報酬改定に反映させるということが，技術的に非常に困難になっているというのが実態である[38]。

(4) 診療報酬制度の問題点

　医療の提供に係る価格については，市場メカニズムに委ねるという国（アメリカなど）はむしろ例外で，多くの国において政府による価格決定への介入がある。これは主として情報の非対称性，すなわち豊富な専門的知識を有する医師及び医療従事者がそれを持たない患者に対する医療サービスの価格決定権を握った場合，価格が不当に吊り上げられかねないといった現象（資源配分の非効率性）を防止するための措置であるが，別の側面として，医療政策を実現ないし誘導するための手段としても用いられている[39]。わが国の医療機関は収入の大半を社会保険診療に依存しているため，診療報酬の改定に敏感に反応することとなり，これが有効に作用するといわれる[40]。ところが，医療政策を実現ないし誘導するための手段として診療報

---

[35] 遠藤久夫「診療報酬制度の理論と実際」遠藤久夫・池上直己編著『医療保険・診療報酬制度』（勁草書房・2005年）76頁参照。2013年6月24日現在の中医協のメンバー構成は支払い側7名，診療側7名，公益代表6名及び専門委員10名である（社会保険医療協議会法3①③）。

[36] 元々改定率も中医協で審議されていたが，2004年に発覚した歯科の診療報酬改定をめぐる贈収賄事件を契機になされた改革により，その決定が内閣に移管された。

[37] これも上記注36と同様に中医協から移管された。

[38] 具体的には，医療機関が税率引上げに伴い負担することとなる消費税額を診療報酬に反映させる場合には，理論的には診療報酬点数表の全項目につき一律に引上げる必要があるが，わが国において過去に採られた対応はそれとはかけ離れた，極めて不徹底な方法であった。この点については本章第7節で説明する。

[39] 例えば，2006年の診療報酬の改定では全体がマイナス改定となる中，7対1看護や在宅療養支援診療所などに手厚い評価がなされた一方で，療養病棟入院基本料が大幅に引き下げられるなど，政策的に望ましいものに手厚くそうでないものには薄く，と項目ごとにメリハリのつけた改定がなされている。

[40] 島崎前掲注4書117頁。

酬制度を用いることに関し，その有効性が疑問視される事態が生じている。

　例えば，現在厚生労働省は在宅医療の推進を図る観点から，訪問診療の報酬を外来よりも引き上げているが，これに目を付けた紹介ビジネス業者が高齢者施設の患者を一括・大量に開業医に紹介し，診療報酬の一部を医師から徴収するというスキームが横行しているという[41]。このスキームの問題点は，営業努力を省いて診療報酬を稼ぎたい開業医と紹介料を稼ぎたい業者の利益が一致した結果，不必要ないし過剰な訪問診療がなされ，医療費の高騰につながることが懸念されるという点である。すなわち，診療報酬による政策誘導を行う場合，意図せざる弊害が生じて当初の政策目的が実現しないケースが少なくないということである。このケースの場合，公的性格が強い社会保険診療について純粋営利企業が鞘取りを行うという不健全なビジネスモデルに対し，何ら規制が加えられていないという医療政策上の問題点が浮き彫りにされたといえる。

　したがって，政策目的の実現手段として診療報酬の改定を用いることには一定の限界があると言わざるを得ない。むしろ，診療報酬と規制とを組み合わせることによりようやく政策目的が実現するケースが少なくないものと考えられる。

　また，医療技術の高度化に伴い，診療報酬制度の複雑化が進んでいる。それを反映して，公定価格でありながら，診療報酬の算定と請求技術の巧拙により，同じ診療科で同じ治療を行っても実際の収入金額が異なることも珍しくなく，ひいてはそれが医療機関の経営にさえ影響を及ぼすこととなる。そのため，医療機関においては医療従事者が医療技術の習得に努めるのみならず診療報酬の細かい仕組みまで理解することが求められるようになっている。実際には，多忙な医療従事者にそこまで求めることは酷であるため，診療報酬制度に精通した専門家である診療情報管理士[42]にその業務を委ねるという対策を採るところが多い。ここまで複雑化した診療報酬制度の下で，控除対象外消費税の負担をそこに適切に転嫁することが理論的にも技術的にも果たして可能なのか，大いに疑問である。

---

[41] 2013年8月25日付朝日新聞。翌日の同紙では，業者が鍼灸院に患者を集め，医師が診療を行うことで，訪問診療を行ったものと偽装して診療報酬を不正請求する事案について報じている。このような不適切事案に対応する目的で，2014年に行われた診療報酬改定では，同一建物に入居する患者への訪問診療に係る診療報酬が大幅に引き下げられることとなったが，これが不適切事案の排除にどの程度効果があるのか，また，訪問診療（在宅診療）を真に必要とする患者の受診抑制につながらないのかが，今後問われることとなる。
[42] 1972年にできた民間の資格で，現在は四病院団体協議会及び財団法人医療研修推進財団で認定を行っており，認定者は約25,000人いる。

4 医療非課税と控除対象外消費税

(1) 付加価値税における非課税の意義

通常の付加価値税制においては、課税売上に対応する課税仕入に係る税額が控除の対象となる[43]。ここでいう「課税売上」にはゼロ税率（zero-rating）が適用される売上が含まれるため、ゼロ税率が適用される売上に対応する仕入れに係る税額は全額控除が認められる[44]。一方、非課税取引（exemptions）については仕入税額控除が認められていないため[45]、税の累積が生じる[46]。最終消費者に付加価値税を負担させないという点では同じ経済的効果を持つゼロ税率による課税と非課税の違いは仕入税額控除の可否であり、諸外国においても非課税売上の割合が高い業種については、わが国の医療機関のケースと同様に、控除不能となる仕入税額（日本でいう控除対象外消費税額）の負担[47]の問題が生じ得ることとなる。ただし、非課税の場合対応する仕入れに係る税額を最終消費者に転嫁することが可能なケース[48]もあるが、その場合には最終消費者に付加価値税を負担させないという「命

---

[43] 日本の消費税法については、消法30②参照。

[44] See Alan Schenk and Oliver Oldman, Value Added Tax: A Comparative Approach, (2007, Cambridge University Press), at 263.

[45] See Schenk and Oldman, supra note 44, at 268. EU の付加価値税指令168条でも仕入税額控除が可能なのは課税取引のみとされている。See Article 168 of Council Directive VAT 2006/112/EC of 28 November 2006.

[46] これを付加価値税の「原罪（original sin）」ということがある。Joachim Englisch, EU Perspective on VAT Exemptions, *Oxford University Centre for Business Taxation WP 11/11* (2011), at 49. また、付加価値税の生みの親とされるフランス大蔵省の役人だったモーリス・ローレは非課税措置を「付加価値税制の癌である」といったという。See European Commission, Commission Staff Working Document, Accompanying document to the Green Paper on the future of VAT, Towards a simpler, more robust and efficient VAT system, COM(2010) 695 final, at 28.

[47] 例えば、オーストラリアにおいてはこのような負担を "hidden GST cost"（隠れた GST コスト）ということがある。See Peter Hill, Australian GST Handbook 2011-12, at 348. なお、この問題は1962年に公表された EEC（欧州経済共同体、EU 及び EC の前身）における取引高税（turnover tax）の調和が議論されたいわゆる「ノイマルクレポート（Neumark Report）」で "residual tax" として既に指摘されている。See Commission of the European Economic Community, The Report of The Fiscal and Financial Committee and The Reports of The Sub-Groups A, B and C, (An unofficial translation prepared by Dr. H. Thurston), at 58. 隠れた付加価値税（hidden VAT）については、本節第3項参照。

[48] わが国の消費税法においては、自由診療である正常分娩（助産）がその典型である（消法別表第1八）。

題」は一部崩れることとなり，転嫁すべき税額がないゼロ税率とは大きな違いとなり得る。

　非課税取引に係るもうひとつの重要な問題点は，事業者が負担するコンプライアンスコストである[49]。これは，事業者は仕入税額控除の計算に際し，原則として課税仕入れを①課税売上対応，②非課税売上対応及び③共通売上対応の三種類（用途区分という）に分類，仕分けることが求められることを意味する[50]（消法30②一）。当該分類作業は非課税売上の割合が高い業種にとっては実務上決して容易ではなく，控除できない税額の確定のために事業者に相当の事務負担が強いられるという，ある種「悲劇的な」事態に陥っているのが現状である。欧州においても同様な問題意識がある[51]とともに，仕入控除税額の最大化を目指したタックスプランニングをめぐって納税者と課税庁とが争う事態も頻発している[52]。

　付加価値税はそれまでの基幹税である個人・法人レベルの所得税を補完する税制として登場した。すなわち，所得課税はその課税ベースである所得そのものの（課税庁側から見た）把握の不完全性[53]という弱点が払拭できないのに対し，付加価値税は例外措置を設けなければ簡素で中立的という強みがある。逆進性を指摘されながらも短期間のうちに欧州のみならず全世界で付加価値税が導入されていったのは，新たな税源を求める中でその強みが各国において受け入れられたからであろう。

　しかしながら，付加価値税のこのような強みも，非課税や軽減税率，ゼロ税率といった例外措置を導入することにより容易に失われていることとなる。事業者側から見れば，非課税取引は仕入税額控除が認められないという点でも問題を抱えている。にもかかわらず付加価値税において非課税取引を導入する理由については，一

---

[49] 併せて，課税庁が申告内容の適法性をチェックするコスト（行政コスト）も増加する。
[50] このような仕入税額控除の計算方法を個別対応方式というが，分類せず課税仕入税額に課税売上割合を乗じて仕入控除税額を計算する一括比例配分方式も選択できる（消法30②二）。なおEUでは売上の中に非課税売上を含む事業者の仕入税額控除制度を比例控除制度（proportional deduction, Article 135-137 of Council Directive VAT 2006/112/EC of 28 November 2006）というが，これは基本的にわが国の消費税法における個別対応方式と同様の制度と考えられる。EUの比例控除制度については，第4章第5節参照。
[51] *See* Institute for Fiscal Studies, Dimensions of Tax Design, at 305. 当該報告書は21世紀の税制の方向性を示したいわゆる「マーリーズ・レビュー（Mirrlees Review）」として著名である。当該報告書を邦文で紹介したものとして，西山由美「EU付加価値税の現状と課題——マーリーズ・レビューを踏まえて——」フィナンシャル・レビュー2011年1月号146-165頁がある。なお，マーリーズ・レビューについては，第4章第6節でも触れている。
[52] Joachim Englisch, *supra* note 46, at 54.
[53] わが国において，これはいわゆる「九・六・四（クロヨン）」という所得内容による課税ベースの把握水準の較差の問題としてよく知られる。

第2章　医療機関における控除対象外消費税問題

般に大きく以下のふたつがあると解されている。
① 付加価値税を課すのが困難な取引の存在
　これは付加価値税の課税標準である付加価値の算定が困難であったり，税収に比して執行に係るコストが大きい（納税義務者一人当たりの税収が小さい）といった理由により，付加価値税を課すのが困難な取引（hard to tax）があるということである[54]。前者の典型が金融取引[55]であり，後者の典型が住宅の貸付[56]である。このうち付加価値の算定が困難な取引につき，金融機関の提供する金融仲介サービス（financial intermediation services, FIS）を例にとって以下でその内容を検討する[57]。

　金融機関の提供するサービスである金融仲介サービスは，資金の出し手である預金者と資金の受け手である借受人とをつなぐサービスである。すなわち，金融機関は預金者に対しては自分で貸付先を見つける手間を引き受けるというサービスを提供し，借受人に対しては自分の資金需要と借受期間に見合った資金供給者を見つけるというサービスを提供するのである。そのため，金融機関はこのような金融仲介サービスを提供する対価として，預金者及び借受人の双方から何らかの手数料収入を得ている。しかしながらこの手数料は明示的には示されておらず，実際には金融機関は貸付利子と預金利子との差額（スプレッド部分）相当額を徴収している。この状況については，次頁の図表2－6のように示すことができよう。

　仮に，金融機関に対する付加価値税の課税のために，金融機関が金融仲介サービ

---

[54] 2006年付加価値税指令（Council Directive VAT 2006／112／EC of 28 November 2006 on the common system of value added tax, OJ L347／1 of 2006. 以下「付加価値税指令」）135条で "exemptions for other activities" として挙げられている。

[55] Article 135(1)(b) to (g) of Council Directive VAT 2006/112/EC. なお，金融取引であっても手数料を明示的に徴収している場合には付加価値税の課税は可能であり，実際，オーストラリアやニュージーランドでは生命保険以外の保険について課税されている。See Schenk and Oldman, *supra* note 44, at 348-356.

[56] Article 135(1)(l) of Council Directive VAT 2006/112/EC. 欧州司法裁判所は不動産の貸付は受動的な活動であり大きな付加価値を生み出すものではないが，貸主の数が多いため，執行コストに比して税収が小さいとしている。See ECJ 4 October 2001, Case C-326/99, *Stichting "Goed Wonen" v Staatssecretaris van Financiën*, ECR I-6831, para 52. ECJ 19 November 2004, Case C-284/03, *Temco Europe SA v Belgian State*, ECR I-11237, para 20. も同旨。

[57] EUにおける金融仲介サービスに対する付加価値税課税に関するふたつの方法，すなわち修正リバースチャージ法（modified reverse-charging, MRC）及びキャッシュフロー法（cash-flow approach）に関する議論ついては，*see* Howell H. Zee, Further Thoughts on Reforming the VAT: Treatment of Financial Intermediation Services, Edited by Rita de la Feria, VAT Exemptions, (2013, Wolters Kluwer) at 345-355. また，邦文の先行研究としては，中里実「金融取引（銀行取引・保険取引）・不動産取引に対する消費税の課税」日税研論集第30号249－265頁がある。

図表２－６　金融仲介サービスと付加価値税

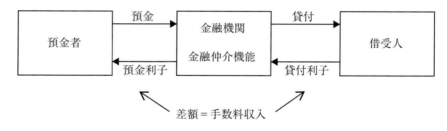

スの対価として預金者・借受人双方から，あたかも不動産の仲介のように手数料を受けていることをあえて示そうとするのであれば，例えば，市場金利を10％，預金利子を８％，貸付利子を12％とすると，金融機関は預金者から預金額の２％（＝10％－８％）相当額，借受人から貸付額の２％（＝12％－10％）相当額の手数料収入を（暗黙の対価として[58]）得ているということができるだろう。しかし，実際の取引においては，どれだけが預金者からの手数料相当額で，どれだけが借受人からの手数料相当額であるのか，実際に得ているスプレッド部分の「配分」を把握することは非常に困難である。そのため，仮に当該スプレッドに付加価値税を課税したとしても，その額を金融機関が預金者及び借受人に転嫁する場合，どの程度すべきなのか決定することが事実上不可能である。また，そもそも預金者と借受人との対応関係も明確ではない。その結果，借受人である事業者が金融機関から受ける仲介サービスの手数料相当額及びそれに係る仕入税額が把握できないため，借受人は当該サービスに係る仕入税額控除を受けることができないこととなる。

　上記のような課税技術上の問題から，多くの国の付加価値税制において，金融取引を非課税とする一方で，そのサービスを受ける事業者における仕入税額控除を認めていない。EUでは2013年１月に金融取引税（The Financial Transaction Tax, FTT）を導入することを決めたが，2012年10月25日付の決定[59]でその理由のひとつとして，金融取引に係る間接税の適切な課税とその調和を挙げている。これは現行の付加価値税指令135条で金融取引が非課税とされているのに対し，金融取引税がそれを補完する役割を果たすことをEUが期待していることを意味するものと考えられる。ただし，このカテゴリーに属する取引は可能であれば課税すべきものであり，ニュージーランドのように原則課税としている国もあれば，特に金融取引について検討中の国も少なくない。

　なおわが国では，このカテゴリーに入る取引を「その性質上消費税になじまない

---

[58] 中里前掲注57論文251頁。

[59] European Commission, Proposal for a Council Decision authorising enhanced cooperation in the area of financial transaction tax, COM(2012) 631 final/2, at 2.

ため[60]」非課税とされていると説明されることが一般的である。

② 社会政策的配慮（public policy）

　もうひとつは社会政策的配慮に基づくものである。例えば，欧州においては付加価値税指令[61]132条から134条（主として132条）で，医療，福祉，教育，文化，慈善活動など（merit goods）が社会政策的ないし一定の公益活動（public interest）という理由により非課税とされている。経済的効率性を最大化する立場からいえば，非課税等の標準税率以外の税率構造を持たず課税ベースが広い付加価値税こそが理想的であるといえる。一方で，教育や文化への平等なアクセスを保障し環境に配慮した技術革新や知識集約的な経済成長を促進するため，健康，文化，環境といった領域への軽減税率（非課税を含む）の適用も政策的手段として正当化され得ると考えられる[62]。社会政策的配慮から付加価値税の非課税が正当化されるのは，もっぱら比較的低所得者である最終消費者にその便益が及ぶケースか，所得再分配のため比較的低所得者の方が高所得者よりも非課税とされる財・サービスの消費量（所得に占める割合）が顕著に大きいケースということになるだろう[63]。

　社会政策的配慮に基づく非課税規定は，①の付加価値税を課すのが困難な取引と比較すると，各国の社会的・文化的な事情がより反映する傾向にあるものと考えられる。例えば，文化・芸術活動に対する非課税措置は，その消費が比較的高所得者に偏る傾向があるため，公平性の観点からは正当化が困難であるが，文化・芸術活動がその国にとって重要性が高いのであれば，その支援という意味で正当化され得るだろう[64]。勿論，社会政策的配慮に基づく非課税規定の大部分は医療や福祉，教育に対する措置であり，福祉国家における共通の理念から多くの国で同様な取扱いを行っている。

　当該措置は最終消費者への負担を求めないことが導入目的であることから，事業者において控除不能分の税額を最終消費者に転嫁することが困難であり，また望ましくないといえる。

---

[60] 金子宏『租税法（第二十版）』（弘文堂・2015年）692頁。もっとも金子名誉教授も，「性質上消費税になじまない」とされている取引のうち，金融取引，保険，土地取引については課税の対象に取り込むことが検討されるべきであるとしており，非課税とされるのはむしろ政策上の問題であると考えられる。金子宏「総論―消費税制度の基本的な問題点」日税研論集30号5－8頁。保険については，辻美枝「保険取引への消費税課税」税法学565号151頁も参照。

[61] Article 132 through 134 of Council Directive VAT 2006/112/EC of 28 November 2006.

[62] European Commission, Green Paper on the future of VAT, Towards a simpler, more robust and efficient VAT system, COM(2010) 695, at 14.

[63] Joachim Englisch, *supra* note 46, at 33-34.

[64] 非課税ではなく軽減税率ではあるが，フランスの場合演劇，コンサート，バレエ等の公演について標準税率（20%）より相当低い税率（2.1%）での課税となっている。

わが国においても欧州においてと同様の理由で消費税法上，医療，福祉，助産，身体障害者用物品，教育用図書などが非課税とされている（消法6①，別表第一）。

(2) 物的非課税と人的非課税

付加価値税の非課税について検討するにあたり留意すべき概念に，物的非課税（物的課税除外，transaction or item exemption）と人的非課税（人的課税除外，entity exemption）とがある[65]。物的非課税とは特定の取引に関し付加価値税を非課税とすることであるのに対し，人的非課税とは特定の事業者が行う取引に関し付加価値税を非課税とすることである。すなわち，物的非課税は取引に着目して非課税の範囲を規定しているのに対し，人的非課税は事業者に着目してそれを規定しているという違いがある。

人的非課税はさらに，小規模事業者に対する非課税（免税）措置と公的機関に対する非課税措置とに分けられる。付加価値税における人的非課税の例としては，前者としてわが国の事業者免税点制度[66]があり，後者としてはEUにおいては，付加価値税指令13条で国，地方公共団体や公的機関等（bodies governed by public law）の行う取引については非課税とするものなどがある。

わが国の消費税法においては，物的非課税は社会保険診療をはじめ別表第一にその項目が列挙されているが，人的非課税については，諸外国で非課税とされることが多い国，地方公共団体，公共法人，公益法人等も資産の譲渡等を行った場合には消費税の納税義務者となるため，適用対象が事業者免税点制度の適用事業者に限定されることがその特徴となっている。

(3) 非課税における税額転嫁と隠れた付加価値税

付加価値税である消費税の根幹となる仕組みは仕入税額控除と税額転嫁のメカニズムである。このうち後者の税額転嫁については消費税法上特に規定はないが，税制改革法11条1項で「事業者は，消費に広く薄く負担を求めるという消費税の性格にかんがみ，消費税を円滑かつ適正に転嫁するものとする」と規定されており，消費税額が資産の譲渡等の相手方に転嫁されることが予定されているといえる。

ところが，非課税取引についてはわが国をはじめ多くの国において対応する仕入

---

[65] Schenk and Oldman, *supra* note 44, at 48-54. 谷口勢津夫『税法基本講義（第3版）』（弘文堂・平成24年）89-90頁。同様の概念として，わが国の固定資産税における人的課税除外（国及び地方公共団体の所有する固定資産には固定資産税が課されない，地法348①）と物的課税除外（公益性の強い固定資産等には固定資産税が課されない，地法348②④）がある。

[66] 基準期間の課税売上高が1,000万円以下の事業者の納税義務が原則として免除される制度をいう（消法9①）。金子前掲注60書696-699頁参照。

税額の控除が全く認められていないため，控除不能税額が生じることとなる。このような控除不能税額を欧州では隠れた付加価値税（hidden VAT）と呼んでいる[67]。仮にそれを売上価格に転嫁できない場合には，事業者が控除不能税額について負担することを余儀なくされる。欧州では隠れた付加価値税問題への対応策として，オプション制度（第4章第6節参照）や付加価値税グループ制度，コストシェアリング措置といった方策[68]が導入されているが，いずれも事業者間（B to B）取引について有効な措置であり，わが国における社会保険診療のようなB to C取引には有効ではないと考えられる。

　もっとも，B to C取引について隠れた付加価値税が生じた場合であっても，それが最終消費者に転嫁できれば，事業者はその負担を免れることができる。例えば，住宅の貸付や自由診療の助産は消費税が非課税であるが，対応する仕入税額を賃貸価格や診療報酬に反映させることで転嫁することは可能であり，また実際に行われているケースが多い。そのため，隠れた付加価値税が深刻な問題となり得るのは，社会保険診療のように，公定価格であるため事業者に価格決定権がなく控除不能額の転嫁ができないケースである。仮に，診療報酬改定において控除不能額の転嫁がなされていないか，なされていてもそれが不十分である場合には，事業者である医療機関は控除も転嫁もできない金額に関し過重な負担を強いられることとなる。そのため，医療機関側からこの問題の解決の必要性が強く叫ばれるわけである。

　ところで，隠れた付加価値税に関し，金融セクターにおける当該負担について，欧州における議論に基づき完全に除去されるべきとする主張が提起されている[69]。その理由としては，付加価値税の非課税措置により対応する仕入税額の控除を否認することは，完全な仕入税額控除こそが付加価値税の基本原則であるとする立場からは中立原則に反するということである。この立場からは，後述する神戸地裁平成24年11月27日判決の「非課税措置に伴う控除不能税額は最終消費者への転嫁により対応すべし」という発想は中立原則に反するため受け入れ難いということになるであろう。この議論をわが国の消費税法に照らしてみれば以下のように考えられるであろう。

　この議論は金融セクターを対象としているが，それにとどまらず，付加価値税における非課税措置全般についていえるものと考えられる。そのため，中立性原則から非課税措置全般について完全な仕入税額控除が機能すべきであるということを主

---

[67] 隠れた付加価値税（hidden VAT）については，西山由美「消費課税システムにおける『税額転嫁』」税理2014年1月号105-106頁参照。
[68] これらの方策については，西山前掲注67論文108-111頁参照。
[69] 西山由美「金融セクターに対する消費課税」金子宏・中里実・J. マーク・ラムザイヤー編『租税法と市場』（有斐閣・2014年）317-318頁参照。

張しているものと考えられるが，そうなると，仕入税額控除に関し，非課税とゼロ税率（免税）との差異が全くなくなることとなる。そう考えると，消費税法が課税（ゼロ税率を含む）と非課税とを区別していることとの法的整合性が問われることになりそうである。

　先にみたとおり，消費税法における仕入税額控除制度は税額計算における基本構造をなすものである。そのため，非課税売上げに対応する仕入税額の控除がどのような場合にも全く認められないというのは，仕入税額控除制度の機能を否定するものであり不合理といえる。しかし，だからと言って，中立性原則から非課税措置全般について完全な仕入税額控除が機能すべきであるということが直ちに導かれるものでもない。

　わが国の消費税法においては一般に，欧州諸国のそれと比較すると非課税とされる取引の範囲が狭く[70]，非課税は例外的な措置として扱われている。そのため，例外的な非課税売上げに対応する仕入税額の控除を原則として否定し，代わりに控除不能額を転嫁で対応するという割り切った方法によっても弊害が比較的限定されるといえる。したがって，わが国の消費税法においては，控除対象外消費税問題については転嫁による対応を原則とし，仮にそれによることが不合理な結果をもたらすケースのみ別途対処するという割り切った立法政策をとったと理解するのが妥当と考えられる。すなわち，非課税売上げに対応する仕入税額の控除は決して否定されてはいないのである。

　なお，隠れた付加価値税は，「その性質上消費税になじまないもの」よりも最終消費者への負担を求めないことが導入目的である「社会政策的配慮に基づくもの」の方が深刻であり，その対応が優先されるべきと考えられる。「その性質上消費税になじまないもの」は原則として課税化を目指すべきであり，中立性の確保を強調するあまりそれに対しても手当を講ずることは，不合理な制度の存続を助長しかねず，妥当な租税政策とは言い難いであろう。

(4) 医療非課税と控除対象外消費税

　わが国において医療の提供に関し消費税が非課税とされるのは，以下の項目である（消法6①，別表第1六八）。

① 健康保険法，国民健康保険法，船員保険法，国家公務員共済組合法，地方公務員等共済組合法又は私立学校教職員共済法の規定に基づく療養の給付及び入院時食事療養費，入院時生活療養費，家族療養費又は特別療養費の支給に係る療養並びに訪問看護療養費又は家族看護療養費の支給に係る指定訪問看護

---

[70] 平成3年度の税制改正で逆進性対策から社会政策的配慮に基づくものとして助産，埋葬料・火葬料，身体障害者物品の譲渡等，教科用図書，住宅の貸付が新たに非課税項目として加わったが，それまではさらに限定されていた。

② 高齢者の医療の確保に関する法律の規定に基づく療養の給付及び入院時食事療養費，入院時生活療養費，保険外併用療養費，療養費又は特別療養費の支給に係る療養並びに訪問看護療養費の支給に係る指定訪問看護
③ 精神保健及び精神障害者福祉に関する法律の規定に基づく医療，生活保護法の規定に基づく医療扶助のための医療の給付及び医療扶助のための金銭給付に係る医療，原子爆弾被爆者に対する援護に関する法律の規定に基づく医療の給付及び医療費又は一般疾病医療費の支給に係る医療並びに障害者自立支援法の規定に基づく自立支援医療費，療養介護医療費又は基準該当療養介護医療費の支給に係る医療
④ 公害健康被害の補償等に関する法律の規定に基づく療養の給付及び療養費の支給に係る療養
⑤ 労働者災害補償保険法の規定に基づく療養の給付及び療養の費用の支給に係る療養並びに同法の規定による社会復帰促進等事業として行われる医療の措置及び医療に要する費用の支給に係る医療
⑥ 自動車損害賠償保障法の規定による損害賠償額の支払を受けるべき被害者に対する当該支払に係る療養
⑦ ①～⑥に掲げる療養又は医療に類するものとして政令（消令14）で定めるもの
⑧ 医師，助産師その他医療に関する施設の開設者による助産に係る資産の譲渡等

　上記のうち特に重要性が高いのは，①及び②の公的医療保険（社会保険）による診療と⑧の助産である。しかし，両者の間には大きな違いがある。それは，本節第3項でも論じたとおり，前者が公定価格の社会保険診療であるため控除対象外消費税を価格に転嫁することが事業者（医療機関）の自助努力では原理的になし得ないのに対し，後者は自由診療であり医療機関に価格決定権があるため，控除対象外消費税を価格に転嫁することも可能である点である。

　社会保険診療について消費税が非課税とされた立法趣旨・目的は，次節で取り上げる神戸地裁平成24年11月27日判決によれば，「専ら社会保険診療等に係る患者の費用負担の抑制を図る点にある」と解されるところである。すなわち，本節第1項で触れたとおり，消費税法は消費に対して負担を求めるという税制としての性格から課税の対象としてなじまない取引や，社会政策的な配慮から課税することが適当ではない取引について，非課税取引として消費税を課税しないこととしているが，社会保険診療は後者に該当する。さらに，次の第5項で見るとおり，消費税導入時に日本医師会は社会保険診療が国民の生命と生活に関わるものであることを理由にそれを非課税取引とすることを積極的に要求していたという事情も，その立法趣旨を裏付けるものと考えられる。

(5) 消費税導入時の議論

　わが国においては医療（社会保険診療[71]）及び福祉サービスの提供に係る消費税については，導入時から非課税とされている。これは一般に社会政策的な配慮[72]とされるが，わが国において現行の消費税導入前に検討された付加価値税の類型である一般消費税[73]及び売上税[74]においても，同様の取扱いとなっている。

　また，医療に対するこのような取扱いについては，立法過程において日本医師会等の業界団体の主張を採り入れたためとも考えられる。例えば日本医師会は消費税導入前の昭和62年10月，「税制全般にわたる抜本的な見直しが行われるにあたり，一般的な消費に対する課税が行われる場合には，国民の生命・健康を守る上で，必要不可欠な医療・医薬品等については，課税対象から除外することを希望します。高齢化社会に対応する税制改革が，国民の理解と信頼に裏付けられて確立されねばなりませんが，国民生活にも大きな影響が及ばざるを得ません。そのため保健・医療・福祉等は，特別に政策的配慮がされるべきであり，医療・医療用医薬品・医療用具等を非課税とするよう強く要望します[75]。」と主張している。また，日本医師会は昭和63年5月に自民党社会部会への要望で，新型間接税（消費税）において医療は非課税とすべきであると主張する中でその理由として，「欧米諸国でも医療に間接税を課している国はない[76]。」を挙げている。

　また，当時の政権与党であった自民党は医療を課税とした場合の問題点として，①医療は所得の大小にかかわらず選択の余地なく支出せざるを得ないものである，

---

[71] 助産（正常分娩）は消費税導入時自由診療であるため課税とされていたが，逆進性緩和の一環として平成3年度の税制改正で非課税に改められている（別表第一第八号）。大蔵省編『平成3年改正税法のすべて』375頁参照。

[72] 金子前掲注60書692頁。

[73] 大平内閣時に導入が検討され，その後撤回に追い込まれた一般消費税においては，国民皆保険の実情及び逆進的との批判を避ける意味で社会保険診療は非課税とされていた。昭和53年12月27日政府税制調査会「昭和54年度の税制改正に関する答申」別紙「一般消費税大綱」3(2)⑤参照。また，木下和夫『税制調査会』（税務経理協会・平成4年）148頁も参照。

[74] 中曽根内閣時に導入が検討され，法案が提出されたものの廃案に追い込まれた売上税は諸外国で採用されているインボイス（invoice）に似た税額票により仕入税額控除を行うことがその基本的な仕組みとなっていたが，一方で，社会保険医療，公費負担医療，予防接種，正常分娩，高度先進医療，医薬品等が非課税とされており，現行の消費税よりも非課税の範囲が広く，また，一般消費税で批判の強かった「網羅性」を薄めるため事業者免税点が1億円とかなり高いことがその特徴となっている。昭和61年12月23日自由民主党「税制の抜本改革と昭和62年度税制改正大綱（抄）」3(四)2(1)及び3(1)参照。

[75] 日本医師会昭和62年10月9日「医療に関する税制に関する意見」

[76] 日本医師会昭和63年5月30日「日本医師会の主な見解（於：自民党社会部会への要望）」

②医療は低所得者でも生きていくために支出せざるを得ないものであり，逆進的である，③一定の所得階層の者には所得減税の効果も財政支出の恩恵も及ばず，間接税負担だけが増加することとなる，④医療に課税すると保険料が上がって医者に行かない人にも税負担が転嫁されるが，受益と負担の関係でいかがなものか，⑤所得税を減税して国民の負担感を軽減しても，医療への課税で保険料や患者負担が増えると負担感は軽減しない，が挙げられていた[77]。

要するに，所得の大小にかかわらず必要となる医療（社会保険診療）や比較的低所得者が必要とする福祉サービスについては，患者や福祉サービス利用者（身体障害者や高齢者など）の負担が生じないことが望ましいという理由で消費税が非課税とされたものと考えられる。

(6) 控除対象外消費税の所得課税上の取扱い

医療機関における控除対象外消費税問題を論じる際提起される論点のひとつに，当該負担により一方で所得税・法人税の負担が軽減されているというものがある。すなわち，税額控除計算の結果生じた控除対象外消費税は，所得税ないし法人税の課税所得の計算上，必要経費ないし損金に算入されるため[78]，単なる負担ではないという主張である。

控除対象外消費税は医療機関にとってのまぎれもない負担であり，損益計算上も費用（医業費用）であることから，所得計算においても当然必要経費ないし損金とされるべき項目である。したがって，医療機関に控除対象外消費税の負担が生じれば，その負担が所得税・法人税に反映するのは理論的に当然のことであり，税制上の恩典や優遇措置ではない[79]。

逆に言えば，仮に医療機関における控除対象外消費税の負担が解消されれば，理論的にはその金額だけ当該医療機関の所得が増加することとなり，繰越欠損金の控除を無視すれば，所得税・法人税の税収も増加することとなる。所得税・法人税が課される医療機関にとっては，控除対象外消費税負担と所得税・法人税負担とは裏腹の関係にあるが，その負担の影響の得失を勘案すれば，たとえ所得税・法人税負担が上昇しても合理的な医療機関は控除対象外消費税問題の解決を望むであろう。

---

[77] 昭和63年6月「自民党社会部会の見解」
[78] 厳密にいえば，経費に係る控除対象外消費税と資産に係る控除対象外消費税とは取扱いが異なり，前者は即時に費用となるが，後者は原則として繰延消費税額等として資産計上し，個人の場合は6年間で償却，法人の場合は5年以上の期間で損金算入することとなる（所令182の2①～④，法令139の4①～③）。
[79] もっとも医療機関のうち国立病院や学校法人，社会福祉法人等といった形態で医療が提供される場合には，収益事業にのみ法人税が課されるが，医療の提供は収益事業から除外されているため，基本的に控除対象外消費税の負担解消が法人税の増収にはつながらない。

(7) 導入時に医療非課税以外の選択肢は取り得たのか

わが国において控除対象外消費税問題がここまでこじれたのは、導入時の議論に問題があった。すなわち医療界が非課税とゼロ税率の違いを深く考えずに、当時付加価値税制の先進国であった欧州がそうであったからという単純な理由で非課税としたからである、という指摘がなされることがある[80]。それでは導入時にどうすればよかったのか、恐らく以下の選択肢があったであろう。

① ゼロ税率（オーストラリア型）
② 非課税＋還付（カナダ型）
③ 課税・軽減税率（独自案）

上記①②はそれぞれ付加価値税導入時のオーストラリア（後述第5章第8節）及びカナダ（後述第5章第4節）の対応であり、日本との比較で両国はこの問題に巧みに対処したことが分かる。

これに対し③であるが、導入時は標準税率での課税とし、税率が一定水準以上になってから軽減税率を適用するというものである。消費税課税の中立性（neutrality）を重視する理論的な立場からは、標準税率で課税するというのが「あるべき姿」であったのであろう。

日本の消費税は導入時の税率が3％と低く、導入時から軽減税率を適用するということは実際問題として不可能であったと考えられる。そのため、税率が二けたとなる予定の2015年10月が軽減税率導入を検討するタイミングということになる[81]。となると、導入時には取りあえず標準税率による課税とし、頃合を見計らって軽減税率とするということになるだろう。標準税率で課税されているものをその後の税率引上げ時に逆進性等に配慮して軽減税率で課税するという道筋は、何をその対象とするかはともかくとして、一般の国民でも理解しやすい[82]。しかし、医療界は導入時に患者に負担を求めるという選択肢を採ることはなかった。そうなると、結局①又は②によるしかなかったのではないのかと考えられる。

それでは、オーストラリアのように①を採用することは可能であっただろうか。

---

[80] 中医協の「医療機関等における消費税負担に関する分科会」の第1回（2012年6月20日開催）において今村委員（日本医師会副会長）は「消費税の仕組みがどういうものかよくわからない中で、先ほど御指摘があったように、ゼロ税率か非課税かという違いもよくわからない中で、患者さんの医療に税の負担を負わせないのだということに強く配慮して、そのように主張したと私は理解しています」と発言している。

[81] 金子宏「消費税制度の基本的問題点」『租税法理論の形成と解明下巻』（有斐閣・2010年）384頁参照。なお、10％引上げは2017年4月に延期されている。

[82] 例えば、新聞業界は現在標準税率で課税の購読料につき軽減税率の適用を主張している。社団法人日本新聞販売協会『新聞の軽減税率はこの国の明日へのともしび』（平成24年2月）参照。

これについては，仮に，日本医師会が「ゼロ税率か非課税かという違い」をよく理解し，仕入税額控除を可能とするため非課税ではなくゼロ税率の導入を強く要求した場合であっても，現実には困難であったものと推測されるところである。何故なら，税制（国税）の企画立案を担当する大蔵省主税局（当時）が，一般消費税（1979年），売上税（1987年）の二度の導入断念を経て，消費税法の立法に係る基本方針として，政治家や利益集団からの要求に対し課税ベースを狭めるような譲歩を徹底的に避け，中でも課税ベースの大幅な浸食を招くゼロ税率の採用に極めて慎重であったと考えられるからである[83]。仮にこの推測が正しいとすれば，当時より財政状況が大幅に悪化している現時点において，課税ベースを狭めるような議論により一層慎重になっているとみられる財務省や与党政治家（特に自民党税調幹部）が，ゼロ税率の議論に理解を示す可能性は極めて低いと言わざるを得ないであろう[84]。

5　控除対象外消費税負担をめぐる裁判例の検討

(1) はじめに

既にみてきたように，わが国の消費税は多段階の一般消費税であり，前段階税額控除型の付加価値税であるとされる。その最大の特徴は前段階に課された税額を控除する仕入税額控除の仕組みを持つということであり，それにより課税の累積を防止し経済活動に中立的[85]である消費税制が実現するわけであるが，その仕入税額控除は非課税売上に対応する課税仕入れについては認められていない。このような売上に係る税率構造と仕入税額控除との「対応関係」こそが医療機関における控除対象外消費税問題を生み出す淵源となっている。すなわち，社会保険診療や助産といった医療の提供については社会政策的配慮から消費税が非課税とされているが

---

[83] 加藤淳子『税制改革と官僚制』（東京大学出版会・1997年）96－97頁参照。財務省（大蔵省）は税制論議の際，政治的な妥協を余儀なくされる事項につき，自らの核心的な利益（消費税に関して言えば「課税ベースの確保」）を死守することを最優先とし，その周辺部分での多少の妥協であれば応じるという戦略（「重心陣地を敷け」又は「さらとり」という）を採るのが通例であるという。加藤同書91－92頁参照。

[84] 医療界（特に病院団体）が控除対象外消費税問題の解決策として，従来はゼロ税率の導入を強く主張していたが，最近は軽減税率の導入に軸足を移しつつあるのは，これまでの財務省や与党政治家との交渉を反映したものと推察されるところである。これを踏まえて，その他の選択肢として，非課税で導入しその後軽減税率に移行するというものも考えられるが，その問題点については本章第7節でさらに検討する。

[85] 中立性の原則は専ら経済学ないし租税論において重視され，租税法ないし法律学の観点からは必ずしも十分に議論されているとは言えない概念である。田中治「租税における中立の法理」日税研論集54巻（日本税務研究センター・平成16年）65－85頁参照。

（消法6①，別表第1六八），それに対応する課税仕入れに係る消費税額も仕入税額控除の対象から外されているため（消法30②），社会保険診療や助産に係る報酬が収入の大部分を占める医療機関においては，当該税額（控除対象外消費税額）の負担が問題となる。仮に当該税額が生じてもその負担を最終消費者である患者に転嫁できればよいが，社会保険診療は公定価格であるため個々の医療機関が価格を決定することはできず，事実上転嫁は困難となる。当該問題点につき争われた裁判例（神戸地裁平成24年11月27日判決[86]）があるので，以下でみていくこととしたい。

(2) 事件の内容

① 事件の概要

民間病院（4医療法人）の開設者である原告は，主として社会保険診療を業として行っているが，社会保険診療等が消費税法上非課税取引と取り扱われ，また当該取引に対応する課税仕入れに係る消費税額について仕入税額控除が認められないため，仮に当該控除不能となる消費税額を最終消費者である患者に転嫁できない場合，当該税額の負担を余儀なくされることとなる。実際，健康保険法等の法律の規定により社会保険診療等に係る報酬が公定価格とされているため，控除不能となる消費税額は転嫁できず，原告が負担しているが，本件はそのような負担を強いることとなる消費税法の仕組みは憲法14条1項（平等原則），22条1項（職業選択の自由），29条1項（財産権の保障）及び84条（租税法律主義）に違反しているとして，原告が平成20年度から22年度の3年間に負担した控除不能となった消費税額の一部（各1,000万円）について国家賠償法1条1項に基づく国家賠償請求を行ったものである[87]。

原告が挙げた国家賠償法上の違法行為は，第一に，国会議員による消費税法の立法行為及び国会議員が遅くとも平成9年に行われた消費税の税率改定時に当該負担を解消する措置を採らなかったという立法不作為[88]，第二に平成20年度及び平成22年度の厚生労働大臣の告示による診療報酬改定行為である。

② 争点

---

[86] 本件の判例評釈としては，村井正「わが国消費税制の課題と展望」税理2013年9月臨時増刊号36-45頁がある。

[87] 当該裁判の原告の立場からの主張については，雑誌記事（吉田静雄「医療消費税訴訟の経緯」社会保険旬報 No. 2527（2013年4月1日号）18-24頁）で確認することができる。なお，原告によれば，当該訴訟の意義は，「勝敗の中身よりも医療関係者を含め，国や国民一般の理解を得ることが目的」とのことである。そのため，原告は控訴せず一審で結審している。

[88] 国家賠償法1条の適用要件である公権力の行使には，立法行為及びその不作為すなわち権限の不行使も含まれると解されている。塩野宏『行政法Ⅱ（第五版補訂版）』（有斐閣・2013年）308頁。

以下の評釈においては，当該裁判の争点のうち，社会保険診療等について非課税となる一方で，それに対応する仕入れに係る消費税額について仕入税額控除を認めていない消費税法の仕組み（以下「本件仕組み」）は，憲法14条1項，22条1項，29条1項及び84条に違反するか否か（争点1），及び，本件立法行為等に係る国家賠償請求の当否（争点2）についてのみ検討することとする。
③　判旨
　　請求棄却。
1）　仕入税額控除の趣旨・目的について（争点1）
　消費税法は，消費に広く薄く負担を求めることを目的とするもので，原則としてすべての財貨・サービスの国内における販売，提供などを課税の対象としてその売上げに対して課税を行う，いわゆる多段階課税方式を採用している間接税であり，その税負担は，他のコストと共に販売価格に織り込まれることで，最終的には消費者に転嫁されることが予定されているものである（税制改革法11条）。このような多段階課税方式を採用すると，取引の各段階で消費税に対してさらに消費税が課されるという税の二重課税（タックス・オン・タックス）が生じるため，税負担の累積を防止し，適正な転嫁が行われるようにすることを目的として，前段階の取引において生じた税額を控除することとする仕入税額控除制度が設けられたものと解される。
　原告は事業者が消費者に贈与する場合や輸出取引を行う場合において，税の二重課税が生じていないにもかかわらず，仕入税額控除が認められ，仕入税額について還付が行われていることを挙げ，それとの比較で非課税取引に関して仕入税額控除が認められないことの非合理性を主張する。しかし，贈与取引のような事業者が全く負担を転嫁しないで（あるいは全く転嫁できずに）課税取引を行うということは，法制度上，極めて例外的な場面であるといえる（税制改革法11条1項参照）。そのため，税の二重課税が生じないという極めて例外的な場面に対応する規定が設けられていないことを理由として仕入税額控除の趣旨を導こうとするものに等しいというべきであって，採用し難い。
　また，消費税法は消費地課税主義を採用し，輸入貨物に対しては消費税を課税する一方，輸出免税取引については免税とするとともに売上に対応する仕入税額の控除を認めているところ，原告は輸出免税の制度趣旨が消費地課税主義の採用にあることを認めながら，そのためには仕入税額控除（及びその結果としての還付）は不要である旨主張するものであるが，そうなると税額が国外消費者に転嫁されることとなり，消費地課税主義を採用した消費税法の趣旨は没却されてしまうのである。
2）　非課税売上対応の仕入税額控除を認めない消費税法の規定の憲法適合性（争点1）
　医療法人等の場合，公定価格とされる社会保険診療等を主たる業としていること

から，仕入税額につき仕入税額控除又は価格の引上げによる転嫁のいずれの方法も採ることができず，消費税法上，一般の事業者と異なる取扱いがされているといえる。また，原告はその結果仕入税額相当額の負担を強いられているという取扱いを受けており，このような取扱いの区別が憲法の平等原則に反する旨主張する。

　租税法の定立については，立法府の政策的，技術的な判断に委ねるほかはないところ，本件各規定が合理的なものといえるかについて，裁判所は，基本的に立法府の裁量的判断を尊重せざるを得ないというべきである。まず社会診療報酬等を非課税とした立法目的であるが，それは社会政策的な配慮からの専ら社会保険診療等に係る患者の費用負担の抑制を図る点にあり，当該消費税法の規定は合理性を有する。また，仕入税額控除制度においては課税取引に対応する仕入税額についてのみ控除の対象とすることとしているが，これは課税要件に関わる専門技術的な判断ないし政策的な判断に基づき定められた規定であるといえる。さらに，仕入税額控除制度の趣旨に照らすと，非課税取引に対応する仕入税額については税負担の累積を考慮する必要がなく，仕入税額控除を行う根拠を欠くことになるから，社会保険診療等の非課税取引については仕入税額控除ができないという仕組みは，立法目的との関連で著しく不合理なものであることが明らかであるとはいえない。したがって，仕入税額控除制度に関する消費税法の規定はいずれも合理性を有するものと認められる。

　本件の場合，非課税売上に対応する仕入税額の控除が認められない消費税法の仕組みにより転嫁方法の区別が生じていることと，この仕組みをこれまで変更していないことが立法裁量として許容されるかが問われるのであるが，消費税法には事業者が仕入税額相当額の負担が生じた場合にこれを解消する権利を有していることを窺わせる規定も見当たらず，また，医療法人等の負担については消費税法の制定当初から，健康保険法等における診療報酬の適切な改定によって対応することとされていたことが認められるのであるから，消費税法が想定する仕入税額相当額の負担を転嫁する方法に代替する手段は，法制上，確保されているものと評価できる。したがって，転嫁方法の区別が憲法14条1項に違反するとはいえないというべきである。

3） 本件立法行為等に係る国家賠償請求の当否（争点2）

　診療報酬の改定は，極めて専門的技術的であり，かつ政策的な要素が大きいことは明らかである。したがって，原告ら主張の負担，すなわち個別の仕入税額分が診療報酬に機械的に上乗せされないことをもって，本件改定行為等が違法であると直ちに評価することはできない。もっとも，消費税法の施行により医療法人等と一般の事業者との間に転嫁方法の区別が生じており，転嫁方法の区別に対しては，消費税法施行当初から，代替手段として厚生労働大臣による診療報酬改定が想定されていたことに照らせば，厚生労働大臣が本件改定行為等に係る裁量権の行使にあた

り，これを全く考慮しないということは，医療法人等の仕入税額相当額の負担に関する制度の整合性を損なうものであって許されないというべきである。

しかし，実際の過去の診療報酬の改定においては，医療法人等が負担する仕入税額相当額の適正な転嫁という点に配慮した診療報酬改定を行っているものというべきであり，厚生労働大臣の裁量権の逸脱又は濫用は認められず，本件改定行為等は，いずれも国家賠償法1条1項の規定の適用上，違法とは評価できない。

(3) 本判決の検討

① 租税立法に関する違憲審査

本件は課税処分の取消訴訟ではなく，公定価格である社会保険診療という非課税売上に対応する課税仕入れに係る消費税額が控除できないという消費税法の仕組みそのものの不当性，憲法適合性[89]が争われた国家賠償請求訴訟（公務員による違法な公権力の行使）である。

租税立法の憲法適合性（違憲審査の基準）については，本件ではいわゆる「大島訴訟（最高裁昭和60年3月27日判決・民集39巻2号247頁）」での判示のとおり「租税法の定立については，（中略）立法府の政策的，技術的な判断にゆだねるほかはなく，裁判所は，基本的にはその裁量的判断を尊重せざるを得ない」ことが確認された。すなわち，租税立法が経済的自由権（本件に即して言えば22条1項と29条1項）に係る積極的・政策的規制（積極目的規制）であることを前提に，当該規制措置が著しく不合理であることの明白である場合に限って違憲とするという，いわゆる「明白の原則[90]」が適用されることを裁判所が明らかにしたものであり，原告が租税立法による規制措置が著しく不合理であることの明白であることを立証することは，実際には極めて困難である[91]。本件においても原告は，医療機関に集中的に発生し負担を余儀なくされる控除対象外消費税の問題は，一般事業者との取扱いの差異が顕著であるとして，特に憲法14条1項に違反するとしたが，租税立法のような経済的自由の積極目的規制について平等原則違反が問題となるときの判断基準は，立法目的が正当なものであり，目的と手段との間に合理的関連性があれば国会の裁量権の範囲内であるという「合理的根拠の基準[92]」でよいとされるため，原告は裁判所を説得するに足る立証を行うことができなかったところである。

---

[89] 原告の訴訟代理人に憲法学が専門の高橋和之教授が加わっていることもあり，本件訴訟は憲法上の論点を精緻に分析しているものと評価できるだろう。
[90] 芦部信喜（高橋和之補訂）『憲法（第五版）』（岩波書店・2011年）218頁参照。
[91] 違憲（適用違憲）とされた事例としては，第三者の所有物を没収する場合には，予めその第三者に告知し，弁解・防御の機会を与えられなければならず，それを欠く関税法の規定が違憲であるとした最高裁昭和37年11月28日・刑集16巻11号1577頁が挙げられる。金子前掲注60書961頁，芦部前掲注90書378頁参照。
[92] 芦部前掲注90書130-131頁参照。

この点については，裁判所は違憲の判断につき過度に抑制的ないし司法消極主義[93]であると批判することも可能であろうが，筆者はむしろ，後述（4）のように裁判所は，厚生労働大臣が「仕入税額相当額の適正な転嫁という点に配慮した診療報酬改定をすべき義務を負う」という判断を下しており，診療報酬の改定が不適切ないし不十分である場合には適用違憲となる可能性があることを示唆した，かなり踏み込んだものであると評価することができるものと考えている。
② 非課税取引と仕入税額控除との対応関係について
　裁判所は，非課税取引に対応する課税仕入れに係る仕入税額控除が認められないことにより発生する控除対象外消費税の負担の問題につき，医療を非課税取引とした立法目的と仕入税額控除の立法目的とは異なるのであるから，非課税取引とその対応する仕入税額控除との間に関連性がないのは当然であるとしている。すなわち，消費税の非課税取引に関し控除対象外消費税が生じるとしても，それは基本的に「転嫁」により対応することが可能であり，そのようにすべきというのが裁判所の考え方といえる。このような考え方は，消費税が非課税となる多くの取引については控除不能分の税額の転嫁が可能であるため妥当し，医療の提供の中でも自由診療である助産（消費税法別表第一第八号により非課税）については妥当する。
　一方，公定価格である社会保険診療報酬については，各医療機関に価格の決定権はないから，控除不能分を転嫁しようとしても医療機関の自助努力では原理的に不可能である。したがって，社会保険診療については，厚生労働大臣が中央社会保険協議会（中医協）の議論を踏まえ決定する診療報酬の改定（厚生労働大臣告示）に控除不能分が的確に反映されていることが必要不可欠となる。ところが，医療機関側は過去の診療報酬改定ではそれが不適切ないし不十分であったと考えていることから，控除対象外消費税の負担を生じさせる消費税法そのものを問題視しているのであり，原告もそう考えて提訴したわけであるが，裁判所は国側の主張を認め，診療報酬の改定により適切に配慮されていると判断した。
　そもそも診療報酬の仕組みは極めて複雑かつ技術的で，その決定には多種多様な政策的な要素が考慮される上，改定も通常2年ごとに行われることから，ある年度に行われた消費税の導入や引上げを考慮した改定の効果が，本来であればそれ以後継続すべきであるにもかかわらず，その後の改定により引上げ効果がどのように引き継がれていったかを検証することは極めて困難である[94]。原告は本件において過去の診療報酬の改定では転嫁分の織り込みがなかったか，もしくは極めて不十分で

---

[93] 違憲の判断に関し，経済的自由の制約や社会経済的立法については，裁判所は立法者の判断を尊重し，緩やかな審査を行う一方，人種差別や表現の自由の制約などについては，厳格審査を適用するというような基準を使い分けのことを一般に「二重の基準（double standards）論」というが，これはアメリカの違憲審査の理論から導入されたものである。松井茂記『アメリカ憲法入門（第7版）』（有斐閣・2012年）93－96頁参照。

あったことを立証する必要があったが,「なかったこと」の立証は極めて困難であり, 実際成功せず請求は棄却された。

ただし一点,「仕入税額控除制度の趣旨に照らすと, 非課税取引に対応する仕入税額については税負担の累積を考慮する必要がなく」という裁判所の判断には疑問が残る。確かに仕入税額控除の対象となる仕入税額を課税売上に対応するものに限定するかどうかは「課税要件に関わる専門技術的な判断ないし政策的な判断」といえるが, これは消費税のような付加価値税の仕組みから当然に導き出される理論的帰結[95]ではなく, 単なる政策的判断ではないかという疑問を筆者は持っている。すなわち, 非課税売上に係る控除対象外消費税の負担は生じても大半は（少なくとも理論的には）転嫁可能であるということが前提となっており, その例外となる公定価格である社会保険診療でも仕入税額控除を認めないのは, 筆者の考えでは, 専ら税収目的, すなわち（最終消費者に負担を求めないという点では非課税と同じである）ゼロ税率のような対応により税収の大幅な減少につながるということは避けたいという, 財政当局の意向が反映しているということになるのではないだろうか[96]。実際, いわゆる現行消費税法における95％ルールの適用による全額控除（旧消法30①, 新消法30①②[97]）や第5章で検討するオーストラリアの部分控除制度のように, 非課税売上対応の仕入れに係る税額控除が認められるケースもないわけではない。

すなわち, 諸外国では一般にわが国と同様に非課税取引に対応する課税仕入に係

---

[94] 厚生労働省中央社会保険医療協議会診療報酬調査専門組織（医療機関等における消費税負担に関する分科会）の第3回（平成24年8月30日）会議資料（税 - 1）で改定項目の追跡調査を行っているが, 算定方法が変更されたものや包括評価されたものが多く, 改定効果の持続性の検証は極めて困難である。なお, 原告は診療報酬に消費税分を一律に5％（すなわち診療報酬の単価を現行の1点10円から10.5円に）引上げることが必要と主張しているが, 控除不能分の転嫁であれば5％は「引上げ過ぎ（過大転嫁）」ということになる。吉田前掲注87論文2頁参照。

[95] 第1章でも指摘したが, 経済学者の中には, 非課税とは売上税額の納税義務の免除であり,「売上税額の納税義務を免除しつつ仕入税額の控除を認めるという両要素の分離された仕組みは本質的にはありえない」とする見解もある。宮島洋「消費課税の理論と課題」宮島洋編著『改訂版消費課税の理論と課題』（税務経理協会・平成12年）7頁参照。ただし, 仮にこれを制度設計の原則とするとしても, 医療機関の控除対象外消費税負担問題のようにそれにより明白な不合理が生じるのであれば, 是正するのは当然であるというのが筆者の立場である。

[96] 消費税導入時に当時の大蔵省が課税ベースを狭めることとなるゼロ税率の導入に極めて消極的であったことについては, 加藤前掲注83書96 - 97頁参照。

[97] 平成23年度の税制改正により, 平成24年4月1日以降に開始する課税期間から, 進行年度の課税売上高が5億円を超える事業者については, 仕入税額の全額控除が認められず, 一括比例配分方式又は個別対応方式の選択適用が強制されることとなった（ただし簡易課税の適用事業者を除く）。

る税額控除は認められていないが，カナダのように一定の非課税団体に対する還付（rebate）により実質的な控除を認めるケース[98]や，オーストラリアのように一定の金融取引につき部分的な控除を認めるケース[99]もある。したがって，医療機関における控除対象外消費税の問題を考えるにあたって解明すべきは，現行消費税法における売上に係る税率構造と仕入税額控除との「対応関係」が付加価値税制における本質的な構造であるのか，それとも政策的な措置に過ぎず可変的なものなのか，についてである。本論文は，カナダやオーストラリアの付加価値税制を検討することによりこの点を解明することをひとつのテーマとするものである。

ところで，医療を含む非課税措置と転嫁の問題を欧州における隠れた付加価値税（hidden VAT，非課税売上に対応する課税仕入れに係る控除不能税額をいう）の議論から分析し解決策を検討すべしとする論文[100]もみられるが，公定価格である診療報酬の場合とそれ以外のケース（自由診療である助産を含む）とでは控除不能額の転嫁の意味合いが全く異なるため，欧州の議論を参考にするときはその点に十分留意する必要があるだろう。この点については既に本章第4節で論じたとおりである。

(4) 本判決の意義と展望

本判決において原告の主張は基本的に認められなかったが，一方で，争点2に関し裁判所は，「厚生労働大臣は，診療報酬改定に際し，（中略）医療法人等の仕入税額相当額の負担に関する制度の整合性の見地に照らし，（中略）医療法人等が負担する仕入税額相当額の適正な転嫁という点に配慮した診療報酬改定をすべき義務を負うものと解するのが相当であり，このような配慮が適切に行われていない場合には，当該診療報酬改定は，裁量権を逸脱又は濫用するものと評価することができる。」と判示しており，今後の消費税引上げ時における診療報酬の改定に際し厚生労働大臣が果たすべき義務に踏み込んでいる。また，裁判所は，診療報酬の改定が審議される中医協が各方面からバランスよく選任された委員により構成されていることから，過去のそこでの審議内容が医療法人等における消費税の負担をも考慮した適正なものとなっていると推認している。これらの裁判所の判断から，今後政府は，従来のようなその引上げ効果の検証が極めて困難な診療報酬の改定という手法を採ることは，特に診療側（医療機関）が問題視するため同意を得ることは難しくなったといえよう[101]。すなわち当該判決は，控除対象外消費税の問題の解決は，基本的に診療報酬の改定（転嫁）によるべきであるが，仮にそれが何らかの理由に

---

[98] 詳細については，第5章第4節参照。
[99] 金融機関の一定の仕入項目に係る税額の75％相当額の控除を認めようという減額仕入税額控除制度（reduced input tax credit, RITC）を指す。その詳細は第5章第7節参照。
[100] 西山由美「消費課税システムにおける『税額転嫁』」税理2014年1月号105－112頁。

より困難な場合には，税制上の措置（消費税法の改正）により対応すべきことを示唆しているものと考えられる。

控除対象外消費税問題の今後について，消費税8％引上げ時（平成26年4月）には診療報酬により対応することが決定しているが，10％引上げ時（平成27年10月の予定[102]）には診療報酬引上げではなく税制上の措置を導入すべきという議論が医療界から出されている。筆者も基本的にそうすべきと考えており，以下でその内容を検討するとともに，具体的な対応策（案）も最終第6章にて提示してみたい。

6 控除対象外消費税負担が医療機関に与える影響

(1) 負担の状況

控除対象外消費税の負担が医療機関の経営に及ぼす影響は多岐にわたるが，ここでは手始めに医療機関が負担している控除対象外消費税の状況を見ていくこととする。

まず，多少古い資料ではあるが，日本医師会の行った調査[103]によれば図表2－7のとおりである。

一施設当たりの控除対象外消費税の金額は規模の小さい無床診療所が最も少な

図表2－7　一施設当たりの控除対象外消費税の金額[104]及び負担割合[105]

	無床診療所	有床診療所	病　　院
平成18年度	2,650千円（2.1％）	5,960千円（2.1％）	96,455千円（2.2％）
平成19年度	2,600千円（2.2％）	5,617千円（2.0％）	100,703千円（2.2％）

（出典）　平成21年2月12日（平成24年7月改定）日本医師会日医総研「消費税の実態調査」5－6頁

---

[101] 例えば，日本医師会は当該判決を受けた中医協の意義について，「中医協における診療側の『同意』は，現行制度の政策的合理性を認めたものではなく，その時々の諸事情を勘案した政治的判断に過ぎない」と評している。日本医師会「医業税制検討委員会答申」（平成26年3月）30頁参照。
[102] 2014（平成26）年7月～9月期のGDP伸び率の速報値がマイナスであったことなどを受け，景気条項（社会保障の安定財源の確保等を図る税制の抜本的な改革を行うための消費税法の一部を改正する等の法律第18条第3項）に基づき2014年11月に安倍政権は10％引上げを1年半延期することを表明した。
[103] 平成21年2月12日（平成24年7月改定）日本医師会日医総研「消費税の実態調査」。本節におけるデータの出所はすべて当該調査結果である。
[104] 社会保険診療報酬以外の非課税売上（利子収入など）に係る控除対象外消費税の金額は除外されている。
[105] 社会保険診療報酬に占める控除対象外消費税の金額の割合をいう。

図表2−8　病院の規模別控除対象外消費税の負担割合

	20〜100床	101〜300床	301〜500床	501〜700床	701床〜
平成18年度	1.9%	2.0%	2.1%	2.2%	3.0%
平成19年度	1.9%	2.0%	2.2%	2.4%	2.6%

(出典)　図表2−7と同一調査7頁

く，次いで有床診療所，最も多いのは病院と，規模[106]に比例する形で多くなっている。一方負担割合は規模にかかわらず概ね2％程度である。ただし，この負担割合を病院の規模（病床数）別にさらに詳しく見てみると，図表2−8のように，規模が大きくなるほどその割合も徐々に増加する傾向にあることが分かる。

医療機関における控除対象外消費税は，課税売上割合とともに総収入に占める課税仕入れの割合にも影響される。原理的には，総収入に占める課税仕入れの割合が高いほど控除対象外消費税の負担も増加することとなる。それを反映して，過去の消費税導入時（平成元年）及び引上げ時（平成9年）においては，診療報酬引上げにより控除対象外消費税の補填がなされているが，その際医療機関の総収入に占める課税仕入れの割合を導入時は38.1％（うち補填対象分は30.4％），引上げ時は44.8％という試算[107]を前提としていた。仮に今回の税率引上げ時においても診療報酬の改定により控除対象外消費税の補填がなされる場合，当該割合をどの程度とみるのかが改定による引上げ率を大きく左右することとなる。そこで次に，医療機関数で見た総収入に占める課税仕入れの割合の分布をみていく。

平成18年度・19年度ともほぼ同様の医療機関数の分布状況となっており，平均は両年度とも44.3％である。しかし，60％以上の医療機関も8.0％（平成18年度）・7.3％（平成19年度）を占めるなど，平均値から上方に乖離し控除対象外消費税負

図表2−9　医療機関の総収入に占める課税仕入れの割合の分布（医療機関数[108]）

	10%未満	10%以上20%未満	20%以上30%未満	30%以上40%未満	40%以上50%未満	50%以上60%未満	60%以上70%未満	70%以上80%未満	80%以上90%未満	90%以上100%未満	100%以上
平成18年度	2	64	258	319	336	132	44	18	9	6	19
平成19年度	3	58	255	318	284	137	37	14	7	5	20

(出典)　図表2−7と同一調査10頁

---

[106] 調査対象の医療機関のうち，総収入金額が5,000万円（仮に当該収入が全額課税売上とした場合，消費税の簡易課税制度（消法37）の適用が可能な水準）以下の割合は，診療所は15％程度，病院はゼロである。

[107] 平成24年7月27日中央社会保険医療協議会診療報酬調査専門組織（医療機関等における消費税負担に関する分科会）第2回資料（税−2−1）5頁。

[108] 調査対象医療機関総数は平成18年度が1,207，平成19年度が1,138である。

第2章 医療機関における控除対象外消費税問題

図表2−10 損金算入されている控除対象外消費税の医業・介護収益に占める割合（平成24年度）

	病院			一般診療所			歯科診療所
	一般病院	精神科病院	こども病院	入院収益有	入院収益無	全体	全体
比率	2.0%	1.1%	1.7%	2.7%	1.3%	1.7%	1.3%
施設数	272	33	10	9	43	52	10

（出典） 平成25年11月14日中央社会保険医療協議会診療報酬調査専門組織（医療機関等における消費税負担に関する分科会）第9回資料（税−1）11頁

担がより重い医療機関も相当数存在する。こうした医療機関の実態を反映したきめ細かな診療報酬の改定が果たして可能なのか，疑問である。

なお，サンプル数は少ないが，最近のデータ（第19回医療経済実態調査（保険者調査）報告）に基づく控除対象外消費税の負担の状況は図表2−10のようになっており，一般病院におけるその割合が2.0%と過去の調査結果との有意な差は見られない。

(2) 控除対象外消費税の発生要因

控除対象外消費税の発生要因を解明するため，その負担割合の内訳を設備投資から生じる部分，医薬品・材料から生じる部分，その他の支出から生じる部分の三つに分けてみると，図表2−11のようになっている。

医療の提供において定常的に発生する費用の項目である医薬品・材料から生じる控除対象外消費税については，その負担割合にかかわらず比較的一定であるが，非定常的費用の項目である設備投資から生じる控除対象外消費税については，その負担割合が高くなるほど増加する傾向にある。病棟の建設や高額の医療機器の導入といった設備投資により，一時的に控除対象外消費税の負担割合が増加するという状

図表2−11 負担割合の内訳分析（病院及び診療所）

	負担割合＼内訳	2.0%以下	2.0%超 4.0%以下	4.0%超 6.0%以下	6.0%超	合計
平成18年度	設備投資	0.12%	0.27%	2.34%	5.30%	0.35%
	医薬品・材料	0.76%	1.33%	1.51%	1.38%	1.13%
	その他	0.74%	0.75%	0.71%	0.69%	0.74%
平成19年度	設備投資	0.11%	0.24%	2.48%	8.67%	0.35%
	医薬品・材料	0.83%	1.34%	1.22%	1.36%	1.12%
	その他	0.69%	0.77%	0.84%	0.80%	0.74%

（出典） 図表2−7と同一調査7頁

況にあることが窺える。

　また，病院における控除対象外消費税の負担は両年度とも平均で2.2％であり，その内訳は医薬品・材料から生じるもの1.1％で，それ以外が1.1％であった。過去の消費税導入時（平成元年）及び引上げ時（平成9年）における診療報酬の改定では，控除対象外消費税の補填のため薬価がそれぞれ0.65％及び0.45％プラスされている[109]ということなので，その合計額1.1％は医薬品・材料から生じる控除対象外消費税の負担割合1.1％と一致する。一方，診療報酬本体部分の改定は消費税導入時（平成元年）及び引上げ時（平成9年）にそれぞれ0.11％及び0.32％プラスされている[110]が，その合計額0.43％は対応する医薬品・材料以外から生じる控除対象外消費税の負担割合1.1％より低い水準にとどまっている。

(3)　医療機関の設備投資の状況

　前頁図表2－11から，医療機関の控除対象外消費税の発生要因のうち，その負担が重い医療機関ほど設備投資からもたらされる影響が大きいことが分かった。そのため，控除対象外消費税の負担が医療機関の設備投資を抑制する効果をもたらすことも考えられ，これは税率が現在より引上げられればより深刻な問題となることも想定されるところである。すなわち，税制が医療機関の設備投資に係る意思決定を歪めることとなり，中立性の観点から問題視されることになる。実際，消費税率が8％に引き上げられた2014年度については，控除対象外消費税額の負担のため設備投資を見送るという意思決定を行った千葉県の大手医療法人（医療法人鉄蕉会）も出てきていると報道されている[111]。

　そのため，控除対象外消費税への対処方法として，その歪みを正すため，特に高額の設備投資について別枠で措置すべきであるという議論がなされている。例えば，改正消費税法[112]第7条第一号トでは，「医療機関等における高額の投資に係る消費税の負担に関し，新たに一定の基準に該当するものに対し区分して措置を講ずることを検討し」と明記されており，これを受けて日本医師会は平成25年度の税制改正要望[113]において，控除対象外消費税問題の解決までの緊急措置として，医療機器，病院用建物等の消費税課税仕入対象資産の仕入れに係る消費税額についてはその全額の仕入税額控除を認める特例措置の創設を要望している。

---

[109]　前掲注107資料4頁。

[110]　前掲注107資料4頁。

[111]　2014年6月23日付 CB news management 参照。

[112]　社会保障の安定財源の確保等を図る税制の抜本的な改革を行うための消費税法等の一部を改正する等の法律（平成24年8月22日公布）。

[113]　平成24年8月24日付日本医師会「平成25年度医療に関する税制改正要望について」2頁。

第2章　医療機関における控除対象外消費税問題

　平成24年2月17日に閣議決定された社会保障・税一体改革大綱において，「医療機関等の消費税の負担について，厚生労働省において定期的に検証する場を設けることとする。」とされたことを踏まえて中医協に設置された診療報酬調査専門組織（医療機関等における消費税負担に関する分科会）では，主として診療報酬による高額な投資部分への対応策を検討するため，医療機関等の行う高額投資に係る消費税負担の状況把握に関する調査専門チームにより実態調査が行われ，当分科会において報告されている[114]。

　ところが一方で，わが国の医療機関における高額投資，中でも高額医療機器への投資の実態を見てみると，このような対処方法が果たして妥当といえるのか疑問である。なぜなら，図表2-12，2-13の統計資料から明らかなように，わが国におけるMRI（Magnetic Resonance Imaging，核磁気共鳴画像法）やCT（Computed Tomography，コンピュータ断層撮影法）といった高額医療機器の普及度（人口百万人当たりの台数）がOECD加盟国の中で突出して高いからである。

　この背景については，一般に次のような説明がなされる[117]。第一に，わが国の

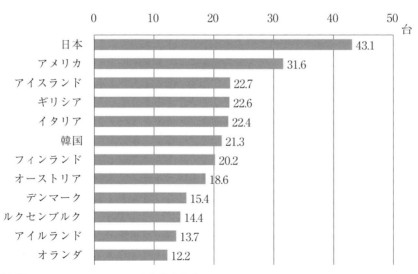

図表2-12　高額医療機器の設置状況の国際比較（MRI・2011年[115]）

国	台数
日本	43.1
アメリカ	31.6
アイスランド	22.7
ギリシア	22.6
イタリア	22.4
韓国	21.3
フィンランド	20.2
オーストリア	18.6
デンマーク	15.4
ルクセンブルク	14.4
アイルランド	13.7
オランダ	12.2

（出典）　OECD. StatExtracts より筆者作成

---

[114] 2013年8月28日付中医協医療機関等における消費税負担に関する分科会第8回資料「医療機関等の設備投資に関する調査結果報告書」参照。
[115] 日本は2008年，アメリカ・ギリシア・イタリア・オーストリア・オランダは2010年，デンマークは2009年である。

図表2−13 高額医療機器の設置状況の国際比較(CT・2011年[116])

国	台数
日本	97.3
オーストラリア	44.0
アイスランド	42.2
アメリカ	40.7
韓国	35.9
ギリシア	34.3
スイス	33.7
イタリア	31.6
オーストリア	29.8
デンマーク	29.4
ポルトガル	27.4
ルクセンブルク	26.9

(出典) OECD. StatExtracts より筆者作成

診療報酬体系が医療機器の利用のような「有形の技術」を偏重する傾向にあることである。その結果,医療機関は収入を増やすため先進・高額の医療機器を導入することとなる。第二に,医療機関の機能分化が進んでおらず,民間病院が多いため,病院間の競争から患者を呼び込むため先進・高額の医療機器を導入することとなる。第三に,医療機器の導入に何ら規制[118]がないためである。規制がない中で,高額の医療機器を導入しても医療機関側にそれを十分活用するだけの専門家(放射線科専門医や放射線技師など)が不足していることから,稼働率が低いという指摘が医療機関の経営者からもなされているところである[119]。

また,前記中医協の分科会においても,高額投資に対し必要な財源を診療報酬からプールして基金を創設しそこから補填するという仕組みの導入に関しては,その

---

[116] 日本・ポルトガルは2008年,ギリシア・イタリア・オーストリアは2010年である。

[117] 田村誠「医療技術と人間社会」山崎喜比古編『健康と医療の社会学』(東京大学出版会・2001年)141頁。

[118] MRIやCTは医療機器に係る国際分類で不具合が生じても人体への影響が比較的小さいとみられる「クラスⅡ」に該当し,薬事法上管理医療機器に分類され(薬事法2条6項),主として安全性確保の観点から市販前に原則として第三者認証が必要とされるが(薬事法23条の2第1項),市販後の台数規制は行われていない。医療機器の導入規制は公的医療機関の割合が高い欧州では勿論のこと,民間病院の割合が高いアメリカですらなされている。

[119] 亀田隆明「病院経営が抱える諸問題」貝塚啓明・財務省財務総合政策研究所編『医療制度改革の研究』(中央経済社・2010年)66-67頁参照。

金額を見積もることが困難であるばかりでなく，高額投資を行った医療機関とそうでない医療機関との間の不公平が生じることや，医療機関の独自の経営判断で行う設備投資に対し事後的に患者や保険者が補填する方法は患者・保険者双方の理解を得ることが困難といった理由により否定されている[120]。

以上から，控除対象外消費税問題への対処方法として，医療機関の高額の設備投資から生じた控除不能分の消費税額について控除を認める措置を導入する場合，現在の設備投資に関する歪みをむしろ増幅すらしかねないことも懸念されるところであり，慎重な対応が望まれると言えよう。

7 問題解決のための選択肢

(1) 考えられる選択肢

それでは，医療機関における控除対象外消費税の負担の問題を解決するためには，具体的にどのような方法が考えられるのであろうか。以下でその選択肢を網羅的に提示して検討してみたい。

① 診療報酬の改定

まず，税制上の措置を採る前に，消費税率の引上げによる医療機関の負担分を補填するため，診療報酬を改定し消費税分を上乗せするという方法が考えられる。これは過去に実際に行われた対応策であり，消費税導入時の平成元年には0.76％（うち診療報酬本体0.11％），税率が3％から5％に引上げられた平成9年には0.77％（うち診療報酬本体0.32％）の改定がなされている[121]。

② ゼロ税率化

次に，控除対象外消費税の負担の問題を税制上の措置により解決する選択肢を検討してみる。その際には，まず適用税率の違いによる事業者・最終消費者の税負担，税収の関係を見ておく必要があるだろう。これを以下の簡単な事例により明らかにしてみよう。

図表2－14　ゼロ税率等の場合の取引フロー

---

[120] 2013年9月25日付中医協医療機関等における消費税負担に関する分科会「中間整理」1－2頁参照。
[121] 日本医師会「医療をめぐる控除対象外消費税問題」（平成21年12月3日第11回社会保障審議会医療部会資料）6頁参照。

図表２－15　税率構造と医療機関及び患者の負担，税収との関係

	非課税	軽減税率５％	軽減税率３％	ゼロ税率
医療機関の負担	5	0	0	0
患者の負担	0	5	3	0
税収	5	5	3	0

　前頁の図表２－14において，医療機関の仕入は製薬会社[122]からの医薬品のみで仕入額は50（税抜・標準税率で課税），医療機関は仕入れた医薬品を用いて保険診療（100）を行う。標準税率が10％，軽減税率が５％又は３％とすると，保険診療（医療機関における控除対象外消費税負担分を診療報酬に反映させないものとする）が非課税の場合と軽減税率，ゼロ税率による課税の場合とで医療機関と患者の負担，税収は上記の図表２－15のように変化する。

　医療機関は軽減税率が導入されればその税率が何パーセントであろうと控除対象外消費税の負担が消滅する。患者は非課税の場合負担はないが，軽減税率になれば負担が生じ，税率が高いほど負担額も増加する。税率５％の場合，医療機関の負担（控除対象外消費税）は全額患者に移転ないし転嫁され，税率３％の場合，医療機関の負担は患者に３，国民全体に（税収減として）２移転ないし転嫁される。すなわち，仕入税額控除のメカニズムを通じて医療機関の負担が全額患者ないし国民全体に移転したということである。なお，上記の事例で非課税の場合の比較で税収中立的な軽減税率５％（標準税率10％）が望ましいとした場合，標準税率が今後上昇するとそれに合わせて軽減税率も上昇させる必要が出てくる（標準税率が15％であれば軽減税率は7.5％とするなど）[123]。最後に，ゼロ税率（zero-rating）の場合，患者負担も医療機関の負担もなくなるが，税収も全く上がらない。

　このように，ゼロ税率化とは，消費税の患者負担を求めず，かつ対応する課税仕入れに係る税額控除を全額認める措置である。

③　軽減税率の導入

　軽減税率の導入は，標準税率よりも低い税率の消費税の負担を患者に求めつつ，対応する課税仕入れに係る税額控除を全額認める措置である。

④　標準税率による課税

　標準税率による課税とは，現行の自由診療（助産を除く）の場合と同様に消費税の負担を患者に求めつつ，対応する課税仕入れに係る税額控除を全額認める措置である。

---

[122] 問題の単純化のため，製薬会社の仕入額はゼロとする。
[123] このような複雑なメカニズムを組み込むことに国民の理解を得られるのか疑問である。

⑤　非課税の維持・還付制度の導入

　これは現行の医療非課税を維持しつつ，医療機関において発生する控除対象外消費税の一部ないし全部を還付するという仕組みを導入するというものである。

⑥　非課税の維持・部分控除制度の導入

　これは現行の医療非課税を維持しつつ，対応する課税仕入れに係る税額控除を一部認めるという措置である。

⑦　課税化・公的医療保険への補助

　これは標準税率ないし軽減税率で課税し，対応する課税仕入れに係る税額控除を全額認めつつ，税収を公的医療保険への補助に充て，患者負担の軽減を図ろうという措置である。

(2)　各選択肢の検討

① 診療報酬の改定

　診療報酬の改定は過去に実際に採られた選択肢であり，10％への引上げとなる今回も有力な選択肢となり得る。何故なら，仮に医療機関において控除対象外消費税の負担が生じても，その分が転嫁されるのであればその負担は解消されるからである。この考え方に基づいてなされたのが過去における対応，すなわち平成元(1989)年４月及び平成９(1997)年４月になされた診療報酬の増額改定であった。導入時の平成元年には消費税の分の上乗せとして診療報酬プラス0.11％，薬価改定プラス0.65％の合計プラス0.76％を，税率引上げ時の平成９年には消費税の分の上乗せとして診療報酬プラス0.32％，薬価改定プラス0.45％の合計プラス0.77％の増額改定をそれぞれ行っている[124]。ただし，この方法による対応については医療界のみならず保険者（支払側）からの反発が強い。その理由は以下のとおりまとめられよう。

　第一に，次頁の図表２－16で示されるように，診療報酬（全体）が平成10(1998)年以降ほぼ一貫して引下げられているためである[125]。医療機関における消費税の負担は導入以後持続しているのであるから，診療報酬も維持されなければならないはずであるが，実際はそのようにはなっていない。本章第３節でみたように，診療報酬の改定はまず（プラスマイナスＸ％というように）全体の増減枠が内閣により決められ，その枠内に収まるように各診療項目の増減が中医協等の議論により割り振られているというプロセスを経る。税率引上げ時にはそれに配慮した改

---

[124]　平成24年７月27日厚生労働省中医協診療報酬調査専門組織（医療機関等における消費税負担に関する分科会）第２回資料（税－２－１）４頁。

[125]　2002～2006年は小泉政権時で，社会保障費の伸びの抑制及び規制改革と市場原理導入による効率化という旗印を反映して診療報酬がマイナス改定となっている。

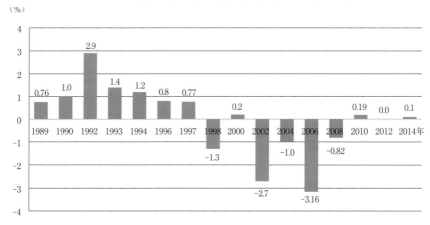

図表2-16 消費税導入後の診療報酬（全体）改定の推移

（出典） 日本医師会「診療報酬点数（本体）の改定経緯」等より筆者作成

定が一応行われる[126]といえるが，以降はそれが配慮される保証はない[127]。

　第二に，診療報酬点数[128]表に掲げられた医療行為は約1万件あるが，平成元年の改定時にはそのうちの12項目，平成9年は24項目とごく一部の医療行為が引上げの対象となったに過ぎないためである。しかも，平成元年に引上げられた12項目について平成24年の診療報酬点数表をみてみると，5項目は点数が引き下げられ，1項目は算定方法が変更，1項目は項目そのものが廃止，残りの5項目は包括化[129]されている[130]。消費税の負担は導入以後持続しているにもかかわらず，消費税の上乗せ分とされた診療報酬の改定効果は持続しているとは言い難く[131]，対応が不

---

[126] 税率8％引上げ時もその方針であることが中医協等で議論され，2014年の診療報酬改定でその旨が決定している。2014年における実際の診療報酬（本体）の引上げ割合0.73％のうち，消費税率引上げに伴う対応分は0.63％（約2,600億円）とされている。厚生労働省「平成26年度診療報酬改定の概要」4頁参照。
[127] 医療費の伸びを極力抑えたい財政当局としては引上げの固定化は避けたいであろう。裏を返せば，診療報酬による対応というのは，その時点での財政事情を反映させることができるので，予算措置の裁量権を握っていたい財務省には好都合である。また厚生労働省にとっても，医療政策を反映させ医療界をコントロールすることが可能という意味では，裁量行政の一形態として診療報酬による対応を好むといえる。
[128] 1点10円で換算して医療機関が支払基金等に報酬額を請求する。
[129] 出来高払いではなく，一回の入院や疾病について定額を支払う方式をいう。
[130] 日本医師会「今こそ考えよう　医療における消費税問題（パンフレット第2版）」16頁参照。
[131] 診療報酬の算定要件等が短期間で改廃されることが珍しくないことも，診療報酬による対応の困難性の要因となっている。島崎前掲注4書366頁参照。

徹底であることが窺える。

　第三に，わが国の厳しい財政事情から，今後も消費税増税分をカバーするだけの診療報酬の引上げが望めないということが挙げられる。すなわち，税率引上げ時の増額幅が十分かもさることながら，一旦増額改定されても，それが持続する可能性は極めて望み薄ということである。

　第四に，診療報酬改定のメカニズムは複雑であり，そのメカニズムの中に消費税率引上げを矛盾なく組み入れることは事実上不可能であると考えられる。限られた財源でその時々の医療政策を実現すべくそれを誘導するためになされる診療報酬の改定に，異質な政策目的である消費税問題の解決を盛り込むのは，診療報酬改定により意図していた純粋な医療政策に基づく本来の経済誘導効果を減殺することにもなりかねず，避けるべきと考えられる。

　第五に，診療報酬の増額改定は公的医療保険の保険料率引上げ[132]につながり，患者（国民）及び事業者（企業）負担の増加を導くため，診療報酬改定の審議の際特に保険者の厳しい反発を招くことが想定される。結局のところ，診療報酬改定による控除不能相当分の補填は，患者が医療行為を受けることで消費税を含む税金や保険料を実際にどの程度負担しているのか分かりにくくしているものといえよう。

　第六に，過去の診療報酬の改定による対応では，特定の診療項目のみを増額したため，診療科や医療機関によってその効果が一律ではないということである。すなわち，控除対象外消費税の負担状況と診療報酬の増額改定との対応関係が切り離されているため，仮に医療界全体としては改定率が妥当であっても，診療科や医療機関によっては改定の恩恵を受けられないところ，逆に負担以上の恩恵を受けるところも出ることとなる。これは，消費税の仕組み（特に仕入税額控除制度）の理解不足からくる問題であり，また診療報酬による対応の困難性の表れともいえる。

　第七に，上記第六とも関連するが，診療報酬は医療サービスの費用や原価との対応関係が希薄であり，発生原因や金額が明確な控除対象外消費税額への対処手段としては不適切であるためである。かつてわが国においても診療報酬について発生する費用に基づく原価計算を試みたことがあったが，うまくいかず，その後の改定で専ら政策誘導が重視されたため，費用と報酬との対応関係は一層希薄化していった[133]。発生原因や金額が明確な控除対象外消費税額の負担問題を診療報酬により解決しようとすると，医療機関によるバラつきが生じ，公平性が阻害される可能性

---

[132] そもそも，診療報酬がアップすれば患者の窓口負担（原則3割）もアップし，また，保険料には患者（被保険者）負担分があるのだから，いくら医療非課税は消費税を患者に負担させない仕組みであるといっても，それにより患者の窓口負担のみならず診療報酬が引き上げられ保険料率もアップするのであれば，説得力を持たないという指摘にも十分な論拠があると考えられる。

[133] 島崎前掲注4書363頁。

が高いと考えられる。

　以上から，消費税率の引上げに伴う医療機関の負担増加を診療報酬の改定で対応することは非常に困難であるといえる。むしろ，診療報酬はその時々の医療政策に即した改定を行うべきであり，消費税の負担問題はそれとはまったく切り離して考えるべきといえそうである。つまり，診療報酬による対応が困難であるため，税制上の措置である消費税法の枠組内での解決という対応を目指すべきということになる。

　税制上の措置を講ずることは法の支配及び透明性の確保の観点からも妥当である。診療報酬の改定による対応は内閣が決定する改定率の枠の中でなされるものであることから，その時の経済状況及び財政状況を色濃く反映するもののとなる一方，控除対象外消費税はマクロ的な経済状況及び財政状況とはかかわりなく消費税法の枠組みの中で診療報酬と課税仕入れとの関係で発生するものである。したがって，医療機関の控除対象外消費税負担に対処する金額を財政事情により裁量的に増減させることとなる診療報酬の改定による対応は，不透明感が強く，論理的ではない。それよりも，消費税法に対処方法を明文化して，裁量の入り込む余地なく執行される方が，法の支配及び透明性の確保の観点から妥当である。

　ただし，仮に診療報酬による対応を行う場合には，理論的には，全診療項目につき転嫁分の一律引上げを行う以外に方法はないだろう。そのためには，1点単価を10円から上昇させるという方法を採るのが最も効率的かつ実効性があると考えられる。診療報酬の1点単価制（1点＝10円）は昭和33年の新医療費体系移行後変わっていないが，これを維持すべき理論的根拠はないものと考えられる。引上げにより単価に端数が生じるが，医療機関におけるレセプトコンピューターの普及から実務上それが障害になるとも考えにくい[134]。むしろ一律引上げを阻む最大の理由は，診療報酬改定という手段による行政裁量権が侵害されることとなる厚生労働省及び財務省の抵抗ではないかと推認されるところである。

② ゼロ税率化

　医療機関において控除対象外消費税の負担が生じる原因が消費税の非課税措置に伴い対応する仕入に係る税額控除の適用が認められないことにあるのであれば，税制上の解決策として最初に考えられるのは，免税化又はゼロ税率化であろう。

　ゼロ税率と非課税とは，最終消費者にとっては消費税の負担が求められないという点では同じであるが，事業者にとっては対応する課税仕入れに係る仕入税額控除の有無という点で大きく異なる。言うまでもなく，非課税の場合仕入税額控除が認められない一方で，ゼロ税率の場合当該控除が全額認められることとなる。したがって，ゼロ税率化を行えば控除対象外消費税の問題はそもそも発生しなくなるわ

---

[134] 島崎前掲注4書373頁参照。

けである。ゼロ税率化は，患者への負担を増やさず，かつ医療機関・事業者の控除対象外消費税の負担をも解消させる，一見理想的な解決方法であり，医療界もかねてから社会保険診療のゼロ税率化[135]を主張し続けてきたところである。

　しかしながら，ゼロ税率化の実現には大きなハードルが立ちはだかっている。それは，租税・税金は国家の歳入を上げるための手段であり，効率性の観点から税収減となる措置は最小限にすべきであるという大原則である。換言すれば，税金を採るための仕組みでありながら，課税減免措置の多用により課税ベースが穴だらけであっては，一体何のための税制であるのか，仮に税収減となる措置を大々的に取り入れないと維持できないのであれば，そのような税制は税源として致命的な欠陥があるということではないのか，ということである。これを消費税について当てはめると，政策的に配慮すべき項目については，仕入税額控除が認められ更なる税収減につながるゼロ税率によるのではなく，非課税とすべきということになる。しかも，一度社会保険診療に関しゼロ税率を認めると，ほかの項目（例えば食料品など）についても認めるべきという圧力が強まることを課税庁は懸念するであろう[136]。このような現象は，多くの利害関係者間の調整が必須となる税制の宿命であるから，それを考慮しない税制は実現可能性が危ぶまれることとなるだろう。

　ゼロ税率が例外的な措置であることは欧州においても確認されている。すなわち，EUの付加価値税指令（Council Directive 2006/112/EC of 28 November 2006 on the common system of value added tax）第110条において，1991年1月1日の時点で，前段階で支払われたVATの控除を認める免税措置（exemptions）[137]や第99条で規定された税率（5％）よりも低い軽減税率の適用を行っている加盟国は，引き続き当該免税措置または軽減税率を適用することができるとされているが，それ以後の免税措置または軽減税率の新たな導入には消極的である。また，同条で，このような免税措置及び軽減税率は，EU法に従い，明確に定義された社会的理由及び最終消費者の利益のために採用されなければならない，としている。当該規定は，VATに関し広範なゼロ税率の規定を持つイギリス[138]などを念頭に置

---

[135] 例えば，直近では日本医師会・四病院団体協議会が「平成27年度税制改正要望」（平成26年10月）の「2　消費税」において，「社会保険診療等に対する消費税について，消費税率10％時に環境を整備し，速やかに，現行制度から軽減税率等による課税取引に転換すること等により，医療機関等の消費税負担をめぐる問題の抜本的解決を図ること。」とゼロ税率を含む課税取引化を要望している。ただし，前年までの要望には「ゼロ税率」が明記されていたのと比べれば，実現可能性の面からややトーンが落ちているようにみえる。

[136] わが国において過去に導入が検討された付加価値税制である，一般消費税及び売上税においても，ゼロ税率とされた項目は輸出及び輸出類似取引だけである。

[137] 非課税ではなく「ゼロ税率」をいうものと考えられる。

[138] イギリスでは食料品，水，新聞，雑誌，書籍，医薬品，国内輸送等に対しゼロ税率の

いたものと解されている[139]）。

　わが国の消費税においてゼロ税率が適用されるのは輸出免税（輸出類似取引を含む）のみである（消法7）。諸外国においては食料品や処方薬などについてゼロ税率が適用されるため，わが国でも医療について適用すべきという議論はあり得る[140]）。しかし，租税のそもそもの機能を考えると，ゼロ税率の適用範囲は可能な限り限定すべきとなる。なぜなら，ゼロ税率は理論的には消費税の税収調達機能を無力化する措置だからである。これは前掲図表2-15「税率構造と医療機関及び患者の負担，税収との関係」を見れば一目瞭然であろう。

　ゼロ税率導入の最大の問題点は，各選択肢のうち税収に与える影響すなわち税収減が最も大きいということである。現代のあらゆる政策は財政的な制約の下で決定されるものであり，公債残高のGDP比率が先進諸国中最も高いわが国はその制約を常に意識すべき状況にある。仮に何らかの突発的な要因により財源に裏打ちされない政策とそれを実現する法律が国会を通過したとしても，その政策を長期間にわたり持続させることは不可能であろう。つまり，財源に裏打ちされない政策には持続可能性がないのである。一時のカンフル剤としての効果を狙った政策であればともかくとして，控除対象外消費税問題のような中長期的な視野に立った解決策が求められるものについては，多大な税収減をもたらし持続可能性が大いに危ぶまれるゼロ税率の導入は，妥当な政策的判断とは言い難いであろう。

　また，一度医療についてゼロ税率の導入を容認すると，それが他の分野，中でも食料品への適用拡大につながり，更なる税収減及び税制の効率性の毀損へとつながることが容易に想定されるところである。消費税においてゼロ税率が正当化されるのは，基本的に，クロスボーダー取引のため国際ルール（仕向地主義）に準拠すべき輸出免税のみであると考えられる。

③　軽減税率の導入

　ゼロ税率化が困難であるのであれば，次善の策として，軽減税率の導入，すなわち，医療行為を課税取引とするものの，標準税率よりも低い軽減税率により課税するという方策が考えられる（例えば，税率が10％に引上げられたとすると，医療の提供に対し軽減税率である5％の課税にとどめる，など）。それにより，医療行為

適用がある（Schedule 8 of Value Added Tax Act 1994）。なお，イギリスにおいても医療の提供は非課税である。第4章第4節参照。

[139] なお，欧州司法裁判所（European Court of Justice）は当該条項を「国内法で規定された非課税措置を廃止することによって生ずる社会的困難を防ぐための現状維持（"stand-still"）条項になぞらえるもの」ととらえている。Case C-309/06 *Marks and Spencer plc v Commissioners of Customs and Excise*, Judgment of the Court (Third Chamber) of 10 April 2008. 参照。

[140] オーストラリアは医療の提供に関しゼロ税率を適用する数少ない国のうちのひとつであるが，その詳細については第5章第8節参照。

が非課税のままであれば仕入税額控除が認められないが，課税取引であれば仕入税額控除が認められるため，控除対象外消費税問題が事実上解消するということである。これは，消費税の標準税率が現行の5％から将来10％超に引上げられる場合，低所得層に対する逆進性緩和のため，食料品等の生活必需品に本来税率より低率の軽減税率を導入する動きが強まる[141]ことを見込んでの議論である。

この選択肢は一見現実的な解決策であるように考えられるが，本当にそうであろうか。患者の側に立てば，残念ながらこの議論には重大な欠陥がある。当該選択肢の意味するところは，もともと最終消費者である患者への負担を求めなかった非課税から，新たに負担を求める軽減税率に移行するということである。すなわち，現行の消費税制の下では社会保険診療等の非課税措置により，医療機関側はともかくとして，患者は大部分の医療行為につき消費税を負担することなく治療等を受けることができているのにもかかわらず，この案では，軽減税率とは言え消費税が課税され患者の負担が増加（純増）するわけである。そのような新たな負担が生じる理由が，専ら医療機関の控除対象外消費税問題を解消するためであると患者側が知ったとしたら，果たしてどれだけ理解を得られるであろうか。恐らく，医療機関の負担を患者側に押し付けた「業界エゴ」の問題であるとして，厳しい批判にさらされることは必至と考えるところである。患者負担が確実に増加する軽減税率の導入が正当化されるためには，現行の非課税という措置が社会政策上・医療政策上問題ないし齟齬があり，それを是正するために軽減税率にするという「理念」が重要になると考えるが，果たしてそれは奈辺にあるのであろうか[142]。医療の提供という国民全般に影響を及ぼす領域を課税化するという政策決定は，十分な検討ときめ細かな広報によることなしには，「絵に描いた餅」となる可能性が高い。

欧州の議論を見ても，軽減税率は付加価値税の効率性を高めるため縮減すべきとされており[143]，非課税のものを軽減税率にすることを正当化するような議論も見られないところである。

さらに，執行の複雑化等の観点から，税率引上げに伴う逆進性の緩和には，軽減税率の導入という複数税率化ではなく番号制の導入による給付付き税額控除の方が望ましいという考え方が有力であり，軽減税率（及びゼロ税率）の導入そのものが

---

[141] 消費税の逆進性対策として他の対策よりも軽減税率導入が多くの国民にとって魅力的に映るのは，食料品の購入の都度恩恵を実感できるといった「分かりやすさ」であり，それが政治的にも強力な推進力となり得るものと考えられる。

[142] 医療法第7条第5項で病院又は診療所の業務は「非営利」とされていることとの整合性も問われるだろう。また，そもそも「分かりやすい」負担軽減策として食料品等の軽減税率を選択する国民が，同時に負担増となる医療の軽減税率を容認するというチグハグな行動をとるという「想定」に，どれほどの現実性があるのだろうか。

[143] 例えば，Institute for Fiscal Studies, Tax by Design: the Mirrlees Review (2011), at 229-230.

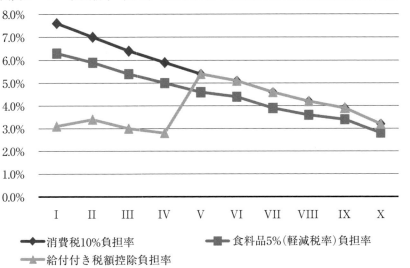

図表2−17　軽減税率（5％）及び給付付き税額控除の逆進性緩和効果の比較

（出典）　橋本恭之「逆進性対策の再検討」税研2013年1月号56頁の表を一部改変

困難視されている。それは軽減税率そのものの問題として，その導入により税収が相当程度落ち込むにもかかわらず，その犠牲を払ってまでも逆進性対策として導入されるはずの軽減税率がその対策としてはほとんど有効ではない[144]という点が挙げられる[145]。これについては多くの実証分析がなされているが，最近では橋本教授によるわが国の家計調査年報（総務省統計局・2010年）を基にした図表2−17のような分析結果（標準税率10％で軽減税率5％のケース）が公表されている[146]。

　上記のように，食料品に軽減税率を導入した場合，標準税率の場合よりも各収入分位とも負担率は下がっているもののほぼ平行であり，軽減税率導入の効果は本来逆進性対策が向けられるべき低収入層のみならず高収入層にも遍く行き渡っている。一方，平均よりも低い収入層（第Ⅰ分位〜第Ⅳ分位）にのみ税額控除を認める給付付き税額控除の効果は一目瞭然であり，逆進性対策という点では軽減税率よ

---

[144] *See* Institute for Fiscal Studies, Dimensions of Tax Design: the Mirrlees Review, (2010) at 277. その他に，軽減税率導入に関する全般的な問題点として，税制の複雑化，品目選定・範囲確定の困難性，品目選定に係るロビー活動の弊害等が挙げられる。
[145] 軽減税率導入への批判としてはほかに，対象の合理的な選定の困難性，政治的な圧力による対象選定の恣意性等の問題が指摘される。しかし，導入するかどうかを検討する際には，その政策目的を実現するのに十分な効果があるかの方が重要性が高いため，本文で指摘した問題点の方がより重要であろう。
[146] 橋本恭之「逆進性対策の再検討」税研2013年1月号55−58頁。
[147] もっともこれは軽減税率のみならず非課税措置についても妥当する見解であることか

りも給付付き税額控除の方がはるかに効果的[147]であるということが分かる[148]。この点に関しては，2014年4月に東京で開催された第2回OECD消費税グローバルフォーラムの報道発表[149]でも，金銭給付と比較すると軽減税率は低所得者を支援する方策としては極めて高くつく（very expensive way）ことが確認されている。

したがって，軽減税率の導入により控除対象外消費税問題を解決するというアプローチは，現実的には採り得ないと考えられる。仮にそれでも現在わが国には存在しない軽減税率という新たな措置を導入するのであれば，まずその目的を明確にするとともに，当該目的を達成するのに軽減税率という手段が最適であるのかという検証を行うことが不可欠であろう。

なお，軽減税率の導入は税率の設定によっては税収中立的，すなわち仕入税額控除の認容による減収額と軽減税率による増収額とをほぼ同額にすることが可能であり，財政当局も容認しやすいのではないかとする見方もある。ただし税収中立性を維持するためには，標準税率が10％を超えて引上げられたときに，医療に係る軽減税率もそれに連動して10％時に設定された税率から引上げる必要が出てくるが，そのことに対する国民の理解を得られるかが大きなハードルとなり得ることが指摘できよう。

④　標準税率による課税

これは軽減税率以上に患者負担が目に見える形で表れるもので，今のところこのような改正を求める動きは見られず，政治的なハードルも極めて高いと予想される。しかし，税率10％引上げ時はともかくとして，中長期的な課題として，消費税制の中立性の観点から非課税措置の妥当性を根本から見直し，あるべき逆進性対策を考える上では避けて通れない選択肢であろう。

⑤　非課税の維持・還付制度の導入

診療報酬改定による対応が困難であり，税制上の対応（立法措置）が必要であるのであれば，まず検討すべきは現行の措置である医療非課税を維持すべきかどうかであろう。本章第4節でみたとおり，消費税導入時に医療が非課税となったのは，

ら，消費税の逆進性対策については中長期的に税制全般の見直しを進める中で再構築すべきであろう。

[148] もちろん給付付き税額控除の実施の前提となるのは（特に低所得者の）正確な所得の捕捉が可能となる納税者番号制度の導入であるが，その機能が期待されるマイナンバー（社会保障・税番号）制度の法案は2013年5月にようやく成立したものの，その運用開始は2016年1月からと2015年10月に予定されている10％引上げ時には間に合わない見込みである（ただし10％引上げが延期されたため，一応間に合うこととなった）。そのため，給付付き税額控除の実施までのつなぎの手段として，簡易な給付措置によることも検討すべきといえる。

[149] OECD, Governments endorse new OECD guidelines on applying VAT across borders, Tokyo 18 April 2014.

「患者に消費税を負担させるべきではない」という医療界の主張を採り入れたという意味合いが強い。医療界のこのような主張は，基礎的な医療は社会保険診療により国民全体に平等に提供されるという国民皆保険の原則やフリーアクセスといった，当時から現在まで維持されてきたわが国の医療政策の基本理念と整合的であると考えられる。したがって，特別に租税政策上独自の措置が必要なケースを除けば，租税法はその土台となる政策目的を反映すべきと考えられることから，医療政策上非課税を変更すべき理由がないのであれば，租税法上もそれを尊重すべきといえよう。

上記理由により現行の措置である非課税を維持した場合，医療機関における控除対象外消費税の負担をいかに解消ないし軽減するかが問題となる。その有力な対応策がカナダで導入されている還付制度である。すなわち，社会保険診療等の提供に関し消費税が非課税となっているため，対応する課税仕入れに係る税額が控除できず負担を強いられている金額の全部又は一部を還付し，その負担を緩和しようという方法を導入しようというものである[150]。カナダの還付制度については第5章で検討することとする。

⑥　非課税の維持・部分控除制度の導入

医療非課税を維持しながら，控除対象外消費税の負担を緩和する措置としては，⑤のほかに仕入税額控除を部分的に認める部分控除制度の導入が考えられる[151]。当該制度はオーストラリアにおいて金融取引に関して導入されていることから，第5章で検討することとする。

⑦　課税化・公的医療保険への補助

仮に消費税の控除対象外消費税問題を税制だけで解決することが難しいとする場合，代替的に，社会保険制度との組み合わせで解決するということも選択肢としてあり得ると考えられる。すなわち，医療の提供についても消費税の課税対象とすることで医療機関における仕入税額控除の適用を可能とし，また，新たに課税となった医療の提供に係る消費税の課税額相当分を医療保険（国民健康保険，協会健保，健康保険組合，共済組合等）への補助に充てることにより，非課税だった医療の提

---

[150] 日本医師会も「非課税還付方式」について，「税制の中での還付とするのか予算制度の中で還付するのかなどの論点を整理しつつ，カナダのPSBリベートなど諸外国の制度の検討も併せて行う必要がある。」としている。日本医師会医業税制検討委員会答申「医業税制を始めとする医業経営安定化の方策について」（平成26年3月）57頁参照。また，直近の日本医師会・四病院団体協議会による「平成27年度税制改正要望」（平成26年10月）の「2　消費税」においては，「消費税率を10％へ引上げる際には，医療機関等の設備投資等に係る消費税について，非課税還付等のあらゆる方策を検討し，仕入税額の還付措置を導入すること。」と還付措置の導入が初めて税制改正要望に謳われることとなった。

[151] 仮に部分的にではなく全面的に（全額）認めると，ゼロ税率を導入したのと同じこととなる。

第2章　医療機関における控除対象外消費税問題

図表2−18　消費税課税と医療保険補助の概念図

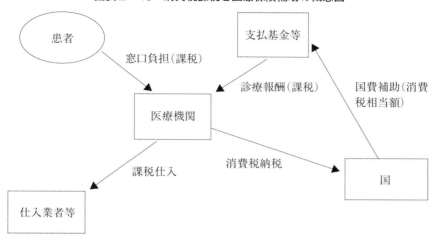

供が課税となることで負担が高まる患者の不満を和らげることも期待できる，というものである．また，税と社会保障とをトータルで考えるという視点は，民主党政権下で掲げられ現政権でも継承している「社会保障と税の一体改革[152]」の理念とも合致しているものと考えられる．当該アイディアを図示すると図表2−18のようになる．

このアイディアによりどの程度のインパクトがあるのか，非常に粗っぽいものではあるが，以下で簡単な試算を行ってみる．

厚生労働省の「平成24年度医療費の動向」によれば，医療保険適用の医療費の合計が平成20年度で約36.4兆円であるが，消費税率を仮に10％[153]とし，社会保険診療についても当該税率で消費税が課されるとすると，税額は約3.6兆円となる．医業に係る課税仕入れの割合を仮に50％[154]とすると，仕入税額控除後の納付税額は約1.8兆円となる．この全額を医療保険の国費負担の上乗せに充当するということである[155]．

ただ，このアイディアにも問題がある．ひとつ目は，患者側から見れば制度の全

---

[152] 平成23年7月1日に「社会保障・税一体改革成案」が閣議報告されている．
[153] 地方消費税分は無視することとする．
[154] 簡易課税制度における第5種事業（医療・福祉を含むサービス業等）のみなし仕入率を参考にした．
[155] 当該試算は極めて粗っぽい前提に基づいたものであるので，本格的に検討するにあたっては，税率や補助割合といった前提条件等に関しマクロ経済学的な観点からさらに精査する必要があるだろう．

体像が見えにくいため，病院の窓口での消費税支払いに伴う負担だけを強く感じてしまい，理解を得るのに困難を伴う可能性があるという点である。このアイディアは医療の提供に関し消費税は非課税であるという建前を大胆に打ち壊す方策であるが，対応関係が分かれば必ずしも不合理な仕組みではないということについて理解が得られるのではないかと考える。これは周到な広報活動により解決するよりほかないであろう。

　ふたつ目は，税制（財務省）と社会保障制度（厚生労働省）を所管する官庁が異なるという点である。つまり，この仕組みを導入してから時が経過するにつれ，医療に対する消費税の課税と医療保険に対する増税分の補助とがセットであるという対応関係がいつの間にか失われ，医療保険に対する補助が縮減されるという事態につながることが懸念されるということである。これについても，関連法規で対応関係を明記し，制度導入の理念が失われることのないよう配慮することが必要となるであろう。

　3つ目は，より本質的な問題として，この仕組みによって，結局医療機関の負担を患者に回しただけではないかという批判を浴びる可能性があるということである。マクロ的にみるとこの批判はあながち的外れではないと考えられる。つまり，いずれの解決策を採ろうと，結局，控除対象外消費税となるものを一体だれが負担すべきなのかという点に行き着くということである。当該税額を医療機関が全額負担すべきものとは考えられないが，果たして患者（最終消費者）が全額負担すべきなのかについても議論があるだろう。あるべき負担割合を設定することができれば，この仕組みを使って，医療保険への補助割合や仕入税額控除の割合を調整すること等により，それを実現することもできるであろう。

(3)　税制上の措置を行わない場合の弊害

　それでは，仮にこれまで第2項で検討したような税制上の措置を講じなかった場合，どのような弊害が予想されるであろうか。予想されるシナリオについて以下で検討してみる。

① 　不完全な診療報酬改定による医療機関の経営悪化

　仮に税制上の措置が採られず，過去と同様に診療報酬改定により対応した場合，その改定の方法により医療機関への影響が異なってくる。したがって，診療報酬の改定方針が定まるまでどのような影響が出るのか不明であるが，不完全な診療報酬改定により税率引上げ分が適切に反映していない診療項目があれば，その診療科の経営状況にマイナスの影響が出ることが十分に想定される。今回の税率引上げは二段階で現状の5％から10％へと2倍にまで上昇するため，不完全な診療報酬改定による医療機関の経営に及ぼす影響は深刻なものとなりかねない。

② 　自衛措置としての濫用的タックスプランニングの横行

図表2－19 MS法人を利用した手法

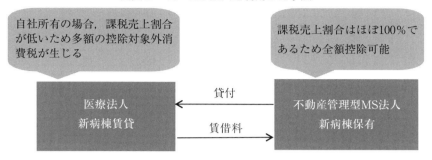

　控除対象外消費税負担に耐えかねた医療機関がなりふり構わず採る自衛措置として予想されるのが，濫用的タックスプランニングによる仕入税額控除の適用である。例えば医療機関が新病棟の建設にあたり発生する多額の控除対象外消費税の控除を目論んで，以下のようなスキームを実行することが考えられる。

　仕入税額控除が可能であるか否か，その金額の大小の分岐点は基本的に課税売上割合の高低であるため，新病棟の建設費を負担した法人（事業者）の課税売上割合を高めることが必要になる。そこから，図表2－19のようなアイディアが生み出されることとなるので，その取扱いについて検討してみる。

　この手法のポイントは，新病棟の保有について診療活動を担う医療法人[156]に行わせるのではなく，MS法人[157]に行わせるという点である。すなわち，不動産管理を主たる業務とするMS法人を新たに設立（既存の法人でも可）し，そこが借入等を行って新病棟を建設し，医療法人は当該MS法人から病棟を賃貸するのである。勿論，賃貸料は法人税法上適切な水準（いわゆる独立企業間価格）にする必要がある。これにより，新病棟建設に係る仕入税額控除はMS法人において行うこととなるが，MS法人の収入の大半は当該新病棟に係る賃借料（課税売上）となるため，課税売上割合はほぼ100％となり，課税売上が5億円以下であれば仕入税額が全額控除できることとなる（消法30①）。もっとも，非課税売上げ（社会保険診療報酬）に対応する課税仕入れ（賃貸料）に係る消費税額は医療法人において大半が控除できない（控除対象外消費税化する）ため，この手法の純粋なメリットは，医療法人が負担する控除対象外消費税を賃貸期間にわたり分割・繰延できるというこ

---

[156] 医療法人が保有し控除対象外消費税が生じた場合であっても，法人税法上，繰延消費税額等として資産計上し，5年以上の期間で償却処理することが可能である（法令139の4①～③）。
[157] Medical Service法人の略で，一般に，専ら医療機関から医療材料の購入や医療事務，医療機器のリースといった業務を受託してそれを遂行するために設立された株式会社形態の組織をいう。

とにある。したがって，病棟建設費が多額に上り控除対象外消費税の負担も大きくなり，金利が高いケースほどこの手法を採るメリットは大きいといえる[158]。

ただし，当該アイディアにも問題はある。すなわち，本来であれば，診療報酬が非課税売上げであるため対応する仕入税額控除ができないにもかかわらず，MS法人を介在させることによりそれを可能とするのは，租税回避行為であり，課税庁が「課税上弊害がある」とみて否認するリスクがあるのである。実際，欧州では収入の大半が非課税売上である大学や金融機関が別法人を介在させてそちらで仕入税額控除の適用を受けるという租税回避スキームが横行しており，後述第4章第6節のハリファックス社事件[159]のように裁判で争われた事案も少なくない。

とはいえ，実際にこのアイディアを課税庁が「否認」するのは，現行税法上は意外に困難であると考えられる。なぜなら，現行消費税法において当該アイディアを規制する個別の否認規定がないからである[160]。

仮に法人税や所得税，相続税に関しこのようなアイディアを実行した場合，課税庁が「課税上弊害がある」とみて否認するときは，医療法人やMS法人が同族会社に該当するものと考えられることから，恐らく同族会社の行為計算否認規定（所法157①一，法法132①一，相法64）により課税するものと考えられる。

しかし，消費税法には同族会社の行為計算否認規定は存在しないため，このようなアイディアを規制する明文上の規定は存在しないと考えられる[161]。租税法律主義の考え方からは，明文上の規定がない場合には租税回避行為の否認は認められないというのが通説である[162]。

それでは，消費税法に同族会社の行為計算否認規定を設けて規制すればよいとするのか[163]となると，筆者はそれには大いなる違和感を覚えるところである。なぜなら，この問題の根本に立ち戻って考えると，そもそも医療機関は決して好き好ん

---

[158] 逆に，賃貸期間中に消費税率が上昇するとメリットが小さくなる。

[159] Judgment of the Court (Grand Chamber) of 21 February 2006, Case 255/02, *Halifax plc, Leeds Permanent Development Services Ltd and County Wide Property Investments Ltd v Commissioners of Customs & Excise*.

[160] 租税回避の一般否認規定のないわが国においては，本件のような仕入税額控除に関する濫用的なスキームであっても課税庁による否認が困難であることを指摘するものとして，西山由美「消費税の理論と課題（第5回）仕入税額控除(I)－その法的性質と実体要件」税理2013年9月号94頁。

[161] 地方税法には同族会社の行為計算否認規定は存在するが（地法72の43①②），適用税目が事業税であるため，地方消費税には及ばないこととなる。

[162] 金子前掲注60書127-128頁参照。もっとも，このスキームは控除対象外消費税額の計上時期の繰延に過ぎないため，必ずしも濫用的ではないと解される可能性もある。

[163] 仮に導入されたとしても，同族会社の行為計算否認規定に内在する問題であるが，そもそも設例のアイディアがその射程内に入るか否かは必ずしも明確ではない。

でこのようなアイディアを実行しようとしているわけではないからである。医療機関に多額の控除対象外消費税が生じるのは，非課税売上げに対応する仕入税額控除が認められていないからであり，その負担が医療機関の存続にかかわるほどの水準であれば，なりふり構わずあらゆる措置を講ずるのは経営者として当然の行動であろう。医療機関の経営者をしてここまで追い込むのは，立法政策上問題（不作為）であるといわざるを得ない。また，医療法人は医療法上，開設する病院，診療所又は介護老人保健施設に必要な施設，設備又は資金を有しなければならないとされている（医療法41，医療規30の34）。ここから医療政策上，医療法人が病棟を自己保有することが望ましいということになろうが，仮に厚生労働省が控除対象外消費税問題の解決に消極的であるとすれば，医療法人は自衛策としてあえて病棟の賃貸に乗り出すこととなり，医療政策との矛盾が生じることとなる。したがって，控除対象外消費税問題を放置して，租税回避行為に関する規制ばかりを強化するなどということは，公平性を欠きあってはならないことではないかと考えられる。

8　付加価値税の国際比較

(1)　主要国における付加価値税の現状

　付加価値税における非課税や軽減税率，ゼロ税率といった標準税率以外での課税措置は，一般に税制としての効率性を阻害する要因となるため，できる限り避けるべきと考えられる。それでは，医療の提供に対する非課税措置を講じているわが国の消費税はどの程度効率的な税制であると言えるのか，以下で国際比較によりその状況を確認しておくこととする。

　1960年代にフランス[164]において初めて導入された付加価値税は，他の税目と比較してその普及のスピードが速く，欧州各国はもちろんのこと，アジア，アフリカを含めた全世界に徐々に広がってゆき，現在では140か国以上[165]の国において採

---

[164] フランスにおける付加価値税の導入（発見）をいつとするかについては諸説あり，1948年の生産税（Taxe unique global a la production）について行った分割納付がそうであるとする説や，1953年の生産税に関する政令により仕入税額の半額の控除が認められたことないしその翌年の付加価値税（Taxe sur la valeur ajoutée）法の施行がそうであるという説もある。しかし一般には，EECの加盟国における取引高税の調和を目指した第1次指令及び第2次指令（ともに1967年）に従って，課税対象が小売段階及び役務提供にまで拡大された1968年の改正付加価値税法の施行をもってフランスにおいて付加価値税の導入がなされたとされる。ジョルジュ・エグレ（荒木和夫訳）『付加価値税』（白水社・1985年）20－35頁参照。

[165] Schenk and Oldman, *supra* note 44, at 459-462（ただし2007年現在）。　なお，KPMG's Corporate and Indirect Tax Survey 2012の4頁によれば2012年1月現在では150か国以

用されている税制である。その理由は，一般に，所得課税と比較して景気の動向に左右されにくく税収が比較的一定であること[166]や，所得課税と比較して徴税コストが低いこと[167]などが挙げられる。

このうち，OECD加盟34か国における付加価値税の導入時期及び標準税率の状況は図表2−20のとおりである。

図表2−20 OECD加盟国における付加価値税の導入時期及び標準税率の状況
(2014年4月現在)

国　名	導入年	標準税率（％）
オーストラリア	2000	10
オーストリア	1973	20
ベルギー	1971	21
カナダ	1991	5[168]
チリ	1975	19
チェコ	1993	21
デンマーク	1967	25
エストニア	1992	20
フィンランド	1994	24
フランス	1968（1954[169]）	20
ドイツ	1968	19
ギリシア	1987	23
ハンガリー	1988	27
アイスランド	1990	25.5
アイルランド	1972	23
イスラエル	1976	18

上とされる。

[166] 例えばわが国においては，税率が5％となった平成9年（1997年）以降現在まで消費税収（国税分のみ）はほぼ10兆円前後で推移している。

[167] 例えばイギリスにおいては，2006年の所得税100ポンドに係る徴税コストは1.27ポンドであるのに対し，付加価値税100ポンドに係る徴税コストは0.55ポンドと半分以下であったとされる。See Government Accounting Office, Value-Added Tax, Lessons Learned from Other Countries on Compliance Risks, Compliance Burden, and Transition, (Washington D.C., 2008), at 15.

[168] 連邦税GSTのみ。カナダの州レベルの付加価値税であるHST及びQSTについては，第5章参照。

[169] 1954年は付加価値税法が施行された年である。

第 2 章　医療機関における控除対象外消費税問題

イタリア	1973	22
日本	1989	8（地方消費税を含む）
韓国	1977	10
ルクセンブルク	1970	15
メキシコ	1980	16
オランダ	1969	21
ニュージーランド	1986	15
ノルウェー	1970	25
ポーランド	1993	23
ポルトガル	1986	23
スロバキア	1993	20
スロベニア	1999	20
スペイン	1986	21
スウェーデン	1969	25
スイス	1995	8
トルコ	1985	18
イギリス	1973	20
アメリカ	未導入	－

（出典）　Schenk and Oldman, *supra* note 44, at 459-462. 及び KPMG's Corporate and Indirect Tax Survey 2014より筆者作成

　図表 2 － 20でも明らかなとおり，興味深いことに，OECD 加盟国の中で唯一付加価値税を導入していない国はアメリカである。ただし，アメリカにおいても州，郡や市レベルでは小売売上税（Sales and Use Tax）を導入している。アメリカにおいては税制改革の議論の中で過去に何度か付加価値税の導入が検討されており，近年でも法人所得税改革の一環で法人所得税を付加価値税の一種である事業活動税（Business Activity Tax, BAT）に置き換えることが提案されている[170]が，実現の見通しは立っていない。これは，一旦課税ベースの広い付加価値税を導入すると

---

[170] United States Department of the Treasury, Approaches to Improve the Competitiveness of the U.S. Business Tax System for the 21st Century, (Washington D.C. 2007) at 19-38. ほかにも著名なアメリカの租税法学者により，個人所得税を原則廃止し，10－14％程度の単一税率で課税ベースに関し例外を極力排除した（医療や宗教活動等についてのみ非課税とする），売上高10万ドル未満の小規模事業者を免税とする付加価値税を導入すべきという提案もなされている。See Michael J. Graetz, 100 Million Unnecessary Returns, A Simple, Fair, and Competitive Tax Plan for the United States, Yale University Press, (New Haven 2008) at 83, 200-201.

税率の引上げによる税収増が容易であるため「大きな政府」につながりかねないことへの懸念[171]や，連邦所得税制に依拠する州所得税制との関係[172]（連邦所得税を廃止・縮小するとそれに依拠する州・地方政府の所得税制の執行が困難化するとともに，コスト増につながる），州・市レベルの小売上税との調整（州・市レベルの課税自主権（autonomy）をどう確保するのかなど）といった問題があるためと考えられる。

なお，最後の点について言えば，連邦議会は憲法に列挙された限定的な権限しか有さず，立法権においても同様である[173]（制限政体，limited government）。連邦議会には税を課し徴収する権限が与えられているが（合衆国憲法1条8節1項），付加価値税を課す権限については明示的には与えられていないため，仮に連邦レベルの付加価値税の導入を行う際には，その合憲性について争われることが必至であろう[174]。

(2) 付加価値税の国際比較と評価の尺度

① C効率性

付加価値税の国際比較を行う際に頻繁に利用される尺度として，主として優遇措置が付加価値税収に与える影響を示すC効率性（C-efficiency ratio）がある[175]。C効率性は以下の算式により計算される。

$$C効率性（\%） = \frac{\frac{付加価値税収}{国の消費総額} \times 100}{付加価値税標準税率（\%）} \times 100$$

---

[171] See GAO, *supra* note 167, at 28-29. 伝統的に「小さな政府」を志向する共和党支持者は付加価値税を「現金自動支払機（money machine）」であるとして忌避している。一方，民主党支持者は付加価値税が逆進的（regressive）であるとしてその導入に批判的であるとされる。Michael J. Graetz, *supra* note 170, at 73. *See* The President's Advisory Panel on Federal Tax Reform, Simple, Fair, and Pro-Growth: Proposals to Fit America's Tax System, November 2005, at 192.

[172] See GAO, *supra* note 167, at 36.

[173] 松井茂記『アメリカ憲法入門（第7版）』（有斐閣・2012年）38頁。

[174] オバマ政権下での医療保険改革法（Patient Protection and Affordable Care Act）につきその合憲性が争われた裁判では，課徴金により保険加入を義務付ける条項は連邦議会の有する課税権の行使として合憲であるとされた（多数意見）。*National Federation of Independent Business v. Sebelius*, 567 U.S. __, 132 S. Ct 2566 (2012). 当該連邦最高裁判決については，樋口範雄「保険改革法合憲判決」アメリカ法判例百選34-35頁参照。

[175] Liam Ebrill, Michael Keen, Jean-Paul Bodin, and Victoria Summers, The Modern VAT, International Monetary Fund, (Washington D.C. 2001) at 40-42. 後述のVAT収入比率を重視する加盟国が先進国中心のOECDと異なり，発展途上国をも広くカバーするIMFは，特に発展途上国の政治家に付加価値税の課税ベース拡大のメリットを説明する

第 2 章　医療機関における控除対象外消費税問題

　上記算式で示される指標は，一国のマクロ的な消費総額からみて，標準税率で例外なく課税された場合の本来の税収との比較で，実際に徴収された税収がどの程度の水準であるかを示すことにより，非課税や軽減税率等の優遇措置や課税逃れ等により課税ベースがどの程度浸食されているのか，逆に言えばどの程度効率的[176]な（efficient）税制となっているのか，を確認することができるものといえる。このような課税ベースの浸食項目のうち，非課税や軽減税率等の優遇措置といった制度的な要因によるものを政策ギャップ（policy gap），課税逃れ等の税法通りに納められていないという要因によるものをコンプライアンスギャップ（compliance gap）と呼ぶことがある[177]。

② VAT ギャップ

　EU においては，理論的な付加価値税収と実際の付加価値税収との差額を VAT ギャップ（VAT gap）と定義し，理論的な付加価値税収に占める VAT ギャップの割合を計算することで，EU 加盟国における付加価値税の浸食状況を比較することがある。当該基準では理論的な付加価値税収において非課税や軽減税率等の優遇措置といった制度的な要因による政策ギャップは考慮済みであり，主として課税逃れ等の税法通りに納められていないという要因によるコンプライアンスギャップが測定されることとなる。

　2006年時点における EU 加盟国の付加価値税に係る浸食状況の推計[178]によれば，EU 加盟25か国（キプロスを除く）の VAT ギャップの平均は12％で，この値が高いのはギリシア（30％），スロバキア（28％），ハンガリー（23％），イタリア・リトアニア・ラトビア（22％），チェコ（18％），イギリス（17％）の順であった。

　イギリスの課税庁（HM Revenue & Customs）が公表している付加価値税の浸食状況（tax gap）の推計[179]は次頁の図表 2 −21のとおりである。イギリスにおける VAT ギャップの割合は概ね横ばいであるが，租税回避や滞納分に係るものは

　　ときに C 効率性は分かりやすい指標であり重宝しているとのことである。マイケル・キーン「付加価値税のタックスギャップについて」租税研究2013年 6 月号50頁参照。
[176]　医療・福祉や教育に対する付加価値税非課税など，社会政策的理由による軽減措置について効率性の観点からマイナス評価することについては議論の余地があるだろう。星野泉「国際比較から見た消費税」自治総研2011年11月号11頁参照。また，C 効率性を引上げるには例えば輸出免税を取りやめるという措置により可能となるが，それが付加価値税のあり方として適当なのかという点にも十分配意しないと意味のない議論ということも言えるだろう。マイケル・キーン前掲注175論文50頁参照。
[177]　マイケル・キーン前掲注175論文51頁参照。
[178]　Reckon, Study to quantify and analyse the VAT gap in the EU-25 Member States, 21 September 2009, at 9.
[179]　HM Revenue & Customs, Measuring tax gaps 2012, 18 October 2012, at 12. 当該報告書においては，付加価値税のみならず全税目についてギャップを算定している。

91

課税庁の取り組みの成果もあってか減少傾向にある。近年付加価値税を巡る租税回避事案が欧州で深刻化しており,イギリスでも2006-07年度にピークを迎えた[180]が,その後イギリスをはじめ各国がそれへの対応策を採ったこと[181]が功を奏し減少しているとも評価できるだろう。さらに,滞納分はリーマンショックによる景気後退の影響で2008-09年度に一時的に上昇したが,景気回復とともに減少している。

図表2-21　イギリスの付加価値税における課税ベースの浸食状況(tax gap)の推計

(単位:10億ポンド)

	2006-07	2007-08	2008-09	2009-10	2010-11
VAT税収(理論値)	87.8	91.5	91.2	80.0	94.9
VAT税収(実績)	77.6	82.0	79.8	71.4	85.3
VATギャップ	10.2	9.6	11.3	8.6	9.6
うち租税回避	2.0-2.5	1.0-1.5	1.0-1.5	1.0-1.5	0.5-1.0
うち滞納分	-	0.9	2.4	1.8	0.9
VATギャップ(%)	11.6%	10.5%	12.4%	10.8%	10.1%

(注1)　2009-10の税収の落ち込みは主として税率の一時的引下げ(17.5%→15%)に基づく。

(注2)　租税回避(MTIC (missing trader intra community) fraud)とは,輸出免税を利用した付加価値税の不正事案をいい,大きく分けて事業者が付加価値税を納付しないまま雲隠れする取得詐欺(acquisition fraud)と同一商品を何度も輸出してそのたびごとに付加価値税の還付を受ける回転木馬型詐欺(carousel fraud)とに分類される[182]。

③　VAT収入比率

C効率性の算式のうち,分子の「国の消費総額」には付加価値税の金額そのものが含まれており,付加価値税の課税ベースとしては適切ではないと考えられる。そのため,近年OECDではこれに代えて次の算式で示されるVAT収入比率(VAT Revenue Ratio, VRR)という指標を使用している[183]。

---

[180] HM Revenue & Customs, *supra* note 179, at 12. ただしMTIC fraudの実行そのもののピークであったと推定されるのはその前年(2005-06)である。

[181] 具体的には,付加価値税に係る事業者登録の確認の強化,EU域内外国との国際的執行共助の推進,リバース・チャージ・システム(reverse charge system)の導入といった施策が挙げられる。西村闘多「第3回OECD税務行政フォーラム(FTA)会合について」ファイナンス2006年11月号55頁参照。

[182] HM Revenue & Customs, *What is VAT fraud?*, VATF23300.

[183] OECD, Consumption Tax Trends 2012, at 104-106. OECDがC効率性を公表していたのは当該報告書の2006年版までである。

$$\text{VAT収入比率} = \frac{\text{付加価値税収}}{(\text{消費総額} - \text{付加価値税収}) \times \text{付加価値税標準税率}}$$

C効率性とVAT収入比率とを比較すると，一般に付加価値税収を控除するVAT収入比率の方がパーセント換算した場合高くなることとなる。

OECD加盟主要国の付加価値税標準税率とC効率性，VAT収入比率を示すと図表2－22のようになる。

図表2－22　OECD加盟主要国の付加価値税の効率性比較

	付加価値税標準税率 （2012年）	C効率性 （2003年）	VAT収入比率 （2009年）
オーストラリア	10%	53.0%	0.52
カナダ（連邦税のみ）	5%	66.5%	0.49
フランス	19.6%	45.3%	0.46
ドイツ	19%	50.5%	0.56
日本	5%	65.3%	0.67
ニュージーランド	15%	96.4%	0.99
スウェーデン	25%	47.3%	0.57
イギリス	20%	46.4%	0.47
OECD非加重平均	－	52.9%	0.55

（出典）　OECD, Consumption Tax Trends 2012, OECD, Consumption Tax Trends 2006を基に筆者作成

　国ごとにみてみると，C効率性とVAT収入比率の高低は，カナダ[184]とスウェーデン[185]において多少両者の乖離がみられるものの概ねリンクしており，VAT収入比率により付加価値税制の効率性を評価して差し支えないものと考えられる。そこで以下ではVAT収入比率により評価していくこととする。

　まずOECD加盟国でVAT収入比率が突出して高いのはニュージーランドである。これは，ニュージーランドにおいては他国では非課税とされる医療や教育も標準税率で課されるなど例外項目が限定されていることを反映しているものと考えられる[186]。欧州諸国はそれほど高くなく，スウェーデン及びドイツはOECD平均程

---

[184] OECDの前掲注183書113頁によれば，カナダのVAT収入比率は1996年以降概ね0.5前後となっており，むしろ2003年のC効率性の値の方が異常値である可能性も考えられる。
[185] OECDの前掲注183書113頁によれば，スウェーデンのVAT収入比率は2003年時点で0.52であり，その後当該比率が上昇していることから，両者の乖離は問題ではないと考えられる。

度の水準であるが，イギリス及びフランスは OECD 平均よりも低い。イギリス及びフランスが低いのは，広範な軽減税率及びゼロ税率[187]の採用がそれに反映しているものと考えられる。オーストラリア及びカナダも OECD 平均よりも低いが，これもゼロ税率や軽減税率，カナダにおける非課税措置に係る還付制度などが反映しているものと考えられる。

一方，日本は比較的高く，OECD 加盟国ではニュージーランド，ルクセンブルク（0.92），エストニア（0.76），スイス（0.71），イスラエル（0.68）に次いで6番目となっている。これは，軽減税率やゼロ税率を採用せず，非課税の範囲も比較的限定されていることを反映しているものと考えられる。すなわち，日本の現行の消費税制度は国際比較の観点からは例外が限定的で効率的な税制の部類に入るということがいえる。わが国における医療非課税を見直す際には，この点も十分考慮に入れるべきであろう。

なお，標準税率の高低と VAT 収入比率との関連性は特に見られない。これは，標準税率が高いからと言って直ちに軽減税率やゼロ税率が必要となるということを意味するものではないということを示唆しているとも考えられる[188]。

(3) 日本の消費税と効率性

前項で確認したとおり，日本の消費税は VAT 収入比率等の効率性の尺度に関し国際的にみると比較的効率的であるといえる。しかし，今後議論が本格化する軽減税率の導入に関しては，当該指標が悪化するという観点からの批判もあり得るところである。税制のあるべき論からは，課税ベースの浸食をなくし，当該指標を可能な限り引上げるべきといえる。しかし，社会政策的観点からの非課税規定のような「既にある」逆進性対策の措置については，諸外国の例を見ても明らかなようにその改廃は容易ではない。特に軽減税率のような生活必需品を対象とする措置を一度入れると，そこからの離脱は非常に困難となることが予想される。わが国において現実的に目指すべきは，効率性を損ねるような措置を新たに導入することには慎重な態度をとるということであろう。

---

[186] ニュージーランドの付加価値税（GST）に関する評価については，Commentary by Ian Dickson and David White, Dimensions of Tax Design, at 387-406.

[187] イギリスは軽減税率の適用範囲は狭いが，それに代わりゼロ税率を広く採用している。イギリス付加価値税の税率構造については第4章第3節参照。

[188] わが国の消費税に関しては，例えば金子名誉教授の「税率が10％をかなり超えた場合には，食糧品等について軽減税率の採用が必要になるであろうが」というように，税率10％引上げを契機に軽減税率を導入すべきという主張がなされることがある。金子前掲注81書392頁。また，「平成26年度税制改正大綱」でも軽減税率を「税率10％時に導入する」旨が謳われているが，このような主張には特に理論的根拠はないものと考えられる。玉岡雅之「付加価値税としての消費税」租税研究2012年11月号41頁参照。

医療に係る控除対象外消費税問題への税制上の対応策を効率性の観点から見ていくと，ゼロ税率が最もそれを阻害し，次いで非課税（一定割合の）還付・部分控除，軽減税率，標準税率の順に高まっているものと考えられる。非課税還付よりも軽減税率の方がより「まし」な措置ではあるが，本来目指すべき標準税率での課税からみればいずれも「あるべき姿」ではない。効率性の指標を絶対視するのではなく，あるべき姿への道筋をも視野に入れて税制上の措置を検討することが必要であろう。

9　小括

　本章ではまず，医療機関における現状の低い利益率の中で，消費税率の引上げによる追加的な控除対象外消費税の負担が医療機関の経営に深刻な影響を及ぼすことを確認した。次に，わが国の診療報酬制度の概要と付加価値税である消費税の基本的な仕組み，中でも課税の累積を排除する仕入税額控除制度の機能を確認し，社会保険診療報酬等に係る消費税が非課税であることにより対応する課税仕入れが控除できないため控除対象外消費税が発生するが，社会保険診療報酬等が公定価格であるため，当該控除対象外消費税が個々の医療機関において原理的に価格に転嫁できないというメカニズムについて見ていった。

　上記メカニズムにより発生する医療機関における控除対象外消費税問題の解決方法としては，大きく分けて診療報酬による対応と，税制上の措置を講ずる方法の二種類がある。後者にはさらに現状の非課税を維持したまま一定額を還付ないし部分的な仕入税額控除を認める方法と，課税化し仕入税額控除を全面的に認める方法とがある。過去に行われた診療報酬による控除対象外消費税負担への対応の妥当性について検証したところ，その不徹底さが確認された。そのため，仕入税額控除制度が消費税法における税額計算の基本構造であることを踏まえ，制度の透明性及び法の支配の観点から，カナダやオーストラリアにおける取組み等を参考にしながら税制上の措置を講ずるべきことが明らかになった。

　最後に，付加価値税の国際比較に関し，税制の効率性の指標としてC効率性及びVAT収入比率を取り上げたが，わが国の消費税はいずれの指標も高く，現状は国際比較の観点から例外が限定的で効率的な税制の部類に入るということがいえる。医療に係る控除対象外消費税問題への税制上の対応策を検討する際には，当該指標への影響も考慮すべきであるが，わが国の実情に即したきめ細かな対応を行う上では，必ずしも絶対視すべきものでもないといえよう。

第3章　医療制度の国際比較

1　はじめに

　租税法の研究において重要なのは，単なる法制度の技術的な説明にとどまるのではなく，その制度が拠って立つ政策的な背景への理解に基づいて分析を行うことであると考えられる。特に税制上の特例措置の議論においては，特例措置の対象となる項目の内容を正確に理解し，特例措置の対象とすべきかどうか，すべきであればどの程度配慮するのかを判断することとなるが，その際には当該対象項目の政策的背景の理解が不可欠であると言えよう。このことは当たり前のことで改めて強調するまでもないことであるかもしれない。しかし実際になされている税制改正（新税制の導入を含む）の議論では，租税法の専門家が改正を必要とする項目の政策的背景まで立ち入って検討するという作業が必ずしも十分になされているとは限らないように見えるところである。それは何故かと言えば，租税法の専門家にとって，高度に専門化した各種政策を理解することが相当困難な作業であるからに他ならず，またその分野の「素人」がそこに踏み込むことは身の程知らずの蛮勇であるという批判を恐れるがゆえに躊躇するからだと考えられる。当該現象は，租税法の専門家が，他の分野の専門家の研究成果に敬意を払い尊重していることに起因するものであろうが，租税法の分野の先行研究のリサーチを進めるのと並行して，いわば先行研究のリサーチの一環として，関連する分野の主要な研究成果の理解に努めることで，研究対象となる事項の政策的背景の理解が深まることとなるだろう。さらに，可能な限りその成果を租税法研究の中に織り込むことができれば，租税法研究そのものの深化にもつながるものと考えられる[1]。ただし，政策的な背景や関連する分野の研究を理解することは，そこで得られた成果を無批判にそのまま取り込むことでは勿論なく，それらを踏まえて，税体系の中での位置づけやバランス，その執行可能性をも勘案しながら，租税法の観点から評価することが必要となる。

　租税法と関連分野との相互作用については，中でも，民主党政権において議論され消費税改革につながった「社会保障・税一体改革[2]」を見れば明らかであるが，税制と社会保障制度とは非常に密接な関わりを持っており，税制論議において社会

---

[1] もちろん他の専門分野と租税法との相互作用は一方通行なものではなく，例えば給付付き税額控除制度の研究が社会保障制度や社会保障法の研究に影響を及ぼすなど，租税法の研究成果が他の専門分野の研究に影響を及ぼすことも少なくないだろう。
[2] 「社会保障・税一体改革大綱」（平成24年2月閣議決定）がその成果である。

保障制度や社会保障法制の基本的な理解は今後益々求められていくことが予想される。

このことを本論文のテーマに即して考えると、それはわが国のみならず各国の医療制度及び医療政策への理解ということになるだろう。すなわち、各国において医療の提供に関する付加価値税制上の取扱いが異なるとした場合、その違いをもたらす要因として、各国の医療政策がそこに反映している可能性が高いと考えられることから、その点を明らかにすべきということになる。

そこで、本章では、医療制度の国際比較を行うことによりわが国の医療制度の特徴を浮き彫りにするとともに、本論文で取り上げるイギリス、カナダ、オーストラリアにおける付加価値税の取扱いに係る医療政策的背景を解明することとする。

2　イギリスの医療制度

(1)　イギリスの医療供給体制

イギリスの社会保障制度は1942年に公表された「社会保険及び関連サービス」に関する報告書、日本でも名高いいわゆる「ベヴァレッジ報告[3)]」がその基礎となっている。当該報告書に基づき1946年に国民保健サービス法（National Health Service Act）が施行され、1948年には同法に基づき医療保障については保険制度ではなく、診察料、治療費、薬剤費の全経費にわたって患者負担なしで国家が租税財源により保障するというイギリス独特の制度であるNHS（National Health

図表3－1　EU主要国の社会保護費に係る給付の内訳（2010年）

国名	合計の対GDP比	社会保護費給付の内訳		
		医療保健・障害	年金	その他
イギリス	28.0%	41.8%	42.3%	16.0%
ドイツ	30.7%	40.4%	40.2%	19.4%
フランス	33.8%	35.0%	44.9%	20.2%
スウェーデン	30.4%	39.1%	42.1%	18.8%
オランダ	32.1%	43.4%	39.2%	17.4%

（出典）　European Commission, European social statistics - 2013 edition.

---

3) William Beverage, Social Insurance and Allied Services, Cmd 6404, HMSO (1942)（一圓光彌監訳『ベヴァリッジ報告　社会保険および関連サービス』（法律文化社・2014年））

図表 3-2　EU 主要国の社会保護費に係る財源の内訳（2010年）

国　名	社会保険料			租　税	その他収入
	雇用主負担	被保険者負担	合計		
イギリス	34.1%	12.6%	46.7%	45.8%	7.5%
ドイツ	32.9%	28.6%	61.2%	36.7%	1.8%
フランス	43.0%	20.8%	63.8%	34.0%	2.1%
スウェーデン	37.4%	9.4%	46.8%	51.2%	2.0%
オランダ	33.1%	33.0%	66.1%	26.0%	7.9%

（出典）　図表 3-1 と同じ。

Services）が実施された[4]。

　EU の統計によれば，イギリス及び欧州主要国の社会保護費（social protection expenditure）の内訳は図表 3-1 のとおりである。イギリスは欧州の中では合計の対 GDP 比が多少低い以外はほぼ平均的な数値で，特に際立った特徴は見られない。

　また，社会保護費の財源の内訳は図表 3-2 のとおりである。

　社会保護費に係る財源の構成については，特に医療保障について租税負担による給付を重視するイギリスはスウェーデンと似ており，広く社会保険方式を採用するドイツ，フランス及びオランダとは一線を画するといえる。

　NHS によるイギリスの医療供給は国の責任において行われ，その供給量は予算（税収）の範囲内で計画的に行われている。そのため，マクロレベルでの医療費の抑制は比較的容易であるが，その反面長い待ち時間や必要な受診の抑制といったミクロレベルの過少診療，病院施設の老朽化や医師・看護師不足が問題となり得る[5]。

　NHS の発足当初はほとんどの病院は公立であったが，保守党政権下の1991年の NHS コミュニティケア法（National Health Service and Community Care Act 1990）の施行以後，病院の大部分は保健当局（Health Authority）の管理下を離れ，NHS トラスト（NHS trusts）として独立した組織となっている。

　NHS で提供されるサービスは大きく分けて，一般医（General Practitioner, GP）によるプライマリ・ケア[6]（primary care），病院における専門医の医療及び

---

[4] 毛利健三「社会保障の歴史」武川正吾・塩野谷祐一編『先進諸国の社会保障 1　イギリス』（東京大学出版会・1999年）31頁。
[5] 松田晋哉「診断群分類導入の国際的動向と医療費への影響」田中滋・二木立編著『医療制度改革の国際比較』（勁草書房・2007年）102頁参照。
[6] 日本プライマリ・ケア連合学会のホームページ（http://www.primary-care.or.jp/paramedic/index.html（2015年 6 月最終確認））によれば，プライマリ・ケアとは「国民

看護師や保健師による地域保健サービスがある。イギリスにおいては，開業医である一般医はゲートキーパー（gatekeeper）[7]の役割を果たし，患者は救急の場合を除き一般医の診察を受けなければ原則として病院の専門医の診察や治療を受けることができない。

(2) 公的医療保障制度

第1項で見たとおり，イギリスの公的医療保障は保険制度ではなく，受診時に原則として患者負担がないNHSを通じ実施される。NHSの特徴は，一般医がゲートキーパーの役割を果たし，患者は救急の場合を除き一般医の診察を受けなければ原則として病院の専門医の診察や治療（セカンダリ・ケア・サービス）を受けることができないという仕組みを採っているということである。ただし，NHSの枠組みではどうしても緊急ではない手術に待ち時間（数か月単位となることも少なくない）を強いられるため，富裕層を中心にNHSの枠外の私的医療のニーズがある。イギリスにおけるNHSと私的医療に対する支出額の推移は図表3－3のとおりで

図表3－3 イギリスのNHSと私的医療等に対する支出額の推移

（単位：百万ポンド）

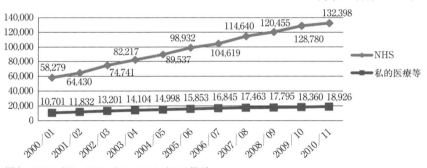

(注) 2008／09, 2009／10, 2010／11は推計
(出典) Office of Health Economics, Total health care expenditure, UK, 1973/74 – 2010/11

のあらゆる健康上の問題，疾病に対し，総合的・継続的，そして全人的に対応する地域の保健医療福祉機能をいう」とあるが，ここでは「国民が病気等になったときにまず訪問する地域の家庭医の機能」程度の意味で使用することとする。

[7] 医療については経済学でいう「情報の非対称性」が妥当するというのが一般的な解釈であり，それによれば，患者は一般に自分の症状がどの程度重症なのか判断できないことから，①より診断能力が高い（と期待される）こと，②二度手間を省くという意味から，最初から病院の専門医にかかるという行動をとることが合理的となる。しかし，それにより軽症者が病院に殺到し，医療資源の効率的利用が阻害されるため，一般医に，原則としてそこでの受診を経ないと専門医へのアクセスができないというゲートキーパーの機能を持たせることが望ましいということになる。

ある。

　上記から，過去10年でNHSは金額ベースで2倍強に増加し，私的医療等よりも伸び率が高いことが分かる。また，2010／11年度の医療費全体に占めるNHSの割合は87.5％で，私的医療等は12.5％と2000／01年度の割合（15.5％）より減少している。これらは1990年代後半まで続いた保守党政権の下で医療費抑制政策が採られた結果，患者満足度が低下していたNHSを改革するため，労働党のブレア政権により実施された2001年からの財政措置を伴った医療改革10年プラン（The NHS Plan[8]）により，硬直化していたNHSの利便性が向上し利用促進が図られたことを反映してのものと考えられる。そのため，総医療費の対GDP割合も1995年の6.8％（OECD平均10.4％）から2009年には9.8％（OECD平均9.5％）にまで上昇している。

　労働党のブレア政権において財務相を務めたブラウン（のちの首相）は2001年3月，今後20年間の医療制度と財源の改革を展望するための専門委員会を発足させ，医療保障制度に係る財源に関し税方式（general taxation）と社会保険方式（social insurance）のいずれが望ましいか分析した。その結果，委員会は中間報告及びそれに基づく最終報告で以下の理由から税方式の方が公平かつ効率的で望ましいとした[9]。

① 費用抑制と優先づけに係る強力なコントロールが可能であり，経済活動へのマイナスの影響が最小限に抑えられる。
② 個人の負担とヘルスケアサービスの利用（受益）との関係が断ち切られているため公正である。
③ 社会保険方式の最大の問題点は収入源が雇用をベースとしたものに限定されるという点である。そのため，例えば伝統的な社会保険方式を採用しているフランスでは収入源を社会保険から租税にシフトしているところである。

　なお，NHSにおいて歯科の受診はもともと無料であったが，その後患者負担が導入され，現在では治療費の大半が患者負担となっている。また，薬局での処方箋薬，眼科サービス，検眼やコンタクトレンズの支給等は患者に一部負担金が生じる[10]。

---

[8] The NHS Plan: A plan for investment, A plan for reform, Presented to Parliament by the Secretary of State for Health, By Command of Her Majesty, July 2000. 当該プランでは，すべての人に支払能力ではなく療養の必要性に基づき普遍的なサービスを提供するといったNHSの10大原則を掲げている。
[9] Derek Wanless, Securing our Future Health: Taking a Long-Term View, Final Report, April 2002, at 140-142.
[10] 国京則幸「イギリス」加藤智章・西田和弘編『世界の医療保障』（法律文化社・2013年）117頁。

3 カナダの医療制度

(1) カナダの医療供給体制

　カナダにおいては憲法上，保健医療制度は州の専権事項とされており[11]，連邦レベルで統一的な制度が提供されているわけではない。しかし，一方で連邦政府は州の専権事項に対しても財政支出（補助金）を行うことが認められており[12]，これを行使することで事実上連邦主導[13]の画一的な医療保障制度[14]（Medicare）が実現されている[15]。現在のカナダの医療財政の収入源はの図表3－4のとおりであり，財源に占める州政府の割合が約3分の2を占めている。

　上記のうち，公的部門は州政府とその他公的部門（連邦や地方公共団体など）で合わせて70.5％，その他が民間部門で29.5％と概ね公的と民間の比率がほぼ7：3の割合となっており，医療財政に占める民間部門の比率について主要国の中ではカナダは高い部類に入る[16]。これは，歯科医療が公的医療保障制度である Medicare

---

[11] カナダ1867年憲法（the Constitution Act, 1867）92条7号で病院，保護施設，慈善施設及び慈善の組織を設置し，維持し，管理することは州の立法者の排他的権限であるとされる。

[12] これを一般に財政連邦主義（fiscal federalism）という。池上岳彦「財政連邦主義の変容」新川敏光編『多文化主義社会の福祉国家』（ミネルヴァ書房・2008年）140－163頁参照。なお，財政平準化のための補助金（equalization payments）は1982年憲法36条（2）に明記された。

[13] 連邦政府は1984年にカナダ保健法（Canada Health Act, CHA）を制定し，普遍性（universality），利用可能性（accessibility），包括性（comprehensive），随伴性（portability），非営利運営（public administration）という5つの基準に合致するような州政府の保健医療制度に対し財政支出を行っている。新川敏光「カナダにおけるナショナル・アイデンティティの探求と超克の旅」新川敏光編『多文化主義社会の福祉国家』（ミネルヴァ書房・2008年）19頁，新川敏光「医療保険」城戸喜子・塩野谷祐一編『先進諸国の社会保障3　カナダ』（東京大学出版会・1999年）247－249頁参照。

[14] Medicare は医療保険（Health Insurance）と称されることもあるが，運営費は税金で賄われており，保険料により賄われるわが国やドイツ・フランスの公的医療保険とは異なる仕組みである。州により保険料を課すところもあるが，その場合でも運営費の大半は税金（一般財源）による。Medicare の対象となる医療には患者の自己負担分がない。なお，歯科は原則として Medicare の対象外であるが，GST は非課税である。

[15] 新川敏光「カナダにおける医療と介護の機能分担と連携」海外社会保障研究 Autumn 2006 No.156, 61頁参照。

[16] OECD の2009年時点での統計（OECD Health Data 2012）によれば，公的部門の割合の OECD 平均値は73.2％，イギリス（83.2％），日本（80.5％），フランス（77.0％），ドイツ（76.8％）などが高く，カナダ（30か国中21位）より低いのはオーストラリア（68.5％），韓国（58.2％），アメリカ（48.2％）などである。

図表３－４　カナダにおける医療財政の収入源（2010年）

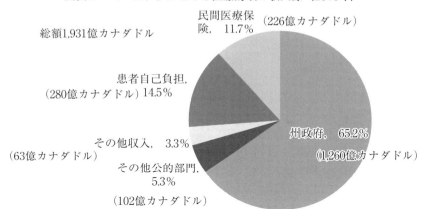

（出典）Canadian Institute for Healthcare Information, National Health Expenditure Trends, 1975-2012, at 11.

ではカバーされないことがその主たる理由である。

　また図表３－４から，カナダの医療制度においては民間医療保険の比重が比較的高いことが窺える。これは以下の民間医療保険に加入している人口比率に関する国際比較調査からも裏付けられるだろう。

　1985年に制定された医療政策の基本的な枠組みを定めるカナダ保健法（Canada Health Act, CHA）においては，病院及び医師のサービスを原則全額公費で負担[17]するなど伝統的な医療については手厚い保障を行っているが，病院外で使用される医薬品や医療機器，救急サービス，在宅医療といった近年重要性が高まっている分野の保障が手薄となっている[18]。そのため，Medicareではカバーされない医療について患者は民間医療保険によりカバーすることとなる。勤労者の場合雇用主（法人）が福利厚生の一環で加入している民間の医療保険を利用するケースが多いが，雇用主は当該保険の支払保険料を損金算入することが可能である（Income Tax Act, R.S.C. 1985, c.1 (5th Supp.), s. 18(1)(a)）。また，個人が直接民間の医療保険に加入している場合にも，支払保険料を個人の所得税の必要経費とすることができる（Income Tax Act, R.S.C. 1985, c.1 (5th Supp.), s. 118.2(2)(q)）。このようなカナダにおける民間医療保険の普及とそのカバー範囲の拡大は，所得分配の観点からいえば逆進的（regressive）な状況を生み出すことが指摘されている[19]。

---

[17]　美容外科や不妊治療などが対象外である。
[18]　コリーン・M・フラッド「公的医療制度と民間保険の区分に関するカナダの選択と裁判に基づく医療制度改革の危険」フィナンシャル・レビュー2012年９月号137－138頁。
[19]　フラッド前掲注18論文138頁参照。

図表３−５　OECD加盟主要国における民間医療保険に加入する人口比率の比較
（2003年）

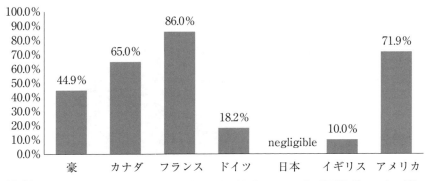

（出典）　Colombo, F. and N. Tapay, Private Health Insurance in OECD Countries: The Benefits and Costs for Individuals and Health System, *OECD Health Working Papers No.15* (2004), at 11-12.

　カナダの医療制度はイギリスの影響を色濃く受けており，基本的に患者はまずイギリスのGP（General Practitioner）に相当するかかりつけ医（家庭医）の診察を受け（primary health care services），その紹介なしには専門医や病院の診察を受けることはできない仕組みとなっている（かかりつけ医のゲートキーパー機能）。

(2) 公的医療保障制度

　カナダにおいては公的医療保障制度として，わが国やドイツ・フランスで導入されている公的医療保険制度ではなく，カナダ保健法に基づき，病院及び医師の提供するサービスについて基本的に全額公費（税金）負担という仕組みが運営されている。しかも，わが国とは異なり，カナダにおいては公費負担となる医療サービスと合わせて，その適用外となる新薬や医療サービスを利用して患者が自費で負担する，いわゆる混合診療（mixed payments）が法律によって明確に禁止されているわけではない[20]。無論これに対しては，例えば，公的医療保障の適用外となる医薬品の投与に臨床医の時間が割かれることは，より社会的必要性が高い公的医療保障の適用対象となる医薬品の投与に必要な臨床医の時間が奪われることとなり，公的医療保障の観点から望ましいとはいえないといった批判があるところである[21]。

---

[20]　フラッド前掲注18論文139頁参照。
[21]　フラッド前掲注18論文140頁参照。

4 オーストラリアの医療制度

(1) オーストラリアの医療供給体制

　オーストラリアにおける医療の提供は、全国民を対象とした税金によって賄われる公的医療制度（公立病院は所得にかかわらず無料である）を中心としつつ、公的給付の枠外である民間病院・民間医療保険の利用も盛んであるという、二本立てになっている[22]。オーストラリアにおける医療費支出の内訳は図表3-6のようになっている。

　イギリスの医療制度の影響から、一般医[23]（General Practitioner, GP）をゲートキーパーとするプライマリ・ケア・システムが確立しており、オーストラリアでは無料の公立病院では原則として医師を選べず[24]、また、緊急ではない手術については長期の待ち時間を覚悟する必要がある。受診する医療機関を患者が自由に選択できる、いわゆる「フリーアクセス」を採用している日本とは対照的である。

図表3-6　オーストラリアの医療費支出の内訳（2009-2010年度）

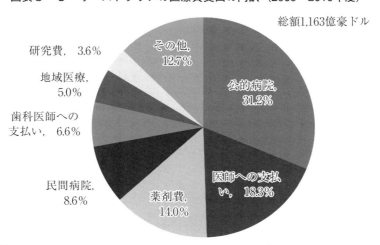

（出典）　Australian Institute of Health and Welfare, Australia's Health 2012, at 478.

---

[22] オーストラリアの医療保障制度については、丸山士行「オーストラリア」井伊雅子編『アジアの医療保障制度』（東京大学出版会・2009年）1-33頁参照。
[23] オーストラリアは世界でも珍しく一般医の数が専門医よりも多いという状況にある。ただし、オーストラリアの一般医はイギリスのGPのような事前登録制ではない。
[24] ただし、患者は入院料などが全額自己負担となるものの医師の指名を希望することができる（private patient）。

オーストラリアにおける医療供給体制は大きく分けて，連邦及び州政府からの補助金でその運営費の大半を賄っている公的病院（public hospitals）と，補助金を受けない民間病院（private hospitals），及び主として長期の慢性ケアを必要とする高齢者の入院を担うナーシングホーム（nursing home）がある。このうち公的病院は全土に万遍なく配置され，高度・先進医療や救命救急医療を主として担っており，民間病院はその多くが都市部に所在し，主として待ち時間の少ない入院・日帰り手術や美容外科といった分野を担っている。

　政府の統計[25]によれば，2011－2012年度の公的病院の数は753（全体の55.9％），病床数は58,420床（全体の67.3％），人口千人当たりの病床数は2.6床である。一方，2010－2011年度の民間病院の数は593，病床数は28,351床，人口千人当たりの病床数は1.3床である。医療提供体制としては概ね公的病院の比重が高いといえるが，税方式の欧米他国と比較すると民間病院の割合も小さくないという特徴がある。

(2)　公的医療保障制度

　オーストラリアの医療保障制度の財源（2009－2010年度で総額1,214億豪ドル）は，連邦政府が44％，州及び地方政府が26％，患者負担分が17％，民間の医療保険が8％等となっている[26]。

　オーストラリアの医療保障分野は，長らく一定の薬剤の無料給付や任意の民間保険への助成に限定され，全国民を対象とした普遍的な制度は，国民保健法（National Health Act 1953），健康保険法（Health Insurance Act 1973）及び健康保険委託法（Health Insurance Commission Act 1973）を統合した健康関連法修正法（Health Legislation Amendment Act 1983）に基づき1984年に労働党政権により実施されたメディケア（Medicare）を待たなければならなかった[27]。現在の公的医療保障制度は，医師サービスに係る報酬に充てられるメディケア[28]，公立病院の運営及び1950年に開始された医薬品に充てられる薬剤費給付制度 PBS（Pharmaceutical

---

[25]　Australian Institute of Health and Welfare, Australian hospital statistics 2011-2012, at 59.

[26]　Australian Institute of Health and Welfare, Australia's Health 2012, at 473-475.

[27]　これは医師会等の利益団体の反対もさることながら，賃金保障を中心とした社会保障を重視する「賃金稼得者の福祉国家」がオーストラリアにおける社会保障政策の基本的な考え方であったことを反映するものと解されている。オーストラリアの社会保障制度の歴史は，例えば，西村淳「社会保障・社会福祉の歴史と現状」小松隆二・塩野谷祐一編『先進諸国の社会保障2　ニュージーランド・オーストラリア』（東京大学出版会・1999年）201－220頁参照。なお，オーストラリアでは医療における民間の役割を重視する自由党・国民党連立政権と公的医療を重視する労働党との歴史的対立がみられる。

[28]　メディケア運営の財源は連邦政府からの歳出のほかメディケア税も充てられており，保険方式を採るわが国やドイツ，フランスの制度とは異なる。

Benefits Scheme）の三本柱で成り立っている。このうち，メディケア及びPBS[29]は連邦政府からの支出で賄われているが，公立病院は連邦政府及び州・地方政府が財源を分担して運営されている。

　また，オーストラリアの医療保障制度の特徴として，医師サービスへの価格（doctor fee）の決定が医師により自由になされるということが挙げられる。すなわち，医師サービスに対する公的給付制度であるメディケアによる償還額は診療報酬点数により決められているものの，それを上回る金額の請求に関し何ら規制があるわけでもないため，患者の自己負担額（償還額との差額）はどの医師を選ぶかで異なってくる。このような制度となっている背景には，医師の強大な政治力が反映されているという指摘がある[30]。さらに，2004年にわが国の高額療養費制度に該当するメディケア・セイフティ・ネット（Medicare Safety Net）が導入されている。

　オーストラリアの医療保障制度に関するその他の特徴として，民間の医療保険のシェアが比較的高いという点が挙げられる。これは1984年にメディケアが導入されるまで全国民を対象とした普遍的な医療保障制度がなくそれを民間保険がカバーしていたことや，公立病院における救急以外の手術に関する待ち時間の長さや医師の選択権といった，公立病院の使い勝手の悪さを民間保険の給付によりカバーしようというニーズがあることなどが挙げられる[31]。民間病院の収入の半分程度は民間保険の給付であり，当該保険は民間病院の経営を左右する存在である。ただし，メディケア導入後はシェアが低下し，諸外国との比較では必ずしも高いとは言えないところである（前掲図表３－５参照）。

　なお，低所得者を除く納税者の課税所得の1.5％について課税されるメディケア税（Medicare levy，1976年に導入）及び民間医療保険未加入の高額所得者に対して課税所得の１％につき付加的に課税される付加メディケア税（Medicare levy surcharge，1997年に導入）があり，社会保障財源等に充てられるが，いずれも目的税ではなく一般財源である。

---

[29]　PBSはその支出の80％以上が年金生活者，低所得層への支出であり，医療保障制度の公平性の観点から評価が高い。丸山前掲注22書14頁。
[30]　丸山前掲注22書９－10頁。なお，医師がメディケアから直接支払いを受けるバルクビリング（bulk billing）を採用すれば患者負担はなくなる。医療機関にとってバルクビリングは患者負担分を放棄することを意味するが，一方で未収金の発生を防ぐとともに，集患に寄与するというメリットがある。西田和弘「オーストラリア」加藤智章・西田和弘編『世界の医療保障』（法律文化社・2013年）135頁。
[31]　丸山前掲注22書15頁。

5　わが国の医療制度

(1)　わが国の医療制度の基本理念

　わが国における医療制度の内容を見る前に，まずわが国の医療制度を支える基本理念はどこに求められるのかを検討することが重要であろう。これは基本的に憲法が予定している[32]福祉国家（welfare state）の理念[33]に求められるのではないかと考えられる。以下でその理由を説明したい。

　まず，医療制度を含む社会保障制度[34]及びそれを具体的に実現するための法令である社会保障関連法は，いわゆる「生存権」を定める憲法25条がその根拠規定と考えられるためである[35]。生存権を含む社会権は，20世紀になって福祉国家の理念に基づき社会的・経済的弱者を保護し，実質的平等[36]を実現するために保障されるにいたった人権であると解されている[37]。すなわち，憲法25条では，1項で国民は健康で文化的な最低限度の生活を営む権利を有し，また2項で国は社会福祉，社会保障及び公衆衛生の向上及び増進に努めるべき義務が定められている[38]。これらは国家による社会への積極的な関与によって実現するものであり，診療報酬の公定化を含め医療政策が国家による統制色が強いのは，福祉国家の理念及び憲法25条に

---

[32] 租税の根拠を日本国憲法が予定している福祉国家の理念に求めるものとして，金子宏『租税法（第二十版）』（有斐閣・2014年）21-22頁参照。

[33] そもそも福祉国家という概念は多義的であるが，その母国であるイギリスのケインズやベヴァリッジの思想を踏まえて，ここでは芦部説の「国家が国民の福祉の増進をはかることを使命として，社会保障制度を整備し，完全雇用政策をはじめとする各種の経済政策を推進する国家」であると理解することとしたい。芦部信喜（高橋和之補訂）『憲法（第五版）』（岩波書店・2011年）16頁。ただし，社会保障給付費対GDP比の時系列分析に基づき，1980年代以降先進国中で福祉国家と「非福祉国家」の二極化が進行し，後者のカテゴリーに日本，アメリカ，イタリア及びオーストラリアの4か国が入るという社会学者の研究もみられる。富永健一「福祉国家の分解と日本の国際的位置」海外社会保障研究 Spring 2003 No.142　7頁参照。

[34] 社会保障制度審議会が昭和25年に内閣総理大臣に提出した「社会保障制度に関する勧告」の前文では，社会保障制度は社会保険，国家扶助（公的扶助），公衆衛生及び社会福祉の4つからなるとしている。

[35] 堀勝洋『社会保障法総論（第2版）』（東京大学出版会・2004年）123-124頁。

[36] ただし最高裁は，それを具体的に立法化するにあたっては，「国の財政事情を無視することができず，」立法府の広い裁量権に委ねられていると判示している。最高裁昭和57年7月7日判決・民集36巻7号1235頁（堀木訴訟）参照。

[37] 芦部前掲注33書258頁。

[38] 憲法25条の規定を受けて，国民健康保険法，国民年金法，雇用保険法，高齢者の医療の確保に関する法律，介護保険法といった社会保障関連法が制定されている。

その根拠が求められるといえる。

　次に，医療制度は個人の健康の維持・回復に関して主たる役割を果たすが，それは憲法13条で規定される生命，自由及び幸福追求に対する国民の権利（幸福追求権）の前提となるものであり，国家による医療保障及びそれを実現するための社会保障関連法の制定は憲法13条からも要請されるといえる[39]。わが国における医療保障の柱となる国民皆保険は公的医療保険への強制加入及び徴収という個人の自由を制限する側面があるが，憲法13条でいう「自由」とは自律的な個人の「自由」であり，そのような個人は福祉国家の理念を具体的に実現するような社会保障制度を能動的に選択し，参加及び負担する主体であるということになる[40]。

　上記のような福祉国家の理念に基づき実施されるわが国の医療制度ないし医療保障制度の特徴は，一般に，国民皆保険，フリーアクセス，現物給付及び出来高払いの診療報酬制度ということができるだろう[41]。そこで本節の以下では，まず国民皆保険となっている公的医療保険制度の意義とその歴史を概観し，次に国民皆保険の意義と機能を検討するとともに，診療報酬制度の特徴である現物給付の意義と機能を見ていくこととしたい。さらに，わが国の医療提供体制の特徴を検討し，その問題点と今後の展望に触れることとする。

　なお，わが国の社会保障制度に関し，公的医療保険制度は国民皆保険，公的年金制度は国民皆年金であると一般に称されているが，同じ公的保険制度であっても医療保険と年金保険とでは大きな違いがある。それは，公的医療保険と公的年金保険のうち厚生年金・共済年金等はいずれも拠出の段階では所得に応じて保険料を支払うのであるが，給付の段階では厚生年金・共済年金等は支払った保険料に応じて年金を受けるのに対し，公的医療保険は所得の多寡[42]にかかわらず必要な医療を受けるという点である。すなわち，わが国の公的医療保険制度は一般に，医療の平等消費[43]，所得再分配機能が重視された制度であるといえる。

(2)　公的医療保険制度導入の経緯

　わが国の医療保障制度は，公的医療保険を中心に，それを補う形で公費医療及び医療扶助がなされている。

　わが国の公的医療保険制度は，福祉国家の理念が織り込まれた現行憲法の施行に

---

[39] 堀前掲注35書100－101頁。
[40] 堀前掲注35書101－102頁。
[41] 島崎謙治「わが国の医療保険制度の歴史と展開」遠藤久夫・池上直己編著『医療保険・診療報酬制度』（勁草書房・2005年）2頁。
[42] 高額療養費の負担限度額は所得水準が低い者ほど低く設定されており，その点に関しては所得再分配機能が働いている（健康保険法115条，国民健康保険法57条の2）。
[43] 加藤智章・菊池馨実・倉田聡・前田雅子『社会保障法（第5版）』（有斐閣・2013年）166頁。

先立つこと約50年前，ドイツで1882年（明治15年）に制定された疾病保険法に範をとった，後藤新平の発案により内務省が明治31年に起案した疾病保険法案に端を発する[44]。しかし，当該法案は時期尚早として日の目を見ず，しばらく公的医療保険導入の議論が下火となったが，大正期に入り，第一次世界大戦後の深刻な不況により緊迫した労使関係を背景にその改善策として，政府は労働組合法や失業保険法とともに労働政策立法の一環として，再び疾病保険法の制定を検討することとなった。その結果，高橋是清内閣において農商務省[45]は，大正11年に労働保険調査会の答申に基づき「健康保険法案」を議会に提出した。当該法案は，労働者を保護し，労使の協調と融和を図ることを意図して立案されたものであるが，当時の他の労働立法である工場法が成立・施行までかなりもめたにもかかわらず，わずか10日余りの審議ののち同法案が可決成立となった[46]。当該健康保険の適用対象は原則として事業所に常時勤務する従業員に限定された，いわゆる職域保険であった。また，健康保険法に基づく健康保険事業の実施に係る費用は，保険料及び国庫負担で賄うこととされ，保険料については導入当初から原則として事業主と労働者の折半であった（労使折半の原則[47]）。

健康保険法の施行から遅れることほぼ10年後の昭和13年に，国民健康保険法が制定された。国民健康保険法の立法趣旨は，既に施行されている健康保険法ではカバーされない都市部の自営業者及び農民を医療保険の対象にすることであり，中でも貧困と衛生状態の悪化が深刻化していた東北地方等の農村部の中産階級以下の農民を救済することにあった。

戦後間もなく現行憲法が施行され，医療保障の分野についても，敗戦によって崩壊寸前となった健康保険制度の再建と国民皆保険制度の確立への取り組みが始まった。戦後のわが国の社会保障政策の青写真は，昭和25年10月に吉田内閣に対してなされた社会保障制度審議会の勧告により描かれ，医療保障は社会保険によることが強調された[48]。その後高度成長期に入り経済規模が拡大する中で，その恩恵が及ばない低所得層を中心とした約3,000万人にも及ぶ公的医療保険の未適用者の存在が大きな社会問題となっていった[49]。そこで，岸内閣は昭和33年に，市町村の区域内に住所を有する者はすべて[50]国民健康保険の強制被保険者とする国民皆保険の規

[44) 吉原健二・和田勝『日本医療保険制度史』（東洋経済新報社・1999年）13-14頁。

45) 健康保険法の立案は農商務省によってなされたが，大正11年に内務省の外局として社会局が設置されると，同法の所管は社会局に移された。

46) 吉原・和田前掲注44書38-42頁。ただし，翌大正12年の関東大震災及びその復興事業の影響から同法の施行は昭和2年まで延期されている。

47) 以来被用者保険では労災保険（原則として使用者が負担，労働保険の保険料等の徴収に関する法律31条1項・4項）を除きこの原則がほぼ適用されている。

48) 吉原・和田前掲注44書134-138頁。

49) 吉原・和田前掲注44書152-153頁。

定を盛り込んだ新国民健康保険法案を国会に提出し、同法案は12月に成立した後翌年1月1日から施行された。同法の施行を受け、国民健康保険は昭和36年4月1日から全都道府県で実施された[51]。

公的医療保険の未適用者はこうして解消されたが、一方で給付率[52]は保険者によりまちまちであった。そこで政府が国民健康保険の給付率を7割に統一するため国庫負担を引き上げるといった措置を講じた結果、昭和38年には世帯主の7割給付が、昭和49年度中に家族についても7割給付が実施された。ここに公的医療保険の適用と給付の両面における皆保険が達成された[53]。

現在のわが国における公的医療保険の概要は図表3－7のとおりである。

公的医療保険は職域保険[54]と地域保険とに分けられる[55]。職域保険には、中小企業の従業員が中心の全国健康保険協会管掌健康保険（協会けんぽ[56]）、大企業と

図表3－7　わが国における主要な公的医療保険の概要（平成25年3月末現在）

	国民健康保険（市町村管掌）	全国健康保険協会管掌健康保険	組合管掌健康保険	共済組合	後期高齢者医療制度
保険者数	1,717人	1人	1,431人	85人	47人
加入者数	3,466万人	3,510万人	2,935万人	900万人	1,517万人
加入者平均年齢（注）	50.4歳	36.4歳	34.3歳	33.3歳	82.0歳
加入者一人当たり医療費（注）	31.6万円	16.1万円	14.4万円	14.8万円	91.9万円

（注）平成24年度
（出典）厚生労働省ホームページより筆者作成

---

[50] 他の公的医療保険の被保険者とその被扶養者を除く。
[51] ただし奄美大島の無医村の1町5村を除く。厚生省編『昭和36年度版厚生白書』第二部第五章第二節一参照。
[52] 保険診療に関し保険から支払われる割合をいう。一方、窓口で患者（被保険者）が支払う割合を負担率という。
[53] 吉原・和田前掲注44書168－170頁。
[54] 公的医療保険には、その被保険者資格を職業・職種等を基準に判断する職域保険と居住地域等を基準に判断する地域保険とがある。加藤他前掲注43書154頁。
[55] そのほかに公的扶助（生活保護）の対象となっている者（211万人）が受ける医療扶助（国民健康保険に準拠、生活保護法52条）がある。生活保護は国民健康保険の対象ではないため、わが国の公的医療保障は国民皆保険ではなく「国民皆保障」というべきという議論もあり得るが、わが国の医療保障制度は生活保護世帯をも含めカバーし、その費用は原則として社会保険制度が採られていることに鑑みると、生活保護に係る医療扶助も含めて国民皆保険と呼ぶのが妥当と考えられる。島崎前掲注41論文44頁注3参照。

そのグループ企業の従業員が中心の組合管掌健康保険，国家公務員共済組合，地方公務員等共済組合及び日本私立学校振興・共済事業団の三つからなる共済組合，船員保険及び建設業や医師といった同業者団体を母体とする国民健康保険組合（国保組合）がある。また，地域保険としては，国民健康保険の大部分を占める市町村管掌国民健康保険（市町村国保）がある。さらに，75歳以上の高齢者及び65歳以上75歳未満の高齢者で政令[57]に定める程度の障害状態にある者については，平成20年4月から施行された都道府県単位の後期高齢医療制度の被保険者となる。

(3) 公的医療保険制度の特色

わが国の公的医療保険制度の特色として挙げられるのは，いわゆる「国民皆保険制度」，「フリーアクセス」及び「現物給付」という3点である。

① 国民皆保険制度

このうち国民皆保険とは一般に，国民すべてが公的な医療保険に加入し，病気やけがをした場合に「誰でも」，「どこでも」，「いつでも」保険を使って医療を受けることができる制度をいう[58]。現行法においては，国民健康保険法により，すべての日本国民[59]について，居住する地域の市町村国保（特別区を含む）における被保険者資格が発生する（国民健康保険法5条）。ただし，市町村国保以外の公的医療保険（生活保護世帯を含む）に加入した場合，市町村国保の被保険者資格を喪失する（国民健康保険法6条）。職域保険についても同様に二重加入は認められていない（例えば，健康保険法3条1項）。すなわち，わが国の公的医療保険はすべての日本国民が加入する仕組みとなっているものの，重複加入は認められず，その被保険者資格は相互に排他的であるといえる[60]。要するにわが国の国民皆保険制度は，全国民がカバーされる国民健康保険がまず基底にあり，それよりも掛金等の面でやや有利な他の公的医療保険の加入者には国民健康保険ではなくそちらを適用する[61]，という法構造になっているということである。

---

[56] 従来は国（社会保険庁）が運営していたが，第1次安倍政権による平成18年の医療制度改革で平成20年10月以降その権限が公法人の全国健康保険協会に移管され，保険料率は都道府県単位で決定されることとなった。

[57] 高齢者の医療の確保に関する法律施行令別表（第3条関係）。

[58] 厚生労働省編『平成24年版厚生労働白書』42頁。

[59] ただし昭和56年の難民条約に伴う法改正により国籍条項は削除され，また，最高裁は，市町村の区域内で安定した生活を継続的に営み，将来にわたってこれを維持し続ける蓋然性が高いと認められる場合には，不法在留外国人であっても国民健康保険法5条にいう住所を有する者に当たると判断しており，市町村国保の適用可能性を拡大している。最高裁平成16年1月15日判決・民集58巻1号226頁。

[60] 加藤他前掲注43書155頁。

[61] 前述のとおり他の公的医療保険の加入者は国民健康保険の被保険者資格を喪失する（国民健康保険法6条）が，仮に他の公的医療保険よりも国民健康保険の条件的に有利であ

このような国民皆保険制度[62]は，保険制度により社会全体でリスクをシェアすることを通じて，患者が支払う医療費の自己負担額が軽減され，国民に対して良質かつ高度な医療を受ける機会を平等に保障する仕組みとなっており[63]，「病苦や早すぎる死，医療費の心配を回避するための社会的装置であり，人生を設計するうえでの基盤となるもの[64]」という評価が妥当といえよう。

　国民皆保険は保険料収入及び患者負担のみならず公費（国庫及び地方）により支えられている。厚生労働省[65]によれば，平成23年度の国民医療費（38兆5,850億円）の財源の内訳は，公費分[66]が14兆8,079億円（全体の38.4％），保険料分が18兆7,518億円（同48.6％），患者負担分が4兆7,416億円（同12.3％）となっており，保険制度を採りながら多額の財政負担（全体の4割弱）を余儀なくされていることが分かる。それでは，このような大きな財政負担を伴う国民皆保険の意義はどこに求めるべきだろうか。やはりこれも福祉国家の理念に基づく憲法25条の言う生存権，すなわち健康こそが個人の尊厳や誇りの源泉であり，そのための費用は福祉国家維持のための必要経費[67]ということになるのであろう。

　国民皆保険制度は，昭和25年10月に社会保障制度審議会が吉田内閣に提出した「社会保障制度に関する勧告」において説かれた「社会保障の中心をなすものは自らをして，それに必要な経費を拠出せしめるところの社会保険制度でなければならない」という理念と戦後の高度経済成長を背景に，職域保険ではカバーされない農山漁村民を主たるターゲットに戦前の昭和13年に導入された国民健康保険法に基づく国民健康保険を，全国民に適用することとしたものである。すなわち，高度経済成長により昭和31年版の経済白書では「もはや戦後ではない[68]」と宣言されたわが国の経済状況は，急速な景気回復・拡大の反面格差拡大も進行し，公的医療保険で

れば，当該規定を巡る紛争が生じる可能性があるだろう。
[62] わが国においては年金についても，国民すべてが国民年金制度に加入し，基礎年金の給付を受けるという仕組み（国民皆年金制度）となっている。
[63] 厚生労働省前掲注58書42頁。社会保険の機能は一般に，リスク分配と所得再分配にあるとされる。
[64] 新村拓『国民皆保険の時代』（法政大学出版局・2011年）5頁。
[65] 厚生労働省「平成23年度国民医療費の概況」1頁。
[66] うち国庫が10兆307億円（全体の26.0％），地方は4兆7,772億円（同12.4％）である。また，公費のうち医療扶助等の公費負担医療給付分は2兆7,931億円（同7.2％）である。
[67] 新村前掲注64書5頁。なお，わが国においては，公的保険制度と財政支出により公的医療保障が運営されているため，保険者及び国・地方公共団体の両者から医療費抑制のプレッシャーがかかることから，基本的に保険者からのみのアメリカや国及び州からのみのカナダと比較した場合，結果として特に1990年代までは国民医療費の伸びが抑えられてきたという指摘もある。池上直己・J.C. キャンベル『日本の医療』（中央公論新社・1996年）211－212頁参照。
[68] 経済企画庁編『経済白書（年次経済報告）』昭和31年版42頁。

カバーされない社会的弱者である「無保険者」をいかに救済するかが社会保障政策の大きな課題となっていた。そこで，石橋内閣は昭和31年に「国民健康保険法改正方針試案」及び「国民健康保険普及促進法要綱」を策定して医療保険未適用者を国民健康保険に吸収する計画を進め，それを引き継いだ岸内閣により，国民皆保険を定めた新国民健康保険法が昭和33年12月に公布，翌昭和34年1月に施行された。

ただし，国民皆保険はあくまで「建前」であり，アメリカほどではないにしても国民健康保険の滞納により相当数の無保険者[69]が現れているわが国の現状を鑑みると，税方式を採用している諸国の方が医療保障の普遍性という点では優っているということにも留意すべきであろう。特にわが国の公的保険制度はその4割弱を公的負担に頼っていることから，低所得ゆえに無保険状態となっている者の救済措置は現状よりも柔軟な対応が必要ではないかと考えられる。

② フリーアクセス

日本の医療の特徴として挙げられるもう一点はフリーアクセスである。「誰でも」，「どこでも」，「いつでも」保険を使って医療を受けることができるフリーアクセスとは一般に，保険証があれば国内どの医療機関でも診療を受けることができること，すなわち受診の制約の少なさを指すが，法的には，診療に従事する医師は，診療治療の求めがあった場合には，正当な事由がなければこれを拒んでならないという医師法19条の応召（招）義務規定もその構成要素と考えられる。

フリーアクセスは特に外来の受診しやすさにつながるが，1人当たりの年間外来受診回数に係るOECDの統計[70]によれば，わが国は13.1回とOECD諸国中最も多く，国際比較のデータから見てもわが国のそれが裏付けられる。また，後述第6節（2）のように，診察・入院の「待ち時間」は税方式の諸国と比較すると大きな問題となっていない。

フリーアクセスは患者にとって便利な仕組みであるが，一方で，本来専門医により重篤な患者を診るべき場所としての病院の外来や夜間救急に軽症患者が直接受診してしまっていることから[71]，病院の勤務医や医療スタッフの過重労働が問題となっている。これはイギリス等で採用されているGP制度により克服される点であ

---

[69] 国民健康保険に関し原則として1年以上保険料の滞納が続いた場合に交付される被保険者資格証明書交付世帯は平成24年6月1日現在で約29.1万世帯となっている。資格証明書交付世帯の場合，医療機関の窓口で一旦全額自己負担しなければならないことから，その大部分が事実上の無保険状態と考えられる。厚生労働省「平成23年度国民健康保険（市町村）の財政状況（速報）」7頁。

[70] OECD. StatExtracts, Doctors consultations, Number per capita in 2010. その他の主要国は，オーストラリア6.6回，カナダ7.4回，フランス6.7回，ドイツ9.9回，スウェーデン3回，イギリス5回（2009年），アメリカ4.1回（2009年）となっている。

[71] 軽症であっても24時間開いているコンビニを訪れるように気楽にかかるため，「コンビニ受診」と揶揄されることがある。

るが，フリーアクセスの利便性にどこまで制約を加えるべきか，医療資源の効率的活用や医療の質の向上との兼ね合いで今後何らかの妥協が必要となる項目であると考えられる。

③　現物給付

公的医療保険による医療サービスの提供を療養の給付というが，国民健康保険法にしろ健康保険法にしろ，療養の給付とは，診察，薬剤又は治療材料の支給，処置・手術その他の治療，居宅における療養上の管理及びその療養に伴う世話その他の看護，病院・診療所への入院及びその療養に伴う世話その他の看護を指し，いずれも現物給付であるということが分かる（国民健康保険法36①，健康保険法63①）。このように法律上，保険者が被保険者に医療サービスを現物で提供ないし給付する義務を負っていることを一般に現物給付原則という[72]。これに対し，保険制度を採用していても，被保険者が一旦全額治療費を支払い，事後的に保険者に保険請求する方法を償還払い方式といい，フランス[73]などで採用されている。

しかし，保険者は現物給付義務を履行するにあたり，自ら保険医療機関を経営し社会保険診療を提供することは稀で，通常は被保険者が選択した任意の保険医療機関に療養の給付を委託し，その際要した費用や報酬をその保険医療機関に支払うという仕組みがわが国においては広く普及している。

(4)　医療供給体制

わが国の医療供給体制の特徴は，自由開業医制の下で，診療所[74]から病院まで規模にかかわらず民間（私）が中心になって運営がなされている点である。これは戦後の昭和25年における医療法改正で医療法人制度が創設され，医療供給体制の量的拡大のために政策的に民間医療機関の参入を促したことや，高度成長期以降医療政策の軸足が公中心から私中心（医師会・歯科医師会主導）へとシフトしたこと[75]により確立していった。

ただし，民間医療機関の参入が完全に自由になされると，医療供給体制の地域的偏在が顕著となるため，地域の実情に合った医療提供体制を確保する目的で，都道府県は医療法上医療計画を定めることとされている（医療法30の3，30の4）。医療計画の内容は，二次（保健）医療圏単位の既存病床数が基準病床数を上回る地域（病床過剰地域）における病床規制と医療供給の整備目標の設定及び連携体制の確保の二点である[76]。

---

[72]　加藤他前掲注43書165頁。
[73]　笠木映里「フランスの医療制度－受診時の患者自己負担と私保険の特殊な役割－」クォータリー生活福祉研究65巻 Vol.17 No.1（2008年）3頁。
[74]　医療法上入院可能な病床数が19床以下の施設をいう（医療法1の5②）。
[75]　島崎謙治『日本の医療』（東京大学出版会・2011年）77－78頁。

図表3－8　病院数（人口百万人当たり）及び病床数（人口千人当たり）の国際比較（2010年）

	日本	アメリカ	ドイツ	フランス	カナダ	豪州
病院数	67.7	18.6	40.37	41.76	21.07	60.96
うち公的病院	12.12	4.93	10.42	14.7	20.87	34.08
公的病院の割合	17.90％	26.50％	25.81％	35.20％	99.05％	55.90％
病床数	13.51	3.05	8.25	6.43	2.75	3.77

（出典）　OECD. StatExtracts, Health Care Resources, Hospitals and Hospital beds in 2010. ただしイギリスの病院数のデータはなく，病床数は3である。

　高齢化社会が進行する中で医療需要は今後も増加し続ける一方で，供給元となる医療資源には限界があるため，それを効率的かつ効果的に供給するためには，医療資源の集中（高度先進医療を特定の病院で医療スタッフを集中させて行うこと）及び役割分担（急性期・亜急性期・慢性期といった患者のステージに見合った医療体制とすること）が必要となるが，これを一般に医療機関の機能分化という。欧米諸国との比較においてわが国の医療供給体制の問題点として挙げられるのが，医療機関の機能分化が不十分ということである。これはわが国の場合，診療所が規模の拡大を経て病院になったことや，高度成長期以降医療の量的拡大がなされた結果，医療の必要が低く本来は介護や福祉施設が対応すべき患者を医療機関が抱え込んだといった歴史的経緯や，フリーアクセスの保障により患者の振り分け（ゲートキーパー）がなされていないことなどがその理由である[77]。これが現在のわが国における医療供給体制の最大の問題点であるが，その解決のためには，高度医療の病床数を絞って専門的な医療スタッフを集中させる（医療密度を高める）規制を加えたり，プライマリ・ケアを担う家庭医（かかりつけ医）にゲートキーパー機能を持たせてフリーアクセスの部分的な制限を行うといった，わが国の公的医療保障制度の根幹部分の見直しが必要となることも考えられる。

6　医療政策の国際比較

(1)　医療費の国際比較

　OECD加盟主要国における医療や年金[78]を含めた一人当たりの社会支出（social

---

[76]　島崎前掲注75書374－377頁。先進諸国と比較して過剰な病床数は，治療終了後も必要なく入院し続けるといういわゆる「社会的入院」を生み出すなど問題視され続けている。
[77]　島崎前掲注75書312－313頁。
[78]　日本やイタリアにおいて一人当たりの社会支出の総額に占める年金の割合が高いのは，

図表3－9　OECD加盟主要国における一人当たりの社会支出（購買力平価ドル換算・2009年）

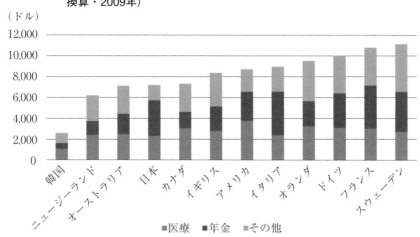

（出典）　OECD. StatExtracts, Social Expenditure-Aggregated data.

expenditure[79]）は図表3－9のとおりである。一人当たりの社会支出の総額は概ね欧州各国が大きく，日本とカナダ，オーストラリアが同水準である。

また，OECD加盟主要国における一人当たりの医療費及び医療費のGDP比率は次頁の図表3－10のようになる。

上記から明らかなように，アメリカは一人当たりの医療費及び医療費のGDP割合のいずれも他国から突出して高い国である。これは全国民を対象とした医療保障制度が上記調査時点において存在しないことがその主たる理由と考えられる。今後オバマ政権による医療保障制度改革（オバマケア）により多少状況は変化する可能性があるが，アメリカは保守派を中心に医療保障は国家の関与を排して極力自己責任で行うことを是とする勢力が大きな発言力を持っており，これはアメリカがいまだに連邦付加価値税を導入していないのと軌を一にするものである。

また，図表3－10のうち医療の提供と付加価値税との関係で特に取り上げておきたいのがニュージーランドである。ニュージーランドは付加価値税（GST[80]）の課税ベースが広い国として知られ，医療の提供に対しても標準税率で課税される数少ない国のひとつである。これについて「理想的な」付加価値税制を持つ国として称

社会の高齢化の進行を反映しているものと考えられる。片山信子「社会保障財政の国際比較」レファレンス平成20年10月号79－80頁参照。

[79]　社会保障給付とほぼ同義語である。なお，「その他」には福祉や家族，雇用，労災，公的扶助等が含まれる。

[80]　Goods and Services Tax Act 1985.

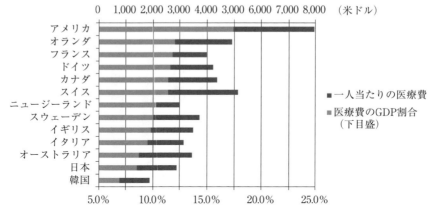

図表3-10 OECD加盟主要国における一人当たりの医療費及び医療費のGDP比率（2009年）

(注) 日本及びオーストラリアは2008年のデータである。またオランダは予想値である。
(出典) OECD Health Data 2011

賛されることもあるが，社会保障制度との関係を注意深く検討する必要があると思われる[81]。すなわち，ニュージーランドは1938年に当時としては画期的な社会保障法（Social Security Act）が制定されるなど，先進的な福祉国家として一般に知られていた[82]。医療政策はイギリスの影響が強く，公的医療保険制度ではなく租税により医療サービスが賄われ，1958年から公立病院であれば費用がかからない[83]。ところが無償の公立病院は予約待ちが多く，実際の診察まで相当期間要するため，富裕層を中心に全額自己負担の私立病院の利用を余儀なくされるという。ニュージーランドに付加価値税（GST）が導入されたのは1986年10月からであるが[84]，当時の

---

[81] 例えば，ニュージーランドのＧＳＴが単一税率・広い課税ベースを採っているのは「すでに確立している既存の社会保障制度ゆえに機能している」と指摘するものがあるが，ニュージーランドの社会保障制度の現状を見る限り疑問である。西山由美「EU付加価値税の現状と課題―マーリーズ・レビューを踏まえて―」フィナンシャル・レビュー2011年1月号163頁参照。

[82] ニュージーランドの社会保障制度の歴史については，小松隆二「社会保障・社会福祉の歴史と現状」『先進諸国の社会保障2　ニュージーランド・オーストラリア』（東京大学出版会・1999年）47-67頁参照。

[83] 武内砂由美「ニュージーランド社会保障研究の現在」大原社会問題研究所雑誌2002年2月号20頁。

[84] ニュージーランドにおいて食料品や医療等の生活必需品が非課税ないし軽減税率の適用対象とならなかったのは，付加価値税導入に伴う逆進性対策は所得税や社会保障を通じて行うという政治的な合意があったからという説明がなされている。See Commentary by Ian Dickson and David White, Dimensions of Tax Design, The Mirrlees Review, at

世界的な市場中心主義の流れ[85]を受け，ニュージーランドにおいても医療・社会福祉サービスの公的関与の後退（「高度福祉国家から普通の福祉国家へ[86]」）があった。1990年代以降もこの流れは続き，補助金の削減により公立病院の大幅な減少がみられ，代わって医療提供の大きな役割を私立病院が担って現在に至っている。医療政策の理念はわが国や欧州のものと共通点が多いが，実態は公的医療保障制度が貧弱なシンガポール[87]の実情（シンガポールも医療の提供に関し付加価値税は標準税率で課税される）に近づいているように見える。このような状況下では，医療を課税としてもそれほど違和感はないものと考えられる。

(2) 医療制度の国際比較

世界の医療保障制度は大きく，公的医療保険制度の国と税方式の国とに分けられる。税方式の場合財源は租税であるため，医療政策の立案・実施には政府のコントロールが強力に働くといえる。例えば税方式の場合予算により医療の供給量が決まるため，供給量に基づき優先順位をつけて配分を決めること[88]が医療政策の中心をなすといえる。一方公的医療保険制度の場合，主要な財源が保険料であり，その拠出者には被保険者（患者）のみならず企業・雇用主も含まれることから，医療政策にはそのような拠出者の意向も色濃く反映されることとなるため，政府のコントロールは相対的に弱いといえる[89]。両方式の違いが顕著に表れるのは診察・入院に関する「待ち時間」に関してであり，OECD のレポート[90]によれば，待ち時間が重大な政策課題となっている国はオーストラリア，イギリス，カナダ[91]といった税方式の諸国であり，その重要性が乏しい国はアメリカ，ドイツ，フランス，日本

404.

[85] ニュージーランドにおける当時の経済改革は，レーガノミクスやサッチャリズムに倣い，それを主導した財務大臣ロジャー・ダグラスの名をとって「ロジャーノミクス（Rogernomics）」と呼ばれている。

[86] 小松前掲注82書63頁。

[87] 公的医療保障制度としては，シンガポール政府（Central Providence Fund Board）が管理する医療費に充てる貯蓄制度（Medisave Scheme）がある。

[88] このメカニズムを「配給制」になぞらえる見解として，島崎前掲注75書150頁参照。

[89] もっとも，政府のコントロールの程度は，医療の供給に占める公的医療保障の割合がどの程度であるのかを反映している。一般に税方式を採用している国の方が医療の供給に占める公的医療保障の割合が大きいため，政府のコントロールの程度がより強いといえる。しかし，日本の場合医療機関の収入に占める保険診療の割合が高いため，診療報酬を通じたマクロ的な医療費のコントロールや政策誘導が比較的やりやすいといえる。

[90] Luigi Siciliani, Michael Borowitz and Valerie Moran, Waiting Time Policies in the Health Sector: What Works?, OECD Health Policy Studies (2013), at 25-26.

[91] カナダにおいては，救急ではない自国の病院への入院に要する待ち時間（数か月となることも珍しくない）ことを嫌って，比較的所得水準が高い層を中心に国境を越えてアメリカの病院にかかるという現象がみられる。

図表３－11　主要国の医療政策・医療指標の比較（概要）

	日本	アメリカ	イギリス	ドイツ	フランス	カナダ	豪州
公的医療保障（財政）	保険方式	限定的保険方式	税方式	保険方式	保険方式	税方式	税方式
根拠法	国民健康保険法等	社会保障法	国民保健サービス法	ライヒ保険法	社会保障法典	カナダ保健法	健康関連法修正法
公的医療保障（供給）	私中心	私中心	公中心	公中心	公中心	公中心	公私拮抗
総医療費対GDP比率(2009年)	8.5%	17.4%	9.8%	11.6%	11.8%	11.4%	8.7%
患者の自由度	フリーアクセス	加入保険に依存	なし	フリーアクセス	フリーアクセス	なし	なし
平均寿命（男女・2011年）[93]	83歳	79歳	80歳	81歳	82歳	82歳	82歳
千人当たり医師数(2011年)[94]	2.21人 (2010年)	2.46人	2.81人	3.84人	3.07人	2.44人*	3.53人*
千人当たり病床数(2011年)[95]	13.4床	3.05床 (2010年)	2.95床	8.27床	6.37床	2.75床	3.77床 (2010年)

（注）「千人当たりの医師数」のカナダ及びオーストラリアのデータは"professionally active physicians"である。

など保険方式[92]の諸国である。

　主要国の医療政策の概要と医療指標について比較表にしてみると，図表３－11のようになる。

　ただし，公的医療保障に関しては，図表３－11中の主要国ではアメリカを除き[96]，

---

[92] 保険方式といえども純粋に加入者の拠出金（保険料）のみで運営されているわけではなく，一定割合の税が投入されている。ドイツやフランスにおいては長らく公的医療保険に税は投入されていなかったが，保険料収入の伸び悩みと医療費支出の増大による収支赤字を解消するため，フランスでは1997年から一般社会拠出金（CSG: contribution sociale généraliseé，1991年に創設された社会保障財源に充当される目的税で，基本的に所得を課税ベースとする）が投入されている。また，ドイツにおいても2004年以降「保険になじまない給付」について国庫補助が行われており，連邦保健省によれば，2010年には公的医療保険の収入に占めるその割合が15.7％となっている。フランスの一般社会拠出金については，柴田洋二郎「フランス社会保障財源の『租税化』」海外社会保障研究 Summer 2012 No.179 22－25頁参照。ドイツの公的医療保険への国庫補助については，松本勝明「医療保険の公私関係－ドイツにおける変化と今後の方向－」フィナンシャル・レビュー2012年9月号92頁参照。

[93] WHO, World Health Statistics, Life expectancy 2011.

[94] OECD. StatExtracts, Practicing physicians, Density per 1,000 population (head counts) in 2011.

[95] OECD. StatExtracts, Hospital beds, Density per 1,000 population in 2011.

[96] アメリカも1965年に社会保障法修正法（Social Security Act Amendments of 1965）により導入された高齢者や低所得者を対象とする公的医療保障制度であるメディケア及びメディケイドに加えて，オバマ大統領の医療制度改革により2010年に成立した患者の保

税方式であれ保険方式であれ，国民に低廉かつ平等に医療を提供するという理念の下に国家のコントロールにより実施されていることには変わりがない。

7　小括

　本章では，医療に係る付加価値税の取扱いを検討するにあたり，まずその前提となる医療制度について確認した。本書において付加価値税制を検討することとなるイギリス，カナダ及びオーストラリア3か国の医療制度について言えば，カナダ及びオーストラリアがともにイギリスの制度の強い影響を受けていることから，3か国とも制度の基本において類似点が多いという特徴がある。また，3か国とも政府の財政支出（税方式）により公的医療保障制度が運営されている点で，公的医療保険制度（保険方式）を採用しているわが国とは異なる。しかし，公的医療保障が税方式か保険方式かについては本質的な差はなく，いずれの方式であっても国民に低廉かつ平等に医療を提供するという理念は共有しているものと考えられる。

護及び購入可能な医療の提供に関する法律（The Patient Protection and Affordable Care Act）で民間医療保険を活用した包括的な医療保障（米国型国民皆保険制度）を提供する体制が形成された。オバマ政権の医療制度改革については，天野拓『オバマの医療改革』（勁草書房・2013年）77-138頁参照。

第4章　イギリス及び EU における医療の提供に対する付加価値税の取扱い

1　はじめに

　本研究では付加価値税の比較法的研究として，イギリス及び EU 付加価値税指令，カナダ及びオーストラリアを取り上げる。これらの国を取り上げる理由は以下のとおりである。第一に，本研究のテーマである医療の提供に係る控除対象外消費税問題について，カナダは還付（rebate）制度，オーストラリアはゼロ税率の導入により一応の解決を図っていることから，両国の制度とその導入経緯を調査することによりわが国への示唆も少なくないと考えたためである。第二に，カナダ及びオーストラリアは付加価値税の導入に当たり英連邦の本国であるイギリスの法制度を参考にしており，3か国（ニュージーランドを加えた4か国）の比較法研究[1]も盛んに行われているためである。第三に，イギリスは付加価値税導入時及びその後の税制改正で軽減税率やゼロ税率，非課税といった課税ベースを浸食する措置を広範に採用したが，現在その見直しが国内からも EU からも強く要請されているところであり，付加価値税の税率構造のあり方を検討する際に参考になるためである。第四に，諸外国の付加価値税制への影響力が強い EU では，現在医療機関を含む公的機関に対する付加価値税の取扱いのあり方の検討がなされており，その議論からわが国への示唆を探る意義があると考えるためである。

　そこで本章では手始めに，消費税と同様の付加価値税制（Value Added Tax, VAT）を有する欧州の主要国であるイギリスにおいて，医療提供に係る付加価値税の取扱いを概観し，中でも非課税及びゼロ税率の適用状況を検討するとともに，欧州の付加価値税を規律している EU の付加価値税指令について検討することで，わが国における医療機関の控除対象外消費税問題に関する今後の示唆を得ようと試みるものである。

---

[1] 例えば，Rebecca Millar, Smoke and Mirrors: Applying the Full Taxation Model to Government under the Australian and New Zealand GST Laws, Edited by Rita de la Feria, VAT Exemptions, (2013) Wolters Kluwer, Catherine Whitby, First Do No Harm: GST and Health Care Services, *Revenue Law Journal:* Vol. 10 : Issue 1, Article 9 (2000), Ian Crawford, Michael Keen, and Stephen Smith, Value Added Tax and Excises, Dimensions of Tax Design: The Mirrlees Review (2010) などが挙げられる。

2 付加価値税導入の経緯とその後の経過

(1) イギリスにおける付加価値税の導入

　世界で最初に付加価値税を導入したとされるフランス[2]から遅れること20年後の1973年4月，イギリスにおいても間接税である選択的雇用税[3]（Selective Employment Tax）及び仕入税[4]（Purchase Tax）に代わって付加価値税（Value Added Tax）が導入された[5]。それに先立ちイギリスは1973年1月にEC（欧州共同体，当時はEEC）に加盟しているが，加盟に関する条件のひとつが付加価値税の導入であった。これはECの第二付加価値税指令[6]により加盟国に付加価値税の導入が要求されたことがその根拠とされた。

　イギリスの付加価値税導入はEC加盟という外的要因と，不合理な間接税を整理し付加価値税に統合するという内的要因のふたつの側面があった。すなわち，内的要因である税制改革については，既存の間接税のうち選択的雇用税は製造業及び農業を優遇しサービス産業に重課することとなる一方で，仕入税は複数税率が採用されかつサービス活動が課税対象から除かれるなど課税ベースが狭いといった問題点があり，その是正が求められていた。そのため，保守党政権は1971年3月に，選択的雇用税及び仕入税を廃止して付加価値税を導入すべきとする報告書[7]を出した。当該報告書は，選択的雇用税及び仕入税は消費及び生産活動に中立的ではないため，インフレ懸念や逆進性といった問題点はあるものの，課税ベースの広い単一税率[8]の消費課税である付加価値税の導入が望ましいとしていた。その後1972年3月にホワイトペーパー[9]が出され，1973年4月に選択的雇用税及び仕入税を廃止し新

---

[2] フランスにおける付加価値税導入の経緯については，例えば，ジョルジュ・エグレ（荒木和夫訳）『付加価値税』（白水社・1985年）参照。

[3] 1966年に導入された従業員数に応じて雇用主から徴収される税金であったが，製造業や農業については払い戻しが認められていた。

[4] 1940年から実施された卸売売上税の一種であった。

[5] イギリスの付加価値税法に関する先行研究としては，増田英敏「イギリスの付加価値税（Value Added Tax）の法構造」石島弘・木村弘之亮・玉國文敏・山下清兵衛編『納税者の保護と法の支配』（信山社・2007年）517-541頁がある。

[6] Second Council Directive 67/228/EEC of 11 April 1967 on the harmonisation of legislation of Member States concerning turnover taxes. 当該指令は1967年4月に公表された「ノイマルクレポート」に基づいて出されたものである。

[7] HMSO, Green Paper, *Value Added Tax*, Cmnd 4621 (1971).

[8] 当該報告書では非課税措置やゼロ税率の導入が付加価値税の課税ベースを狭めるという問題点も指摘されていた。Neil Warren, The UK Experience with VAT, *Revenue Law Journal*, Vol.3, Issue 2 (1993), at 77-78.

たに付加価値税を導入することが宣言された。付加価値税は1972年財政法が成立したことにより1973年4月から実施された。

(2) 付加価値税導入後の推移

イギリスの付加価値税に関しては，導入時において税率構造は標準税率10％及びゼロ税率の二種類だけであったが，標準税率は以後次第に引き上げられていった。イギリスの付加価値税における税率構造の推移は図表4－1のとおりである。

イギリスの付加価値税に係る税率構造の推移で興味深いのは，1974年に石油の消費を抑制する目的[10]で標準税率（8％）よりも相当程度高い超過（割増）税率（25％）が導入されたことである。翌1975年には超過税率の適用範囲はプレジャーボート，毛皮，宝飾品など一般に奢侈品（luxuries）といわれるものに拡大していったが，執行が複雑化し，また特定の産業の雇用減少など悪影響を及ぼしたため[11]，1976年に12.5％に引き下げられたのち，1979年に個人所得税減税に伴う標準

図表4－1　イギリス付加価値税の税率構造の推移

期　　　間	標準税率	超過税率	軽減税率
1973年4月－1974年7月	10％	－	－
1974年7月－1974年11月	8％	－	－
1974年11月－1975年4月	8％	25％	－
1975年5月－1976年4月	8％	25％	－
1976年4月－1979年6月	8％	12.5％	－
1979年6月－1991年3月	15％	－	－
1991年4月－1994年3月	17.5％	－	－
1994年4月－1997年8月	17.5％	－	8％
1997年9月－2008年11月	17.5％	－	5％
2008年12月－2009年12月	15％	－	5％
2010年1月－2011年1月	17.5％	－	5％
2011年1月4日以降	20％	－	5％

（出典）Shelagh Pearce and Stephen Taylor, British Tax Guide: Value Added Tax 2012-13, at xix.

---

[9] HMSO, White Paper, *Value Added Tax*, Cmnd 4929 (1972).
[10] 当時 OPEC による価格の引上げにより既に石油の消費が減少していた。Neil Warren, *supra* note 8, at 80.
[11] Neil Warren, *supra* note 8, at 81.

税率の15%への大幅な引上げにより統合・廃止された。

イギリスの付加価値税法はその後1983年に大改正（Value Added Tax Act ("VATA") 1983）がなされたが，1980年代は保守党政権が続いたため税率構造の変動はなかった。次の大きな改正は，固定資産税を人頭税（Poll Tax or Community Charge）に切り替える地方税改革との兼ね合いで1991年に行われた。すなわち，保守党政権による人頭税の導入は国民の大きな反発を浴び頓挫したため，その縮小に伴う税収減の穴埋めに付加価値税の標準税率が17.5％に引き上げられたのである[12]。1994年にさらに改正（VATA 1994）が行われて初めて軽減税率 8 ％が導入され，1997年にそれが 5 ％に引き下げられてからしばらく税率構造に変動はなかった。2008年にはリーマンショック後の不況に対処するため標準税率を一旦15％に引き下げたのち，不況対策に関する財政支出を賄うため二段階の税率引上げを行って現在に至っている。

3　税率構造と仕入税額控除制度

(1)　イギリス付加価値税の税率構造

欧州においては前述の付加価値税指令により加盟各国の付加価値税制が標準化される傾向にあり，一般に，法人税や所得税といった所得課税のようには国ごとによる際立った相違点が見られない。しかし，イギリスの付加価値税制は欧州の他の諸国の付加価値税制と比較すると一部で際立った相違点がみられる。それは，ゼロ税率（zero-rating）の適用範囲が広いということである。そこで，標準税率が20％であるイギリス付加価値税の税率構造については，まずゼロ税率をみていくこととする。

① ゼロ税率

付加価値税法によれば以下のような資産の譲渡又はサービスの提供に関しゼロ税率が適用される（s30 and Schedule 8 of VATA 1994[13]）。

ア．紙幣
イ．書籍・新聞・雑誌
ウ．移動住宅（caravans[14]）及び居住用の船（houseboats）
エ．寄贈品

---

[12] なお，人頭税は1993年にカウンシルタックス（Council Tax）に切り替えられているが，それに伴う付加価値税の税率引上げはなされていない。
[13] Group1～16（14（免税店）は1999年に削除され欠番）に分類されている。
[14] 2013年 4 月 6 日以降一定の英国標準（British Standard）を満たしたものに限る。満たさないものは軽減税率の適用となる。

第4章 イギリス及びEUにおける医療の提供に対する付加価値税の取扱い

オ．子供服及び靴（作業用）
カ．一定の建物の建築[15]
キ．医薬品・身体障害者用器具
ク．食料品
ケ．金
コ．輸出品
サ．国際サービス
シ．保存対象の建物（protected buildings）
ス．上下水道
セ．視覚障害者用器具
ソ．公共交通

　医療提供の観点からいえば，キの医薬品に関しゼロ税率が適用されるのが注目される。しかし，医療・福祉サービスの提供に関してはイギリスにおいてもゼロ税率の適用はない。

② 軽減税率
　付加価値税法によれば以下のような資産の譲渡又はサービスの提供に関し軽減税率（reduced rate）が適用される（s29A and Schedule 7A of VATA 1994[16]）。

ア．家庭用燃料[17]及び冷暖房機器
イ．省エネ機器（energy savings materials）の設置
ウ．補助金による暖房機器，セキュリティー用品，ガス供給の配管の設置
エ．生理用品
オ．チャイルドシート
カ．住居の間取り変更費用
キ．住居の改装費用
ケ．避妊具（contraceptives）：2006年に新たに規定された（The Value Added Tax (Reduced Rate) Order 2006）
コ．福祉アドバイスの提供：2006年に新たに規定された（The Value Added Tax

---

[15] 一定の適格住宅や共同住宅，慈善団体が使用する建物の新築などをいう。また，非居住用建物の一定の適格住宅や共同住宅への改装費用などは5％の軽減税率が適用される。HM Revenue & Customs, Notice 708, Buildings and construction, November 2011.参照。
[16] Group1～15に分類されている。
[17] もともと燃料全般につきゼロ税率が適用されていたが，欧州委員会から第6次指令の規定に照らしてその適用範囲が広すぎると提訴され，欧州司法裁判所で欧州委員会の主張が認められたことから，ゼロ税率の適用は家庭用燃料など社会政策的意義があるものに限定された。See, Judgment of 21 June 1988 Case 416/85, *Commission of the European Communities v United Kingdom of Great Britain and Northern Ireland*.なお，1994年から軽減税率の適用に改められている。

127

(Reduced Rate) Order 2006)
サ．高齢者向け福祉器具：2007年に新たに規定された（The Value Added Tax (Reduced Rate) Order 2007)
シ．禁煙補助剤（smoking cessation products）：2007年に新たに規定された（The Value Added Tax (Reduced Rate) Order 2007)
ス．移動住宅（caravans）：2012年に新たに規定された（c14 of Finance Act 2012）

イギリスは1973年の付加価値税導入以来1994年まで軽減税率が存在しなかったが，1994年にそれが導入されるとその後順次適用範囲を拡大している[18]。軽減税率が導入された主たる理由は，中期的な税収確保の一環である。すなわち，それまでゼロ税率が適用されていた家庭用燃料及び冷暖房機器（前記ア）について軽減税率（8％）の適用とすることで，税収増が望めるというものである[19]。また，付加価値税指令との関係も考慮された。当時の第6次指令（EC 6th VAT Directive (77/388/EEC)）第28条(2)(b)（現行の付加価値税指令第113条）では，1991年1月1日時点においてゼロ税率が適用されていた譲渡等につき軽減税率の適用とすることが認められており，新たに家庭用燃料及び冷暖房機器について軽減税率の適用とすることは当該規定に従っているというのも導入趣旨であった[20]。なお，上記イの省エネ機器の設置に係る軽減税率の適用については，欧州委員会から付加価値税指令に反すると提訴され，現在欧州司法裁判所で審理中である[21]。

イギリスにおける軽減税率導入の経緯とその後の展開は，わが国の消費税における軽減税率導入の議論にも示唆を与えるものとなるだろう。

③　非課税

付加価値税法によれば以下のような資産の譲渡又はサービスの提供は非課税（exemption）とされる（s31 and Schedule 9 of VATA 1994[22]）。

ア．土地
イ．保険
ウ．郵便事業
エ．宝くじ等
オ．金融

---

[18] ただし，移動住宅についてはゼロ税率適用のものが一部移管されたということであり，課税ベースの浸食防止という観点では望ましい方向の改正といえよう。
[19] HM Treasury, Financial Statement and Budget Report 1993-94, at 7. ただし，当初の予定では1995年4月から標準税率（17.5％）の適用とすることで更なる税収増を目論んでいたが，翌年の予算審議で否決され，軽減税率の適用のまま据え置かれた。
[20] HM Revenue & Customs, VFUP 1000 – Introduction.
[21] European Commission, Taxation: Commission takes the UK to Court over reduced rate (Press Release), 21 February 2013.
[22] Group1〜12に分類されている。

カ．教育
キ．医療及び福祉
ク．埋葬及び火葬
ケ．商工団体，同業者団体及びその他の公益団体への寄付
コ．スポーツ
サ．美術品
シ．非営利団体による募金活動
セ．文化活動
ソ．金への投資

　医療の提供に関する非課税措置については，本章第 4 節にて詳述する。

(2)　仕入税額控除制度の概要

　イギリスの付加価値税は仕入に係る税額を控除することによって課税の累積を排除する仕組みとなっており，この仕入に係る税額を控除する仕組みを仕入税額控除（input tax recovery or deduction）という。仕入税額控除が認められる要件は以下のとおりである（s 24 of the VAT Act 1994）。

① 事業者が課税事業者であること
② 事業者に対し供給（supply）がなされること，又は事業者が輸入したことにより付加価値税を支払うこととなったこと
③ 供給や輸入により税額が実際に生じたこと
④ 事業者が法人の場合その取締役が私的に使用するものでないこと
⑤ 供給されまた輸入した物品やサービスがその事業者の事業のために使用されるものであること

　イギリスの付加価値税制度においては，仕入税額控除を行うためその税額の証憑書類として仕入元が発行したインボイス（tax invoice）に基づき行うことが求められている（s 24(6)(a) of the VAT Act 1994）。なお，イギリスにおいてもインボイスの記載の不備や虚偽記載による仕入税額控除の否認をめぐる争い[23]が存在するが，ある裁判例では，その不備がマイナーなものであれば仕入税額控除は容認される旨判示されており[24]，課税庁は法令[25]で規定されたとおりの完璧なインボイス（"perfect" tax invoice）でなくとも課税仕入れの事実が裏付けられる証憑があれば仕入税額控除を認めることが求められている[26]。

---

[23]　占部裕典『租税法の解釈と立法政策Ⅱ』（信山社・2002年）537-538頁参照。
[24]　*Chavda (t/a Hare Wines)* [1993] BVC 1,515.
[25]　reg. 14 of Value Added Tax Regulations 1995 (SI 1995/2518) において詳細に規定されている。
[26]　Shelagh Pearce and Stephen Taylor, British Tax Guide: Value Added Tax 2012-13, at

(3) 非課税売上対応課税仕入税額の控除否認

イギリスの付加価値税制度においては，非課税売上に対応する課税仕入税額は仕入税額控除の対象から除外される。これを一般に部分的控除否認（partial exemption[27]）という（s 26 of the VAT Act 1994）。部分的控除否認は，課税売上のみならず非課税売上も計上する事業者に適用されることとなるが，事業者にとっては付加価値税の申告実務において最も手間のかかる作業を強いることとなる規定である。

仕入税額控除の部分的控除否認ルールの下では，控除対象仕入税額は以下のステップで計算される（HM Revenue & Customs, Notice 706, Partial exemption, June 2011, at 4-5）。

① 課税仕入れ税額のうち，課税売上にのみ直接対応するものと，非課税売上にのみ直接対応するものを抽出する（direct attribution of input tax）
② 課税売上と非課税売上とに共通して対応する課税仕入れ税額（residual input tax）について按分計算を行う（apportionment of residual input tax）
③ 期末に調整処理を行う（completion of an annual adjustment）

図表4－2　仕入税額控除の仕組みのフローチャート

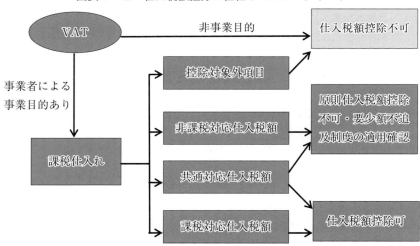

368.

27) これに対し，オーストラリアの付加価値税制で採用されている，（本来控除が認められていない）非課税売上対応課税仕入につき部分的に仕入税額控除を認める制度（第5章第7節参照）を部分控除制度（partial credit system）という。

①については，課税売上にのみ直接対応する課税仕入れ額は全額仕入税額控除の対象となり（recoverable），一方で非課税売上にのみ直接対応する課税仕入れ額は全額仕入税額控除の対象とならない（non-recoverable）。したがって，部分的控除否認制度の下での控除対象仕入税額は，課税仕入税額のうち課税売上にのみ直接対応するものの金額と，課税売上と非課税売上とに共通して対応するもののうち課税売上に相当する按分金額の合計額である。イギリスのVATにおける仕入税額控除の仕組みをフローチャートで示すと図表4－2のようになる（Notice 706, Partial exemption, June 2011, at 6）。

ただし，非課税売上に対応する課税仕入税額の割合が小さい場合には，後述（5）の少額不追及制度（de minimis rule）の適用により全額控除できる。

(4) 仕入控除税額の算定方法

部分的控除否認については，標準法と特殊法のふたつの方法がある。

① 標準法（standard method）

標準法はHMRC[28]が特殊法の採用を承認していない限り適用することができる。仮に標準法による仕入控除税額の算定方法が事業の実態に即していないと考えられる場合には，HMRCの承認により特殊法を採用することができる。

標準法においては，課税売上と非課税売上とに共通して対応する課税仕入れ税額（residual input tax）に対し，以下の算式で求められる按分割合を乗ずることで仕入控除税額を求めることとなる。

$$共通対応課税仕入税額按分割合(\%) = \frac{課税期間中の課税売上額（税抜）}{課税期間中の総売上額（税抜）} \times 100$$

標準法による仕入控除税額の計算においては，課税仕入れ税額を，課税売上にのみ直接対応するもの，非課税売上にのみ直接対応するもの，課税売上と非課税売上とに共通して対応するものの三つに分類する必要がある[29]。この分類は課税仕入れを行った時点における事業者の意図（intended use of supply at the time you receive purchases）により行うのが原則である[30]（Notice 706, Partial exemption, June 2011, at 36）。仮に課税仕入れの時点で利用目的が定まっていないときには，

---

[28] Her Majesty's Revenue and Customs（歳入関税庁）の略称で，2005年4月に内国歳入庁（Inland Revenue）と関税消費税庁（Her Majesty's Customs and Excise, HMCE）が合併して発足したイギリスにおける国税（関税を含む）及び国民保険料の執行官庁である。

[29] わが国の消費税法においても，仕入控除税額の計算に関する個別対応方式の場合，同様に三つに区分する必要があるが，このような課税仕入れの分類のことを一般に用途区分という。

[30] わが国においても同様の取扱いが通達（消基通11－2－20）で定められている。

当該課税仕入れは課税売上と非課税売上とに共通して対応するものに分類されることになる（Notice 706, Partial exemption, June 2011, at 37）。

なお，2009年4月1日から標準法について以下の簡便法の適用が可能となった。

ア．暫定按分割合（in-year provisional recovery rate）の使用

それまでの標準法においては，期中の仕入控除税額の計算には一定の方法により計算した按分割合を使用し，年度末に確定した按分割合を使用して最終的な調整計算を行う必要があった。しかし2009年4月1日より，按分割合につき前年度の確定した按分割合を使用して期中の仕入控除税額の計算ができるようになった。ただし，年度末に期中の按分割合を確定し，その割合に基づいて算定した最終的な仕入控除税額とそれまでの暫定按分割合による仕入控除税額との差額につき調整を行う必要がある。また，当該割合を使用した場合には，最終的に後述（5）の少額不追及制度（de minimis rule）の適用を受ける場合であっても，期中は前年度の按分割合を使用する必要がある。

イ．年度末調整の延長

2009年4月30日以降に終了する年度末から，事業者の選択により，年度終了後直ぐに行い第1四半期の申告[31]に反映させるべき年度末調整（annual adjustment）を第4四半期の申告まで先送りすることができる。

ウ．新規適用事業者の特例

新設法人・新規開業個人事業者やそれまで非課税売上がなかった事業者については，標準法によらずに仕入控除税額の計算を行うことができる。

エ．適用範囲の拡大

なお，資本資産（capital goods）の譲渡，臨時的な金融及び不動産取引，循環取引，英国外にある恒久的施設からの資産の譲渡については標準法の適用対象外取引となる。

標準法による仕入控除税額の計算例は以下のとおりである（Notice 706 Partial exemption, June 2011, at 12-13）。

＜前提＞
・課税仕入れ税額のうち課税売上にのみ直接対応するものの金額：£12,500
・課税仕入れ税額のうち非課税売上にのみ直接対応するものの金額：£7,500
・課税仕入れ税額のうち交際費に係るものの金額：£500
・課税売上と非課税売上とに共通して対応する課税仕入れ税額：£15,000
・税抜の課税売上額：£135,000
・非課税売上額：£55,000
・事業用の機械で期中に譲渡したものの金額（税抜）：£20,000

---

[31] VATの申告は通常四半期ごとに行う（Reg. 25(1) of VAT Regs 1995）。

第4章　イギリス及びEUにおける医療の提供に対する付加価値税の取扱い

　上記のうち交際費に係る課税仕入れ税額は控除対象外項目（blocked input tax）である。また，資本資産の譲渡は標準法の適用対象外取引であるため，計算において除外する必要がある。そのため，共通対応課税仕入れ税額按分割合は以下のとおりとなる。

$$\frac{£135,000 - £20,000}{£135,000 + £55,000 - £20,000} = \frac{£115,000}{£170,000} \times 100 = 67.65\% \to 68\%\text{（切り上げ）}$$

　したがって，共通して対応する課税仕入れ税額のうち控除対象となる税額及び控除不能税額は以下のとおりである。
　£15,000×68％＝£10,200（控除対象税額）
　£15,000－£10,200＝£4,800（控除不能税額）
　これから，仕入控除税額及び控除不能税額は以下のとおりとなる。
　仕入控除税額＝£12,500（直接対応分）＋£10,200（共通対応分のうち控除可能額）＝£22,700
　控除不能税額＝£7,500（直接対応分）＋£4,800（共通対応分のうち控除不能額）＝£12,300
　上記標準法により算出された仕入控除税額が本来の仕入控除税額と比較して相当程度（substantially）乖離している場合，仕入控除税額の調整がなされる。これを改定標準法（standard method override）という。ここでいう相当程度とは，乖離が£50,000ないし共通対応分の課税仕入れ税額の50％（かつ£25,000）を超える場合をいう（Notice 706 Partial exemption, June 2011, at 13）。改定標準法が用いられるのは，ある年に多額の課税仕入れが生じたもののそれが後の売上げにつながらなかった場合や，ひとつの事業者が原価構造の全く異なるいくつかの事業を行っている場合などである。
　イギリスのVATにおける標準法は，わが国の消費税法においては仕入税額控除に関し個別対応方式（消法30②一）を選択して，共通対応仕入れにつき「課税売上割合（消法30⑥）」を適用する方法に相当する制度であると考えられる。
② 特例法（special method）
　標準法による仕入控除税額の計算では事業者の事業の実態にそぐわない（本来控除できるはずの水準にまで達していない）と考えられる場合には，HMRCへ申請し承認が得られれば，仕入税額控除の計算に関し標準法以外の方法，すなわち特例法を採用することができる。特例法が利用される典型的なケースは，同一の事業体において，地域・業務・機能などによりいくつかの異なった事業を行っていると考えられる場合である。
　特例法において課税売上と非課税売上とを分ける基準として，以下の要素が考えられる。

ア．売上高
イ．取引回数
ウ．従業員数ないし従業員の労働時間
エ．仕入高ないし課税仕入れ額
オ．床面積
カ．費用配賦
キ．管理コスト　など

　特例法の採用により計算される仕入控除税額が事業の実態にそぐわず公正かつ合理的とは言えない場合には，事業者からの申し出により別の方法へ変更されるか，HMRC から別の方法への変更が申し渡される（Special Method Override Notice）。
　イギリスのVATにおける特例法は，わが国の消費税法においては仕入税額控除に関し個別対応方式（消法30②一）を選択して，かつ，共通対応課税仕入れにつき税務署長の承認により「課税売上割合に準ずる割合（消法30③）」を適用する方法に相当する制度であると考えられる。

(5)　少額不追及制度

　非課税売上に対応する課税仕入れについては原則として仕入税額控除の対象外となるが，例外的に，非課税売上に対応する課税仕入れの額が少額の場合，その金額についても仕入税額控除が認められる。これを少額不追及制度（de minimis rule）という。イギリスにおいてはかつて，わが国のいわゆる「95％ルール」に類似した，一定の非課税売上割合以下の事業者については課税仕入れ税額を全額控除できる制度があったが，1987年に廃止され，現行制度のようになっている（Reg. 106 of VAT Regs 1995）。
　少額不追及制度の下では，非課税売上に対応する課税仕入れの額が以下のいずれの金額をも満たす場合には，その全額につき仕入税額控除が認められることとなる。
ア．課税期間における月平均£625以下（年間£7,500以下）
イ．課税仕入れ税額総額の2分の1（50％）以下
　ここでいう非課税売上に対応する課税仕入れの額とは，非課税売上に直接対応する課税仕入れの額と共通対応課税仕入れ税額のうち非課税売上に対応する部分の金額の合計額（ただし控除対象外項目（blocked input tax）を除く）である。

＜設例＞

非課税売上に直接対応する課税仕入れの額：	£7,500
共通対応課税仕入れ税額のうち非課税売上に対応する部分の金額：	£4,800
上記合計（非課税売上に対応する課税仕入れの額）：	£12,300
課税仕入れ税額総額：	£35,500

月平均額＝£12,300／12＝£1,025＞£625
　課税仕入れ税額総額に占める非課税売上に対応する課税仕入れの額
＝£12,300／£35,500＝34.65％＜50％
　上記のうち月平均額が£625を上回っているため，少額不追及制度の適用はない。

(6) 課税仕入れに関する使用意図の変更

　仕入税額控除の部分的控除否認ルールの下では，課税仕入れ税額を3つの用途に分類すること（用途区分）が求められるが，当該分類は課税仕入れを行った時点における事業者の意図により行うのが原則である。しかし，仕入れた物品等実際に使用する段階で仕入時の意図とは異なった目的で使用したため，用途区分が変更された場合，仕入控除税額の調整が必要となる。

　当初課税売上にのみ対応する課税仕入れとして用途区分を行っていたものを，実際に使用する段階で非課税売上にのみ対応するものか，又は課税売上と非課税売上に共通して対応するものに変更した場合には，仕入控除税額が過大となるため，その金額を追加的に納付ないし仕入控除税額から減額する必要がある（clawback）。また，当初課税売上と非課税売上に共通して対応する課税仕入れとして用途区分を行っていたものを，実際に使用する段階で非課税売上にのみ対応するものに変更した場合にも，同様に過大仕入控除税額を追加的に納付ないし仕入控除税額から減額する必要がある。

　これとは逆の調整が必要なケースもある。すなわち，当初非課税売上にのみ対応する課税仕入れとして用途区分を行っていたものを，実際に使用する段階で課税売上にのみ対応するものか，又は課税売上と非課税売上に共通して対応するものに変更した場合には，仕入控除税額が過小となるため，その金額を追加的に仕入控除税額の対象とする必要がある（payback）。また，当初課税売上と非課税売上に共通して対応する課税仕入れとして用途区分を行っていたものを，実際に使用する段階で課税売上にのみ対応するものに変更した場合にも，同様に過小仕入控除税額を追加的に仕入控除税額の対象とする必要がある。

(7) 税率構造と効率性

　付加価値税の税率構造が簡素であることが望ましいとされるのは，軽減税率やゼロ税率，非課税といった措置が導入されそれが複雑になればなるほど，事業者や課税庁にとってのコンプライアンスコスト[32]が上昇するばかりでなく，税収調達機能が阻害されるからである。付加価値税の効率性については既に第2章第8節で論

---

[32] 非課税に係るコスト上昇要因は，課税仕入れを課税売上対応と非課税売上対応，共通売上対応に仕分けし仕入控除税額を算定する部分的控除否認の規定に基づく。

じたとおりであるが，ここではイギリス内国歳入関税庁（HM Revenue & Customs, HMRC）の租税支出（tax expenditure）に関する統計[33]）をもとに，イギリスの付加価値税の税率構造と効率性について検討する。次に掲げる図表4－3が付加価値税におけるゼロ税率，軽減税率及び非課税措置に伴う税収減の推計である。

図表4－3　イギリス付加価値税における項目別税収減の推計

（単位：百万ポンド）

項　　目	2011－12年	2012－13年
ゼロ税率	34,200	35,950
食料品	14,950	15,450
新規住宅建設	5,800	6,500
国内公共交通	3,400	3,500
国際輸送（イギリス該当分）	250	300
書籍，新聞，雑誌	1,700	1,750
幼児服	1,750	1,800
上下水道	1,900	2,000
処方薬	2,900	3,000
慈善団体への売上	250	300
特定の船舶及び航空機	700	750
身体障害者物品	600	600
軽減税率	5,250	5,400
家庭用燃料	5,050	5,200
一定の住居改装費用	200	200
非課税	21,150	20,900
住宅の賃貸料	6,600	6,850
一定の事業用資産の譲渡	450	500
教育	2,550	2,650
医療	2,000	2,050
郵便	250	250
埋葬	150	150
金融・保険	5,800	5,000
宝くじなど	1,650	1,700
免税事業者	1,700	1,750

---

[33]）HM Revenue & Customs, Estimated cost of the principal tax expenditure and structural reliefs.

第4章　イギリス及びEUにおける医療の提供に対する付加価値税の取扱い

　2011-12年及び2012-13年の付加価値税収がそれぞれ98,292百万ポンド及び100,572百万ポンド[34]であるため，非課税による税収減が付加価値税収に占める割合はそれぞれ21.5％及び20.8％と相当な割合を占めており，ゼロ税率や軽減税率とも相まって[35]，課税ベースの浸食が甚だしい状況を呈している。

　なお，前頁図表4-3に関して留意すべきは，非課税の中に免税事業者（事業者登録すべき課税売上高に達していないため付加価値税の納付を免除される事業者）の非課税措置が含まれる一方，付加価値税の課税対象外と扱われるものの実質的には非課税と同視される公的機関（人的非課税）に係る措置が除かれているという点である。

4　医療の提供に対する付加価値税の取扱い

(1)　医療の提供に係る付加価値税の取扱い

　イギリスにおける医療の提供に係る付加価値税の取扱いについて，イギリス内国歳入関税庁（HMRC）が発遣している告示[36]を基に以下で見ていくこととする。
① 医療従事者の意義
　告示がカバーしている医療従事者（health professional）は以下の者を指す（Notice 2.1）。
ア．医師
イ．視力矯正士（optometrists and dispensing opticians）
ウ．セラピスト，栄養士等（Health Professional Order 2001に基づき登録された専門家）
エ．整骨師（osteopaths）
オ．カイロプラクター（chiropractors）
カ．看護師，助産師，巡回保健師（health visitors）
キ．歯科医師，歯科衛生士，歯科技工士
ク．薬剤師
② 非課税となる医療サービスの要件
　上記①に該当する医療従事者が以下の要件を満たすサービスを提供する場合，付加価値税は非課税となる（Notice 2.3）。

---

[34] HM Revenue & Customs, HMRC Tax and NIC Receipts, August 2013.
[35] 三者による税収減の付加価値税収に占める割合は2011-12年が61.7％，2012-13年が61.9％と極めて大きいと言わざるを得ない。
[36] HM Revenue & Customs, Notice 701/57, Health professionals and pharmaceutical products, November 2011. 本文中では当該告示を"Notice"と称することとする。

ア．医療従事者が登録に基づくサービスを提供すること
イ．提供する医療サービスの内容が人の健康の維持・回復の目的で行うものであること

　医療サービスの提供が非課税となるか否かを判断する際には，特に当該イの要件が重要である。
　また，歯科医師，歯科衛生士又は歯科技工士が行う歯科治療や入れ歯等の補綴物の提供も非課税となる（Notice 10.1）。ただし，歯ブラシや歯磨き等の販売は標準税率で課税される。
③　課税となる医療サービス
　以下に掲げる医療サービス（例示）については，付加価値税が標準税率（2011年1月4日より20％）で課される（Notice 2.5）。
ア．医療従事者が登録された業務以外の業務を提供した場合（ただし医師等の監督下又は病院等で提供される場合を除く）
イ．人の健康の診断，維持，回復，治療の目的で行うものではない場合。具体的には，実父確定検査（paternity testing）や雑誌への寄稿などをいう。
ウ．薬剤師の監督下で提供されるサービス
エ．一般管理業務の範疇内のもの。具体的には人物評価書（推薦状）の作成など。
オ．医療従事者の派遣業務（ただし特定の看護師派遣業務を除く）。
④　健康診断
　新規雇用者が就職前に受ける健康診断は，被用者が応募者を雇用するかどうか判断する目的で行うことから，付加価値税が標準税率で課税される（Notice 4.11）。
　一方，雇用後になされる健康診断については，以下の要件を満たす場合，雇用者の健康を守る目的で行われることから，付加価値税は非課税となる。
ア．雇用者が業務を遂行するのに十分な健康状態であることを確認するものであること
イ．今後の業務が雇用者の健康に悪影響を及ぼすため，そのリスクを最小限にするよう推奨するものであること
ウ．健康状態から早期退職が適切であることを判断するためのものであること
⑤　法令に基づき行われる医療サービス
　法令に基づきなされる医療サービスのうち，料金が発生しないもの（例えば死亡診断書の発行など）は付加価値税の課税対象外である（Notice 4.13）。また，法令により医師の関与が強制される医療サービス（例えば，公衆衛生の観点から患者の罹患した伝染病や食中毒について地方公共団体に提出する報告書の作成など）についても，付加価値税の課税対象外（outside scope of VAT）である。一方，実父確定のための血液検査は，法令により医師の関与が義務付けられていないため，その料金は標準税率で付加価値税が課される。

⑥ 法廷での鑑定

　裁判所から法廷において医師の専門的な観点から証拠についての鑑定が求められる場合があるが，特別の法令（Supreme Court Act of 1981[37]）に基づくものでない限り，当該サービスは第三者（裁判所）の判断に資するものとして提供されることから，鑑定料は旅費等の実費も含め標準税率で付加価値税が課される[38]（Notice 4.14）。

　ただし，医師としての専門的な知見を求められて法廷に呼ばれた場合ではなく，単に一般市民として法廷に証人として呼ばれた場合の実費は，付加価値税の課税対象外である。

(2) イギリスにおける医薬品の提供に係る付加価値税の取扱い

　次に，医療の提供と密接な関わりのある医薬品の取扱いについてみていく。

① 治療時における医薬品の提供

　付加価値税が非課税となる治療時において医薬品を提供する場合には，当該医薬品の付加価値税が非課税（exempt）となる（Notice 3.1）。後述する③の処方薬の提供と異なり，ゼロ税率ではないことに留意すべきであろう。

　ただし，NHS（National Health Service）の下，医薬品の取扱いが許可されているGP[39]（General Practitioner）が患者に処方した医薬品についてNHSから受ける医薬品代金[40]は，付加価値税についてゼロ税率が適用される（Notice 7.4）。

② 市販薬の販売

　医師の処方箋なしに購入できる市販薬の販売については，付加価値税が標準税率で課される。

③ ゼロ税率の適用を受ける医薬品の提供

　以下の要件を満たす医薬品（処方薬）の提供はゼロ税率の適用を受ける（Notice 3.2）。

ア．患者個人の使用のため提供されること
イ．病院内での治療に使用されないこと
ウ．登録された薬剤師により提供されること

---

[37] 高等法院（High Court）の求めに応じ専門家が証拠の鑑定を行い法廷で証言を行うことを定めた法律で，鑑定料や実費については付加価値税の課税対象外である。
[38] 欧州司法裁判所による同様の判決として，Case C-307/01, *Peter d'Ambrumenil and Dispute Resolution Services Ltd v. Commissioners of Customs & Excise*, [2003] ECR I-13989. などがある。
[39] NHSを支える医師で，「かかりつけ医」の役割を果たし，さらに病院で専門的な検査・治療を受けるかどうか判断する門番（gatekeeper）として機能する。第3章第2節参照。
[40] イギリスの公的医療保障システムであるNHSは税金で運営され，原則として患者の負担はない。第3章第2節参照。

エ．医師，歯科医師又は特定の医療従事者（relevant practitioner）によって処方されるものであること
④ 禁煙補助剤

上記③の要件を満たす禁煙補助剤（smoking cessation products，パッチ，ガム，吸入器など）もゼロ税率の適用を受ける（Notice 3.4）。そのほかの禁煙補助剤の提供は，ネット販売を含め5％の軽減税率（reduced rate）の適用を受ける（s29A and Group 11 of Schedule 7A to the VATA 1994, VAT (Reduced Rate) Order 2007 (SI 2007/1601)）。

⑤ 薬剤師による健康相談

薬局で購入できる医薬品（OTC薬品）などについて薬剤師が行うアドバイスについての料金は付加価値税が非課税となる（Notice 11.4.5）。ただし，同時に販売する医薬品については標準税率で課税される。

⑥ 身体障害者に対するサポート

身体障害者に対する医薬品の販売に関し，1995年身体障害者差別防止法（Disability Discrimination Act 1995）に基づき薬剤師が特別に行うサポート，例えば視覚障害者のための特別なラベルの貼付や服薬忘れを防止するためのチャートの作成などは，販売される医薬品がゼロ税率の適用を受ける場合には同様にゼロ税率となる（Notice 11.4.6）。

⑦ 薬剤師による高度なサービスの提供

薬剤師が行う医薬品服用に関するレビューや処方介入（prescription intervention）については高度サービス（advanced services）に該当し，その料金は付加価値税が非課税となる（Notice 11.6）。

(3) イギリスにおける介護サービスの提供に係る付加価値税の取扱い

イギリスにおいては一定の介護サービス（care services）について付加価値税が非課税となる。以下で介護サービスの提供に係る付加価値税の取扱いについてみていくこととする。

① 登録された医療従事者による介護サービスの提供

登録された医療従事者による介護サービスの提供は，前述（1）②の要件に該当する場合，付加価値税は非課税となる。

② 未登録の医療従事者による介護サービスの提供

未登録の医療従事者による介護サービスの提供は，以下の要件に該当する場合に限り付加価値税が非課税となる（Notice 5.2）。要件を満たさない場合には標準税率で付加価値税が課される。

ア．登録された医療従事者（薬剤師を除く）が直接かつ定期的に監督すること

登録された医療従事者一人当たりの未登録の医療従事者を監督する時間が週

2,000時間を超えない（仮に登録された医療従事者が毎日24時間監督するとして，監督可能な未登録の医療従事者の上限は約11.9人）といった要件が付されている。
イ．病院又は介護施設（nursing home）で提供すること
　国が監督するホスピス（hospices）で未登録の医療従事者が提供する介護サービスも付加価値税が非課税となる。

(4) イギリスにおける医療従事者の付加価値税の控除

　イギリスにおける医療従事者の付加価値税に係る控除（仕入税額控除）の方法については，他の事業者と特に変わるところがない。付加価値税の登録事業者である医療従事者は，仕入れに係る付加価値税（input tax）は課税売上（標準税率ないしゼロ税率）に直接関係するもの（directly attributable to）のみ控除することができるが，非課税売上にのみ対応するものは控除できない。課税売上と非課税売上との両方に対応する仕入税額については，課税売上に対応する部分のみ按分して控除することとなる。

　通常，医療従事者は課税売上及び非課税売上の双方の売上げがあるので，仕入税額控除の計算上，仕入税額につき以下の三つに分類することが求められる。
① 課税売上及び非課税売上の双方に対応するもの
　例えば，一般管理費や医療機器の購入費用などが該当する。
② 課税売上のみに対応するもの
　例えば，美容整形の手術にかかる費用やNHSの下，医薬品の取扱いが許可されているGPが患者に処方した医薬品に係る仕入れなどが該当する。
③ 非課税売上のみに対応するもの
　例えば，治療の際使用する医薬品の仕入れなどが該当する。
　イギリスにおける上記の考え方は，わが国消費税法の仕入税額控除に係る個別対応方式（消法30②一）の仕組みと同様であると考えられる。

(5) イギリスにおける判例の動向

　イギリスにおける医療・福祉の提供に関する付加価値税の取扱いをめぐる判例について，以下で代表的なものを二つ取り上げてみる。
① 医療行為に関する付加価値税非課税と第6次指令との関係
　これは，イギリスの付加価値税法における医療行為に関する非課税規定がEC第6次指令（1977 Sixth VAT Directive(77/388/EEC)）に違反するかが争われた事案である[41]。イギリスの付加価値税法においては，非課税となる医療行為（medical

---

[41] *Commissions of the European Communities v. United Kingdom of Great Britain and Northern Ireland*, Case 353/85, 1988 STC 257 (ECJ 1988).

care）は以下の要件に該当する者によるものと規定されていた。
ア．登録された医師
イ．登録された歯科医師
ウ．1958年眼鏡士法（the Opticians Act 1958）に基づき登録された検眼眼鏡士（ophthalmic opticians），眼鏡調整士（dispensing opticians）又は同法に基づき検眼等を行う法人

　イギリス政府は，第6次指令13A条(a)(1)(c)に規定される「医療行為」には，医療行為そのものだけでなく医療行為の一環として提供される物品も含まれると主張した。一方ECは，同条項の適用は医療行為のみに限定され，物品の提供はそれが医療行為の一環として提供され，かつ，医療行為の対価の金額に含まれている場合でない限り適用されないと主張した。

　これに対し欧州司法裁判所は次のように判断した。まず第6次指令13A条(a)(1)(b)は，病院や診療所のみならず法律上それらと密接な関係のある組織において行われる医療行為や診断も非課税となる旨が定められている。一方，13A条(a)(1)(c)は，「医師及び医療従事者による医療行為の提供（provision）」が非課税となると定められている。当該条項の意味するところは，治療行為の一環として必要な少額の物品の提供を除き，医薬品の提供や医師等の処方箋に基づく眼鏡の提供といった行為は，物理的にも経済的にも医療行為の提供から分離される（dissociable）ということである。したがって，イギリス政府の第6次指令13A条(a)(1)(c)に規定される「医療行為」の解釈には誤りがあり，イギリスの付加価値税法の規定は第6次指令に違反する，とされた。

② ヨガの施術と医療行為との関係

　この事案は，イギリスの関税間接税庁（HM Customs and Excise，現在のHM Revenue & Customsの前身）が慈善団体の登録をしているヨガ教室の受講料に対して付加価値税を課税したところ，ヨガ教室の経営者が，ヨガは第6次指令13A条(a)(1)(g)に規定される社会福祉と密接なかかわりがあり非課税であるとして，当該課税の取り消しを求めて提訴したものである[42]。

　ヨガ教室の主宰者は医療従事者ではなく，またヨガ教室には医師が常駐していなかったが，医療コンサルタントのアドバイスが受けられる状況であった。また，ヨガ教室はヨガにより病気が治るということをうたってはいなかったが，裁判所は精神的・肉体的な健康状態の改善にヨガが一定の役割を果たしていると認定した。

　裁判所は，第6次指令13A条(a)(1)(g)は慈善団体による社会福祉と密接にかかわるサービスや物品の提供は非課税であるとした。本件で争点となったのは「福祉

---

[42] *Yoga for Health Foundation v. Customs and Excise Commissioners*, [1984] STC 630, [1985] 1 CMLR 340 (Q. B. Div.).

（welfare）」の意義であるが，ここでいう「福祉」には困窮者の救済や高齢者の生活保護にとどまらず，肉体的・精神的な健康回復に関する活動をも含むと判断された。したがって，ヨガ教室のヨガの受講料に対して付加価値税を課税することは第6次指令13A条(a)(1)(g)に違反すると判断された。

イギリス国内の裁判所による当該判決は前述①と比較すると医療行為の範囲を広くとらえたものであるが，欧州司法裁判所は一般に非課税となる医療行為の範囲を厳格にとらえる傾向にあり，それが各国の税法解釈にも影響を及ぼしている。

(6) 日英の制度比較

医療の提供及び医薬品に係る消費税・付加価値税の取扱いに関する日本とイギリスの比較を行うと図表4-4のようになる。

この比較図表から，以下の点が言えるだろう。

① 非課税となる医療の範囲

日本の場合非課税となる医療の範囲は社会保険診療と助産だけであり，自由診療は原則として課税対象となる。一方，イギリスの場合，日本のような公的医療保険制度がないため単純比較ができないが，健康の維持・回復目的の医療サービスは非課税となるため，日本において自由診療の対象となる医療（例えばレーシックなど）も非課税となる可能性がある。したがって，日本よりもイギリスの方が非課税

図表4-4 医療・介護サービス・医薬品に係る消費税・付加価値税の取扱いに関する日英比較（2014年4月現在）

	日　本	イギリス
標準税率	8％（うち1.7％は地方消費税）	20％
医療の提供	社会保険診療や助産は非課税	登録された医療従事者による健康の維持・回復目的の医療サービスは非課税
課税となる医療の提供	自由診療（助産を除く）など	美容外科等
介護サービス	介護福祉法に基づく保険給付の対象となるサービスは非課税	登録された医療従事者による健康の維持・回復目的の介護サービスは非課税
医薬品	社会保険診療に基づく処方薬は非課税	薬剤師による処方薬やNHSの許可を受けたGPによる処方薬はゼロ税率。治療時の医薬品の提供は非課税

となる医療サービスの範囲が広いものと考えられる。

患者側にとってみれば,イギリスの制度の方がよいといえようが,医師・医療機関側から見れば必ずしもそうではない。なぜなら,非課税売上の場合対応する仕入れに関する税額控除ができないからである。イギリスの方が非課税の範囲が広いということは,仕入控除税額がそれだけ圧縮されるということを意味する。しかしイギリスの場合,公的医療保障であるNHSは税によって賄われており,控除不能な仕入税額が生じても税で補填されると考えられるなど,医療機関は原則として経営リスク[43]を負うことがないため,わが国とは状況が異なると考えられる。

② 処方薬のゼロ税率適用

日本において処方薬は原則非課税であるが,イギリスではゼロ税率となる。患者側から見ればいずれであっても差はないが,薬局や医療機関側から見れば差は大きい。すなわち,日本では処方薬の提供に関しても控除対象外消費税の問題が生じるが,イギリスでは医薬品の仕入れに係る付加価値税が原則として全額控除できるのである。

イギリスの取扱いは日本においても参考になるであろう。仮に日本においても処方薬についてゼロ税率の適用とすべきという提案をする場合には,医療機関の公共性との比較で,薬局の公共性はどうなのか[44]というのが今後議論の焦点となるのではないだろうか。

5　EU付加価値税指令と医療非課税

(1)　欧州における医療の提供に係る付加価値税の取扱い

既にみたとおり,わが国の消費税法においては,医療・福祉サービスの提供に関して,特別の政策的配慮から非課税とされている(消法6,別表第1六七八十)。これは次頁の図表4－5で見るとおり,欧州における取扱いと一致している。欧州において医療の提供に関し付加価値税を非課税としている国は多いが,ゼロ税率や

---

[43] ここでいう経営リスクとは,赤字決算となった場合,その赤字を自らが稼得する収益で補填する(補填できない場合存続が困難になる)ことをいうものとする。

[44] 例えば,薬局はその売上げに関して処方薬以外の医薬品や各種雑貨等の販売の占める割合が少なくなく,そのような収益構造を前提にすると,消費税について措置すべきか議論となるであろう。また,調剤薬局の中には日本全国にチェーン展開し株式を公開している大企業や,高額な役員報酬を支払っている企業もあり,そのような企業の営利性をどうとらえるのかも問題となり得る。さらに,医療機関と一体経営の院内薬局と独立した経営主体(個人事業主又は株式会社形態が多い)院外薬局とで収益構造が異なるという点も,医薬分業という政策との兼ね合いも踏まえて検討すべきである。

[45] Council Directive VAT 2006/112/EC of 28 November 2006 on the common system of

第4章 イギリス及びEUにおける医療の提供に対する付加価値税の取扱い

図表4−5 欧州における医療の提供に関する付加価値税の適用税率（2014年）

非　課　税	軽減税率	ゼロ税率
オーストリア（20％），ベルギー（21％），チェコ（21％），デンマーク（25％），フィンランド（24％），フランス（20％），ドイツ（19％），ギリシャ（23％），ハンガリー（27％），アイルランド（25.5％），イタリア（22％），ルクセンブルク（15％），オランダ（21％），ノルウェー（25％），ポーランド（23％），ルーマニア（24％），スロバキア（20％），スペイン（21％），スウェーデン（25％），イギリス（20％）	なし	なし

(注)　カッコ内は標準税率である。
(出典)　KPMG's Corporate and Indirect Tax Survey 2014

図表4−6 欧州における医薬品に関する付加価値税の適用税率（2014年）

非課税	軽減税率	ゼロ税率
なし	ベルギー（6％），フィンランド（10％），フランス（5.5％又は2.1％），ギリシャ（6.5％），ハンガリー（5％），ルクセンブルク（3％），オランダ（6％），ポーランド（8％），ルーマニア（9％），スロバキア（10％），スペイン[47]（4％）	アイルランド（経口薬），スウェーデン（処方薬），イギリス（処方薬）

(注)　カッコ内は軽減税率である。
(出典)　KPMG's Corporate and Indirect Tax Survey 2014

軽減税率を適用している国はみられない。これは，EUの付加価値税指令[45]第132条(1)(b)で，医療の提供が原則非課税とされていることによるものと考えられる。

一方，図表4−6で見るとおり医薬品の販売は非課税ではなく軽減税率による国が多く，イギリスやスウェーデンでは処方薬についてゼロ税率が適用されている。

---

value added taxを指し，以下「付加価値税指令」と称する。当該付加価値税指令は1977年の第6次指令（Council Directive 77/388/EEC of 17 May 1977 on the harmonisation of the laws of the Member States relating to turnover taxes）を全面改正したものである。なお，欧州連合の機能に関する条約（Treaty on the Functioning of the European Union, TFEU）第288条によれば，EUはその権限の行使のために構成国に対して法行為を採択するが，そのうち拘束力のあるものが規則（regulation），指令（directive）及び決定（decision）である。このうち規則は直接適用が可能で一旦発効すると自動的に国内法となるが，指令は達成されるべき結果のみ拘束され，それを遂げる手段及び方法は指令の対象となる加盟国の機関に委ねられるという点が異なる。すなわち，指令の内容の実現には国内法化のプロセスを要するということになる。中西優美子『EU法』（新世社・2012年）114−116頁参照。

これも付加価値税指令第98条(2)で別表3[46]（Annex III）に掲げる項目については軽減税率の適用対象とすることができる旨が規定されており，その中に医薬品（pharmaceutical products）が掲げられていることによるものである。

(2) 付加価値税指令における非課税規定

付加価値税指令で非課税について規定しているのは，人的非課税に関する第3章（Title III–Taxable Persons）と，物的非課税に関する第9章（Title IX–Exemption）である。

人的非課税が規定されているのは第3章のうちの13条であり，その第1項では国，地方公共団体，公法（public law）により規定されるその他の公的機関（public bodies）は，その提供するサービス等に対する料金や手数料等を徴収している場合であっても，課税事業者とは取り扱わない旨が明らかにされている[48]。ただし（however），公的機関を非課税事業者と取り扱うことにより課税事業者との競争が阻害される場合には，課税事業者と取り扱うとされている（13条1項但書）。

公的機関に対してこのような取扱いを行う理由としては，一般に，公的機関は営利活動を（ほとんど）行っておらず，行っている場合も通常価値財（merit goods）を提供しており，課税しない方が逆進性緩和の観点から望ましいこと，また，税金で運営される公的機関の提供するサービスに付加価値税を課税することは，単に国・地方公共団体を含めた公的機関同士で税金のやり取りを行っているにすぎず意味がないため，と解されている[49]。一方で，非課税措置は付加価値税の課税ベースを浸食し，控除不能税額の発生を回避する目的で事業者による垂直的統合（外部委託サービスを内部化する）を引き起こす上，非課税売上に対応する仕入税額控除の区分計算（比例控除[50]）を余儀なくされるためコンプライアンスコストが上昇するなど，課税の歪みや中立性の観点から問題視されている[51]。そのため同項では，このような国等の公的機関の提供するサービス等につき，当該機関を付加価

---

[46] 別表3に掲げられるその他の項目は，食料品（foodsuffs），飲料水，福祉用医療器具，公共交通，書籍，新聞，美術館等の入場料等である。

[47] スペインは医療器具や医薬品の範囲を広くとらえて軽減税率の適用（10%）を行っているが，EUに提訴され欧州司法裁判所で付加価値税指令第96条及び98条(2)に反するとの裁定を受けている。Judgment of the Court (Third Chamber) of 17 January 2013, *European Commission v Kingdom of Spain*, Case C-360/11. なお，2014年4月現在で国内法（BOE No 312 of 29 December 1992）の改正はまだ行われていない。

[48] 当該規定は公法人の事業者適格を定めた条項であるとも理解できる。西山由美「消費課税における公法人の事業者適格」税大ジャーナル13号（2010年）57頁参照。

[49] Oskar Henkow, The VAT/GST Treatment of Public Bodies, Wolters Kluwer (2013), at 5.

[50] 後述第3項参照。

[51] Oskar Henkow, *supra* note 49, at 9-11.

値税の課税事業者と取り扱わないことにより課税の歪みや不公正な競争を引き起こす場合には，課税事業者として取り扱う旨も定められている[52]。

非課税事業者である国等の公的機関の提供するサービスの具体的内容は通信，電気・ガス・水道の供給，港湾事業，公共交通，展示会，倉庫事業などで，いずれも付加価値税指令のAnnex Iに列挙されている。

物的非課税に関する第9章（131条〜166条）は10の節（chapter）からなり，その内容は以下のとおりである。ただし，第4・6〜8・10節はゼロ税率を意味する。

第1節：総論（General provision）
第2節：公共利益に適う活動に関する非課税（Exemptions for certain activities in the public interest）
第3節：その他の活動に関する非課税（Exemptions for other activities）
第4節：域内取引に関する非課税（Exemptions for intra-community transactions）
第5節：輸入非課税（Exemptions on importation）
第6節：輸出非課税（Exemptions on exportation）
第7節：国際運輸に係る非課税（Exemptions related to international transport）
第8節：輸出と取り扱われる取引に係る非課税（Exemptions relating to certain transactions treated as exports）
第9節：仲介者によるサービスの提供に関する非課税（Exemptions for the supply of services by intermediaries）
第10章：国際通商取引に係る非課税（Exemptions for transactions relating to international trade）

上記のうち，医療の提供に関する非課税は第2節（132条〜134条）で規定されている。中でも医療の提供については，132条(1)(b)(c)(e)に規定されるとおりである。すなわち，132条(1)(b)によれば，「公法で規律される事業体，公法で規律される事業体に類する事業体，病院，治療活動や診断を行うセンター，ないしこれらに類する正式に認められた組織により実施される病院事業，医療の提供又はそれに類する事業」が非課税とされる。また，132条(1)(c)によれば，「加盟国により規定される医療専門家及び医療従事者（paramedical profession）によってなされる医

---

[52] イギリス南部のワイト島（Isle of Wight）の公営駐車場を運営する地方公共団体が，公営駐車場は民間企業との競争を阻害しないとしてイギリス付加価値税法上自らは事業者とならず，よって既納税額の返還を求めた事案で，欧州司法裁判所は，競争の著しい（significant）阻害とは実際の又は潜在的な競争の歪みが無視できない程度をいうとして，原告の主張を斥けている。Case 288/07, *The Commissioners of Her Majesty's Revenue & Customs v Isle of Wight Council, Mid-Suffolk District Council, South Tyneside Metropolitan Borough Council, West Berkshire District Council*, Judgment of 16 September 2008.

療行為」が非課税とされる。さらに，132条(1)(e)によれば，「歯科医による歯科治療サービスの提供，及び，歯科医及び歯科技工士による歯科補綴物（dental prostheses）の提供」が非課税とされる。

そもそも欧州で上記の項目がなぜ非課税とされたのかであるが，その理由は取引高税（turnover tax）を付加価値税に転換する際，各国において取引高税で認められていた措置をある程度引き継がざるを得なかったという実務的な事情が大きかったとされるものの，理論的には一般に次の点から正当化されると整理される[53]。まず付加価値税の非課税措置は，社会政策的観点からのものと付加価値税を課すのが困難な取引に係るものとに分けられるが，そのうちの社会政策的観点からの非課税措置についてのひとつ目は，垂直的公平の観点から逆進性を緩和するため基礎的な産品には課税しないというものである。ふたつ目は価値財（merit goods）に係る非課税措置であり，正の外部性[54]（positive externalities）を有する価値財には付加価値税を課すべきではないというものである。価値財に該当するものは付加価値税指令のうち第2節「公共利益（public interest）に適う活動に関する非課税」に掲げられるものである。

もうひとつの，付加価値税を課すのが困難な取引に係る非課税措置であるが，その理由は課税技術上の問題であるとされる。当該類型に入るものは不動産，金融取引及び仲介プーリングサービス（intermediary pooling services）であり，付加価値税指令のうちの第3節「その他の活動に関する非課税（Exemptions for other activities）」がそれに該当する。

このうちの不動産についてみると，その中も居住用不動産とそれ以外に分けられ，事業用の不動産を含むそれ以外の不動産は通常課税される。一方，居住用不動産はその譲渡や賃料が非課税となるケースが多いが，後述第6節(3)の「課税選択（オプション）制度」により当該取引を課税とし，それに対応する仕入税額控除を認めるという措置を講じている国もみられる。

次に金融取引であるが，これも出資持分に対する投資と融資仲介サービスとに分けられる。まず出資持分に対する投資であるが，それに対する課税の困難さは，投資者の大部分が非事業者である個人であることに起因し，仕入税額控除が機能しないことにあり，結果として非課税としているというものである。もう一方の融資仲

---

[53] Rita de la Feria and Richard Krever, Ending VAT Exemptions: Towards a Post-Modern VAT, *Oxford University Centre for Business Taxation WP 12/28* (2012), at 17.

[54] 外部性（externalities）とは経済学の概念で，ある人の行動が周囲の人の経済厚生に金銭の補償なく影響を及ぼすことをいう。正の外部性とは周囲の人に好影響を与えることで，本件に即して言えば，医療を非課税とするという措置は，国民の健康増進を通じて国民全体に好影響を及ぼすという効果があることをいうものと考えられる。N・グレゴリー・マンキュー（足立英之・石川城太・小川英治・地主敏樹・中馬宏之・柳川隆訳）『マンキュー経済学Ⅰミクロ編（第3版）』（東洋経済新報社・2013年）284－285頁参照。

介サービス（loan intermediary services）であるが，手数料が明示されておらず，非事業者である個人が取引に介在することから課税が困難であるため[55]，結果として非課税としている。金融取引については，非課税取引のため仕入税額控除が認められない事業者が本来よりも重課税となっていることから[56]，オーストラリアやニュージーランドのようにゼロ税率を導入すべきという提案がなされているが，それは付加価値税の税収減につながるため，リーマンショック後の金融機関に対する課税強化が叫ばれている欧州では実現は困難と見られている[57]。

最後の仲介プーリングサービスであるが，これは宝くじや公営賭博，保険のようにサービス提供者が参加者から金銭を徴収して基金を作り，契約に基づき参加者に基金から金銭を分配するサービスである。保険についてもサービスの仲介者の機能を測定することが困難であるという課税技術上の問題で非課税とされ，代替的に別途保険税を課する国[58]が多かった。欧州域外では生命保険と損害保険の取扱いを区分する動きがみられ，例えばニュージーランドでは損害保険は標準税率で課税される一方，生命保険は原則非課税であるものの，事業者間取引は非課税とゼロ税率との選択が可能である[59]ことから，欧州においても示唆に富む課税方法であると考えられている。宝くじや公営賭博についても保険と同様の理由で非課税とされている[60]。しかし，宝くじや公営賭博の参加者はすべて最終消費者であると考えられることから，賭け金と払戻金の差額が付加価値であるとして当該マージンに課税すればよいという提案がなされている[61]。

なお，欧州における付加価値税に係る非課税措置の見直し論議については，本章第6節で見ていくこととする。

(3) 仕入税額控除制度

付加価値税制において事業者は，その事業者が仕入れた財や受けたサービスに対して課された付加価値税（課税仕入税額）を自らの付加価値税の申告において控除

---

[55] 金融仲介機能に対する付加価値税の課税については，第2章第4節第1項参照。
[56] 裏返せば，消費者が非課税のメリットを受けて本来より軽課税となっている。
[57] Rita de la Feria and Richard Krever, *supra* note 53, at 25.
[58] 例えばイギリスでは，保険料に対して原則税率6％の保険税（Insurance Premium Tax）を課している。
[59] ニュージーランドの保険取引に係る付加価値税の取扱いについては，辻美枝「保険取引への消費課税」税法学565号（2011年）149－169頁参照。
[60] なお，宝くじのコールセンター業務を請け負っている会社のサービスが非課税となるか争われた事案では，欧州司法裁判所はコールセンター業務について付加価値税指令で非課税とされる賭け取引（betting transaction）には該当しないと判示した。Case C-89/05, *United Utilities plc v Commissioners of Customs & Excise*, [2006] ECR I-6813.
[61] Rita de la Feria and Richard Krever, *supra* note 53, at 27.

する権利を有するが，当該仕組み，すなわち仕入税額控除は付加価値税制において必要不可欠な制度である[62]。付加価値税指令では仕入税額控除制度について168条において規定されており，それによれば，課税事業者は以下の取引に係る付加価値税を控除することができるとされている。

① EU加盟国間における課税事業者から仕入れた財やサービスに課された付加価値税
② 同指令18条(a)及び27条に規定された財やサービスに課された付加価値税
③ 同指令2条(1)(b)(i)に規定されたEU加盟国内仕入れに課された付加価値税
④ 同指令21条及び22条の規定に基づきEU加盟国内仕入れと取り扱われた取引に課された付加価値税
⑤ EU加盟国への輸入取引に課された付加価値税

仕入税額控除の意義であるが，株式の譲渡費用に係る仕入税額控除が争われた裁判例（先決裁定[63]）では，欧州司法裁判所は，株式の譲渡費用に係る仕入税額控除が可能となるのは，当該費用と課税事業者の事業全体との間に直接かつ密接な関係（a direct and immediate link）がある場合に限られると判示した[64]。また，欧州司法裁判所は仕入税額控除の適用範囲を比較的広範に認める傾向にあり，例えば，ドイツの個人事業者が自家用車を事業の用にも供していた時に，事業の用に供した部分につき仕入税額控除を認めるよう求めた事案で，事業の用に供した部分がいかに小さくとも（however small the proportion of business use）その部分につき仕入税額控除が認められるべきと判示している[65]。

次に仕入税額控除のタイミングであるが，付加価値税指令167条によればそれは控除可能な税額が課された時期（at the time the deductible tax becomes charge-

---

[62] Oskar Henkow, supra note 49, at 71.
[63] 先決裁定（preliminary ruling）とは，EU加盟国の国内裁判所においてEU法の解釈・適用に疑義が生じた場合，国内裁判所が欧州司法裁判所に当該疑問点について付託し，欧州司法裁判所がそれに応える手続きのことを指す。中西前掲注45書239-241頁参照。租税法の分野における欧州司法裁判所の機能については，坂巻綾望「欧州連合司法裁判所の動向」租税研究2010年9月号349-359頁参照。
[64] Judgment of 29 October 2009 Case 29/08 *Skatteverket v AB SKF*. 当該事件では，非課税取引である完全子会社の持株の譲渡につき，その譲渡費用（コンサルティング費用など）がグループ再編に関し直接かつ密接な関係がある場合には，当該課税仕入れに係る仕入税額控除が可能とされた。
[65] Judgment of 11 July 1991 Case 97/90 *Hansgeorg Lennartz, Munich v Finanzamt München III*. 一方日本の消費税の場合，岡村教授が指摘するように，実務上，個人事業主の仕入税額控除は所得税の必要経費算入の基準に準拠する取扱いがなされているため，所得税法施行令第96条第2号の規定に該当しない限り仕入税額控除が認められない可能性が高いものと考えられる。岡村忠生「消費課税とヒューマン・キャピタル」日本租税研究協会第65回研究大会記録（日本租税研究協会・2013年）60-61頁参照。

able)とされている。これは一般に「即時控除の原則」を示した規定であると考えられる。

　付加価値税制においては通常，事業者が課税売上と非課税売上の双方の売上がある場合，それに対応する仕入れに係る税額のうち課税売上に対応する仕入税額のみ控除できる。当該仕組みをイギリスでは部分的控除否認（partial exemption）と呼んでいるが，付加価値税指令では特に比例控除（proportional deduction）と呼び，173条から175条においてそれが規定されている。すなわち，課税仕入れに係る付加価値税額を何らかの基準で課税売上に対応するものと非課税売上に対応するものとに区分・分類し，そのうち課税売上に対応する税額のみ仕入税額控除の対象とするというものである。

　ただし，実務上，当該分類の作業は事業者・課税庁双方にとって容易ではなく，双方が合意できるような合理的な基準をなかなか見いだせないでいる[66]。特に，課税売上と非課税売上の双方に共通して対応する課税仕入れをどのような基準で分類するのかが問題となる。当然のことながら，当該分類作業により仕入控除税額が異なってくるため，事業者・課税庁双方ともその作業には神経を使うこととなる。そのため，分類基準を求められた付加価値税指令においては，基本的に按分方式（pro-rata rule）によることを提示している。按分方式とは仕入控除税額を以下の算式で計算する方法である。

$$控除対象仕入税額 = 課税仕入れに係る税額 \times \frac{課税売上額}{総売上額}$$

　これはわが国の消費税法においては一般に「一括比例配分方式」といわれる仕入税額控除の方法である（消法30②二）。按分方式は，課税仕入れの性格，すなわち課税売上に対応するのか非課税売上に対応するのか，それとも双方に共通して対応するのかを厳密に区分することなしに，単純に総売上額に占める課税売上額の割合（わが国の消費税法では「課税売上割合」と称する（消法30⑥））で按分して控除対象税額を算定する一種の「簡便法」である。したがって，按分方式は制度の簡素化につながるというメリットがある反面，正確性に欠け，特に非課税売上の割合が高い事業者にとっては仕入控除税額が過少となる傾向にあるというデメリットが指摘されている[67]。

　一方，按分方式の欠点を補う方法として課税仕入れに基づく仕入税額控除の方法（direct inputs attribution rule）がある。これは基本的に課税仕入れを①課税売上にのみ対応するもの，②非課税売上にのみ対応するもの，③双方に共通して対応す

---

[66] Konstantinos Zacharopoulos, Value-Added Tax: The Partial Exemption Regime, *Canadian Tax Journal*, Vol. 49, No.1 (2001), at 105; Oskar Henkow, *supra* note 49, at 74.
[67] Konstantinos Zacharopoulos, *supra* note 66, at 107.

るものの3つに分類し,①については全額仕入税額控除の対象とし,②は全額対象外,③は按分方式を用いるというもので,わが国の消費税法における「個別対応方式」に相当する方法である(消法30②一)。ただし,①又は②に直接関連付けられる課税仕入れではないものの,一定の合理的な基準(課税売上割合以外にも取引数や従業員数等により按分する方法が考えられる)により当該課税仕入れを①又は②に分類できる場合には,それによることができる[68]。

さらに,付加価値税指令においては,非課税売上の割合が小さい事業者に対しては,仕入税額控除の手続きの煩雑さを回避し制度を簡略化する目的で,一定の条件の下で仕入税額の全額控除を認める制度(partial exemption waiver rule)が導入されている。これはわが国の消費税法におけるいわゆる95%ルール(課税売上割合が95%以上でその課税期間の課税売上高が5億円以下の事業者は課税仕入税額を全額控除できる[69],消法30①)に相当するものである。

仕入税額控除制度における比例控除の問題点は,課税仕入税額のうち非課税売上に対応することから控除不能となる税額(irrecoverable input tax)の算定が不正確になり,当該控除不能税額(hidden tax)の転嫁が過大ないし過小になされることにある[70]。

なお,多くの国で仕入控除税額から(一部)除外される課税仕入れの項目として,交際費が挙げられる。チェコやハンガリーといった中東欧の諸国では全額,カナダやニュージーランドでは50%相当額が交際費に係る仕入税額につき仕入税額控除の対象外となる。

(4) 欧州における控除対象外付加価値税問題

付加価値税指令132条に基づき医療を非課税としている欧州では,この控除不能な付加価値税負担の問題につき医療界から問題視する声がほとんど聞かれないという[71]。その理由を解明することは非常に困難[72]であるが,ここではさしあたり以

---

[68] Konstantinos Zacharopoulos, *supra* note 66, at 113. わが国においても通達(消基通11-2-19)で同様な取扱いが認められている。

[69] 従来は課税売上高の基準はなかったが,本来これは小規模事業者向けの de minimis ルールであるにもかかわらず,事務処理能力の高い大規模な事業者にも一律に全額控除を認めるのは不合理であるとの指摘を受けて,平成23年度の税制改正で,進行年度の課税売上高が5億円超の事業者については,仕入税額控除に関し個別対応方式又は一括比例配分方式の選択適用が強制されることとなった(消法30②)。

[70] Konstantinos Zacharopoulos, *supra* note 66, at 120-122.

[71] 例えば,日本医師会「イギリス・フランス・ドイツ付加価値税調査の結果概要」(平成21年11月12日)では,特にフランスとドイツにおいては診療報酬により手当されているとしている。ただし,この点に焦点を当てた欧州における研究は筆者の調査では未だ見つけられていない。

[72] 欧州ではこの問題自体がほとんど意識されておらず,したがってその理由について理

下のような推論を提示してみたい。

　第一に，医療の提供体制の問題がある。すなわち，医療の提供者が経営責任を負わない事業形態であれば，問題は顕在化しないということである。経営責任を負わないというのは，仮に控除不能な付加価値税の負担により税引前利益が赤字になってもその分を税金で補填されるということである[73]。イギリスやスウェーデンにおける医療の提供体制は基本的にこのようになっている。

　第二に，付加価値税導入のタイミングの問題がある。フランスやドイツにおいては1960年代後半に付加価値税を導入しているが，当時はオイルショック前で世界経済は比較的好調であり，両国とも財政危機に陥っていなかったため，控除不能な付加価値税の負担に関しても診療報酬の引上げにより対処することが可能であったと考えられる[74]。

　一方，同じ非課税でも1990年以降導入されたカナダやオーストラリアでは問題視されており，カナダでは還付制度（第5章第4節参照），オーストラリアではゼロ税率の導入（第5章第8節参照）といった税制上の措置が採られている。両国とも，フランスやドイツ，日本のような診療報酬の引上げではなく，税制上の対応を採ったことが注目される。

(5) 人的非課税措置に関する控除対象外付加価値税問題

　医療の提供という特定のサービスの提供を非課税とした場合における控除対象外付加価値税問題は，いわば物的非課税に係る控除対象外付加価値税の問題であるが，前述のとおりEUの付加価値税指令13条では国，地方公共団体その他の公的機関の行う取引については非課税とするというように人的非課税措置が採られている。そのため，公的機関の非課税売上に対応する仕入税額が控除不能となるが，その結果以下のような歪み（distortion）が生じていると指摘される[75]。第一に，公的機関が控除不能額を減らすため，清掃，ITサービス，経理，施設管理といった外注していたサービスを内部化しそのような税額の発生を回避するという現象

　論的な研究もなされていないものと思われる。
[73] わが国では自治体病院がこのような経営体制となっている。ここから，わが国において控除対象外消費税問題がより深刻なのは，経営責任ないしリスクを負っている民間病院（医療法人）であるといえるかもしれない。
[74] さらに，1970年代のドイツにおいては，オイルショック後の物価高騰に合わせて公的医療保険の平均保険料率が大幅に引き上げられている。戸田典子「ドイツの医療費抑制施策―保険医を中心に―」レファレンス2008年11月号26頁参照。
[75] Copenhagen Economics, VAT in the Public Sector and Exemptions in the Public Interest, Final Report for TAXUD/2011/DE/334, 10 January 2013, at 11. なお，当該レポートは欧州委員会の依頼でCopenhagen EconomicsとKPMGが社会政策の観点からVATが非課税となっている項目の課税のあり方を検討したものである。

(self-supply bias) を引き起こすという点である。第二に，公的機関と民間企業が消費者に対して同じサービスを提供する場合，付加価値税（output VAT）の分だけ公的機関の提供するサービスの方が低価格となるため，競争中立的ではないという問題が生じるという点である。後者は公的機関が控除不能額分（input VAT）を丸々消費者に転嫁しても，通常 output VAT の方が input VAT より金額が大きいため，解消されない。ただし第二の点は，非課税に伴う仕入税額の控除不能によりもたらされる問題というよりは，同一取引に関し公的機関は（人的）非課税であるのに対し民間企業は課税であるという取扱いの不均衡の問題というべきであろう。人的非課税措置は原理的に同一取引・サービスの提供に関する非課税事業者（公的機関）と課税事業者（民間企業）との不均衡を引き起こすため，中立性の観点から問題であり，可能な限り導入すべきでないといえる。

　上記で指摘された問題のうち特に第一の問題に対応するため，EU 加盟国のうち 8 か国[76]及びカナダにおいて還付（refund）制度が導入されている。ここでいう還付制度とは，カナダのように税法の枠組みの中で，非課税を維持したまま控除不能額（の一定部分）を還付（rebate）する方法（カナダ方式）と，デンマークのように税法の枠組外において，一定の基準で非課税売上に伴い発生する控除不能額につき還付する方法（VAT compensation scheme，デンマーク方式）の二通りがある[77]。

　例えばイギリスにおいては，一定の公的機関[78]（public bodies）の仕入れに係る付加価値税額について，それに対応する売上が非課税とされる場合，当該売上が営利事業[79]（business）に係るものでない限り，仕入れに係るインボイスに表示された税額に基づき申請[80]（declaration）により還付（refund）されるという規定があ

---

[76] スウェーデン，フィンランド，デンマーク，フランス，スペイン，ポルトガル，オランダ及びイギリスである。Copenhagen Economics, *supra* note 75, at 213; Rebecca Millar, *supra* note 1, at 171.

[77] Copenhagen Economics, *supra* note 75, at 213. デンマークの還付制度については，*see* Oskar Henkow, *supra* note 49, at 83-89. ただし，デンマークの制度はスウェーデンの制度に触発されて導入・修正されたもので，国レベルと地方レベルがある。

[78] 地方公共団体，上下水道の運営機関，公共交通機関，警察，BBC 等をいい，病院は対象外である（s33(3) of VATA 1994）。

[79] 還付の対象となる営利事業に該当しないものとは，地方公共団体による各種証明書の発行事業，法律に基づく介護福祉事業，法律に基づく建物修繕事業，高速道路における駐車場事業，警察官の派遣事業，法律に基づく住宅の斡旋事業，墓地の供給及び維持管理事業など，民間企業と直接競合しない事業をいう。ただし，営利事業に該当する場合であっても少額不追及制度（Reg. 106 of VAT Regs 1995）の適用により控除が認められるケースがある。*See*, HM Revenue and Customs, Notice 749, Local authorities and similar bodies, April 2002, at 10-12, 17-20.

[80] 通常 Form VAT 126, Claim for Refund by Local Authorities and Similar Bodies によ

る[81]）(s33 of VATA 1994)。イギリスの方法はカナダ方式であるが，この場合，公的機関はVATの事業者登録を行う必要がないとされている（s42 of VATA 1994)。

　カナダ方式又はデンマーク方式のいずれの方法であっても，マクロ的にみれば，還付制度は政府及び公的機関との間の税金のやり取り（intra-governmental transfer of money）に過ぎないとみることができる[82]）。そのため，仮に還付制度を導入しない場合には，それを補填するため別途政府から補助金等の交付が行われることになる。したがって，この問題に全く対処しないケースを除けば，還付で対応するか補助金等で対応するかの違いは資金の流れの違いに過ぎず，その原資はいずれにせよ税金であることに変わりがないとみることも可能である。

　還付制度をEU加盟各国において導入することについては，いくつか問題点が指摘されている。第一に，還付制度は付加価値税指令に定めのある条項ではないため，その法的位置づけが曖昧であるということである。そのため，現行指令の内容を，例えば非課税取引を定めた132条や公的機関の人的非課税を定めた13条の中で，一定の条件の下控除不能額につき還付が受けられるもしくは控除可能とする旨の項目を挿入するといった修正を行うべきとの提案もなされている[83]）。当該指令の修正は，売上に係る付加価値税（output VAT）に影響を及ぼさず比較的小規模にとどまるという点がメリットとして挙げられる[84]）。一方，非課税売上に対応する仕入税額控除を認めるという方法は付加価値税の基本的な仕組みに反するというデメリットも指摘されている[85]）。さらに，前述のとおり，人的非課税措置に対する還付制度では上記で指摘されたふたつの問題点のうち後者，すなわち公的機関と民間企業との競争中立性の侵害については効果がない[86]）。一方で，物的非課税措置に対する還付制度の場合公的機関と民間企業とを同等に扱うため，還付制度は効果的に機能するということができる。

　第二に，より深刻なのは，公的機関に対する還付制度が違法な国家による財政的援助（state aid，以下「補助金」と称する）とされる可能性があるという点である[87]）。例えば，公的機関への付加価値税の還付制度を導入しているノルウェーはEU加盟国ではないが，欧州自由貿易連合（EFTA）の加盟国である。EFTAは

り還付申請を行う。
[81] *See*, HM Revenue and Customs, *supra* note 79, at 13-14.
[82] Copenhagen Economics, *supra* note 75, at 221.
[83] Copenhagen Economics, *supra* note 75, at 214.
[84] Copenhagen Economics, *supra* note 75, at 214.
[85] Copenhagen Economics, *supra* note 75, at 214. 非課税ではなくゼロ税率の適用とすれば一応理論的な整合性は保たれることとなる。
[86] Copenhagen Economics, *supra* note 75, at 12, 214.
[87] Rebecca Millar, *supra* note 1, at 171.

EUとともに1994年に欧州経済領域（EEA）を設立しているため，ノルウェーは欧州単一市場に参入しており，自由貿易や公正な競争を害するような補助金は禁止されることとなる。すなわち，EEAの協定[88]61条において「この協定の他の条項で特に定めのない限り，EU加盟国やEFTA加盟国から与えられる補助金は，それがいかなる形態であろうとも，加盟国間の取引において特定の事業や製品等の生産を優遇することにより競争を阻害する場合には，この協定の趣旨に適合しないこととなる」と定められており，補助金はEEAに違反することが明示されている[89]。

　また，この問題を巡っては，2007年にノルウェーの付加価値税補償法[90]に係る訴えにつきEFTAの監視委員会（Surveillance Authority）が決定[91]を下している。本件は，ノルウェーの公的な教育機関がオフショアで提供する教育サービスに係る付加価値税が非課税とされ，また，それに係る経費に含まれる付加価値税について還付の対象となったことが問題視された事案である。ノルウェーにおける還付制度の導入趣旨はもともと，公的機関において非課税売上対応の仕入税額が控除不能であることから，外部委託すべきサービスについても内部化（in-house）するという動きに対処するため，控除不能額につき還付することにより外部委託と内部化を無差別にする（level playing field）ための措置であった（Article 1 of the VAT Compensation Act）。しかし，付加価値税補償法3条により還付措置の対象となる取引・サービスについては制限がなかったため，民間企業との競合が生じる分野についても還付が受けられたことから，公的機関に対しては当該競合する取引についてゼロ税率の適用が受けられるのと同等の効果があり，民間企業（このケースでは提供するサービスが非課税とされ，対応する仕入れに係る税額について還付は受けられない）と比較すると公的機関が不当に優遇されているのではないか（selectivityに問題がある）という批判を受けたのである。

　この訴えに対しノルウェー政府は，還付制度の導入に合わせて従来の公的機関への財政支援額の減額を行っており，当該制度は政府から公的機関への財政支援の

---

[88] Agreement on the European Economic Area, OJ No L1, 3. 1. 1994.

[89] EC条約92条は，特定の企業が自助努力ではなく国家の補助（state aid）によって競争上有利な地位を得ることは自助努力のみで活動している企業との競争を不公正なものとするという認識から，共同市場と両立しない補助金を原則として禁止している。根岸哲「産業補助金・融資と法」碓井光明・来生新編著『現代の法8　政府と企業』（岩波書店・1997年）141頁参照。

[90] Act No. 108 of 12 December 2003 on VAT compensation to local and regional authorities (Lov om kompensasjon av merverdiavgift for kommuner, fylkeskommuner mv). 同法は2004年1月から施行されている。

[91] The EFTA Surveillance Authority Decision No. 155/07/COL of 3 May 2007 on State aid granted in connection with Article 3 of the Norwegian Act on compensation for value added tax (VAT), OJ L249/35-36 of 2008.

第4章　イギリス及びEUにおける医療の提供に対する付加価値税の取扱い

ルートを変更したのに過ぎない（self-funding system）として，還付制度の正当性を主張した[92]。EFTAの監視委員会は，公的機関に対する非課税売上対応の仕入税額に係る付加価値税の還付は，それが民間企業と競合する事業活動に関するものである限り，補助金に該当すると判示した[93]。ノルウェー政府の還付は財政支援のルートを変更したに過ぎないという主張について，監視委員会は，公的機関への財政支援が還付かそれ以外の方法かというのは補助金の議論においては無関係であり，また，各公的機関が還付制度により受けている金額は財政支援額の減額と一致しておらず，その主張には十分な根拠がないと指摘した[94]。ノルウェー政府はEFTA監視委員会の当該決定を受けて，公的機関への財政支援はVAT込みで行うようになった[95]。

以上から，人的非課税措置に対する還付制度の導入は今後益々困難になるものと想定される。

6　欧州における付加価値税の非課税措置見直し論

(1)　非課税措置の見直し論議

前述のとおり欧州では付加価値税指令132～137条で広範な非課税措置を認めているが，一方で欧州に遅れて付加価値税を導入した諸国（ニュージーランド，オーストラリア，カナダなど）との比較から，これを見直す動き（questions remain over the stability of exemptions）も出ている[96]。特に第2章第4節で挙げた非課税の2類型のうち，「付加価値税を課すのが困難な取引」については，課税手法に関する理論的な検討が進み，金融取引などについては本来付加価値税を課すべきも

---

[92] The EFTA Surveillance Authority, *supra* note 91, at 6.
[93] Rebecca Millar, *supra* note 1, at 172. なお，監視委員会の判示によれば，サービスの提供等が国境をまたがる場合には，国内の公的機関と民間企業とを同等に扱うだけでは国家補助金ではないと判断する際の「競争の阻害（distortion of competition）」という要素をクリアできない（要するにEEA加盟国における他の事業者との競争の中立性が担保されないということである）とされている点が注目される。The EFTA Surveillance Authority, supra note 91, at 13. ただし，現在の医療の提供（わが国においては社会保険診療）は国境をまたぐ取引ではないため，そこから生じる控除不能額に対して仮に還付を行ったとしても，この点は取りあえず問題とはならないものと考えられる。
[94] The EFTA Surveillance Authority, *supra* note 91, at 10.
[95] Rebecca Millar, *supra* note 1, at 172.
[96] 例えば，Institute for Fiscal Studies, *supra* note 1, at 305-311; Rita de la Feria and Richard Krever, *supra* note 53, at 1-2, 27-28. 後者は付加価値税に関する非課税の問題を，事業者に対する過大課税，最終消費者に対する過小課税にあると指摘している。

のという主張も強く提示されている[97]。以下では欧州における非課税措置見直しの論議について概観するが，まず近年の見直し論議で最も影響力のあるイギリスのマーリーズ・レビュー（Mirrlees Review: Reforming the tax system for the 21st century）を取り上げる。

① マーリーズ・レビュー

マーリーズ・レビューは，イギリスの民間研究機関である IFS（Institute for Fiscal Studies）がスコットランドの経済学者で1996年にノーベル経済学賞を受賞した Sir James Mirrlees を座長に招いてまとめた，イギリスの税制改革に関する政策提言集（報告書）である。当該報告書は2010年4月の第一分冊「租税制度設計の諸相（Dimensions of Tax Design）」と2011年9月の第二分冊「租税制度のあるべき姿（Tax by Design）」の二分冊からなる。マーリーズ・レビューは1978年の「ミード報告[98]」の後を継ぐイギリスの抜本的な税制改革について検討した報告書と位置付けられ，経済学の手法により税制全般にわたる包括的な現状分析が行われ，それに基づき今後のあるべき姿が提言されている。本研究ではそのうちの付加価値税に関する部分，中でも非課税措置についてみていく。

第一分冊の第4章でイギリスの付加価値税を含む間接税（Value Added Tax and Excises[99]）について取り扱っているが，イギリスの付加価値税制における非課税措置については，EUの付加価値税指令に基づき広範に認められていると評価している[100]。一方，非課税は付加価値税の仕組みの中で仕入税額控除及び還付のチェーンを切断するという意味で異端（anathema）の措置である[101]。そのため，「古い」付加価値税制の非課税措置に基づく課税の歪みにより，アウトソーシングサービスの内部化や同一サービスを提供する事業者間（特に官民間）の競争上の不公平，さらにはそのような歪みが輸出により拡散するといった問題点が指摘される。また，非課税措置は事業者にその申告に際し，仕入税額控除における課税仕入

---

[97] See Institute for Fiscal Studies, *supra* note 1, at 306-309; Institute for Fiscal Studies, Tax by Design: the Mirrlees Review (2011) at 195-215. 一方，EU では未だ検討中という段階である。See European Commission, Green Paper on the future of VAT, Towards a simpler, more robust and efficient VAT system, SEC(2010) 1455 final, at 10-11. また，OECD は付加価値税の中立性（neutrality）を重視しつつも，付加価値税を課すのが困難な取引及び社会政策的配慮に基づく非課税措置をその例外ととらえている。See OECD International VAT/GST Guidelines, February 2006, Chapter I, para. 9-10.

[98] Meade Committee, The Structure and Reform of Direct Taxation: Report of a Committee chaired by Professor J. E. Meade (1978, Institute for Fiscal Studies).

[99] Ian Crawford（オックスフォード大学），Michael Keen（IMF）及び Stephen Smith（UCL）の三氏が担当している。Michael Keen 氏は前掲第2章注175書の共著者の一人である。

[100] Institute for Fiscal Studies, *supra* note 1, at 305.

[101] Institute for Fiscal Studies, *supra* note 1, at 305.

第4章　イギリス及びEUにおける医療の提供に対する付加価値税の取扱い

れ税額に関する課税売上対応と非課税売上対応との仕分け[102]を行うことを強いるためコンプライアンスコストが上昇し、また、それに伴うタックスプランニングを惹起するという問題も指摘される。

具体的な非課税措置としては、金融取引に係る非課税措置[103]及びOECD加盟国中最も高い水準（61,000ポンド[104]）にある事業者免税点制度（VAT registration threshold）が取り上げられており、前者については事業者間取引についてニュージーランドのようにゼロ税率の適用とすることを提言している[105]。後者は小規模事業者の納税義務を免除することにより、コンプライアンスコスト（事業者及び課税庁双方）の縮減を図るという意義があり、失われる税収との兼ね合いで判断すべき問題であるとする[106]。

第二分冊では第7章で付加価値税の非課税措置について論じている。そこでは第一分冊でも触れた金融取引（第8章でさらに詳細に論じている）とともに、公的機関の非課税措置（人的非課税）も取り上げている。公的機関の非課税措置に関しては官民による競争条件の不均衡を問題にしており、オーストラリアやニュージーランドのような課税化がひとつの選択肢であるとしている。さらに第9章では付加価値税の課税ベースの拡大、すなわちゼロ税率や軽減税率、非課税をできるかぎり標準税率で課税することを提言している。それは中立性の観点からもさることながら、勤労意欲（work incentives）を阻害しないという点でも重要であるとしている[107]。

注目すべきは、マーリーズ・レビュー全体を通じて、社会政策的配慮に基づく非

---

[102] イギリスの仕入税額控除に係る部分的控除否認（partial exemption）については、第3節第3項参照。
[103] 金融取引に係る非課税措置とその理由については、第2章第4節参照。
[104] 免税点は基本的に毎年引き上げられ、2013年4月からは前12か月の課税売上高が79,000ポンド以下となっている。しかしながらマーリーズ・レビューではこの水準が高いことをそれほど問題にしていない。何故なら、イギリスにおいては免税点以下の事業者であっても控除不能となる仕入税額の負担を嫌って、多くの事業者が自発的に事業者登録をするからである、とされている。Institute for Fiscal Studies, *supra* note 97, at 178.
[105] Institute for Fiscal Studies, *supra* note 1, at 307-309.
[106] Institute for Fiscal Studies, *supra* note 1, at 309-311. 税制上の歪みを無視すれば、比較的高い免税点がイギリスの付加価値税の強みですらあると評価している。Institute for Fiscal Studies, *supra* note 1, at 311. Institute for Fiscal Studies, *supra* note 97, at 178-179も同旨と考えられる。
[107] この観点から、マーリーズ・レビューは育児関連費用に係る付加価値税の優遇措置（非課税化）は正当化されるとしている。Institute for Fiscal Studies, *supra* note 97 at 161-162. 岡村前掲注65論文62頁も参照。なお、イギリスの付加価値税では育児関連については子供服がゼロ税率、自動車のチャイルドシートが軽減税率（5%）、保育サービスが非課税とされている。

課税措置[108]についてその見直しを公的機関の非課税措置の是正というような非常に限定的な側面でしか論じていないという点である。恐らくこれは，現在のイギリスの付加価値税制においては，金融取引など付加価値税を課すのが困難と目される取引と比較して，社会政策的配慮に基づく非課税措置については早急に見直さなければならない状況にはないということを意味するのであろう。また，勤労意欲を阻害しない付加価値税の改革が当該レポートのメッセージのひとつであるが，医療は勤労者が健康を害して働けない状態を働ける状態にしたり，より意欲的に働ける状態にすることに貢献しており，work incentives の観点から優遇措置を正当化することが可能であるように思われる。

② グリーンペーパー

イギリスのみならず EU 全体の付加価値税の将来を論じたものとして，欧州委員会が2010年に発表したグリーンペーパー[109]がある。グリーンペーパーで付加価値税の非課税措置を論じているのはパラ5.1「付加価値税制の中立性をいかに確保するか」においてである。ここではまず非課税措置を縮減し課税ベースを拡大することが付加価値税制の効率性及び中立性を高め，税率引上げを食い止める有力な選択肢となり得ることが指摘されている[110]。さらに，非課税措置が引き起こす問題として，マーリーズ・レビュー等でも触れられているサービスの内製化（internalization）の促進を挙げている[111]ほか，特に公共交通（国内及び国際）の非課税について詳細に論じている[112]。グリーンペーパーでは公共交通の取扱いが国によってまちまちであり，またその手段（飛行機，船舶，鉄道等）によって異なることを問題にしており，中立性及び簡素性に即した EU 域内の制度の調和を図るべきとしている[113]。

EU の付加価値税指令では，非課税措置につき公益目的（public interest）のものとその他の理由のものとに分けて規定している。このうち，上記のとおり，後者については大幅な見直しが必要であることにほぼコンセンサスが得られているもの

---

[108] もっとも公的機関の非課税措置とある程度重なる部分はあるが，物的非課税と人的非課税とのずれは小さくない。

[109] European Commission, *supra* note 97. グリーンペーパーを邦語で紹介したものとして，渡辺智之「欧州委員会グリーンペーパーの含意」税務弘報2012年7月号123-131頁及び沼田博幸「EUにおけるVATの最近の動向について」租税研究2012年3月号278-297頁がある。

[110] European Commission, *supra* note 97, para 5.1.2.

[111] European Commission, Commission Staff Working Document, Accompanying document to the Green Paper on the future of VAT, Towards a simpler, more robust and efficient VAT system, COM(2010) 695 final, para 3.3.1.

[112] European Commission, *supra* note 111, para 3.5.

[113] European Commission, *supra* note 111, para 3.8.

と考えられるが，一方で，前者の医療，教育，文化活動といった公益目的の非課税措置の見直しは必ずしもそうではなく，中立性の観点から，民間部門と競合するサービス等に係る公的部門の非課税措置（人的非課税）の見直しには触れているものの[114]，グリーンペーパーに対する意見聴取でも公益目的の非課税措置は維持すべきという意見が強い[115]。

　グリーンペーパーとマーリーズ・レビューの目指す方向性は概ね同じであると考えられるが，マーリーズ・レビューがイギリス一国を論じているのに対し，グリーンペーパーは加盟国の事情にも配慮しながらEU全体の方向性を打ち出すという文書の性格からか，具体性に乏しいように感じられる。中でも社会政策的配慮に基づく非課税措置の見直しについては，その方向性すら必ずしも明確ではないという状況である。非課税措置についての見直しにはその内容により濃淡があることを認識する必要があるだろう。

(2)　社会政策的配慮に基づく非課税措置の見直し

　本書において重要性が高いのは，社会政策的配慮に基づく非課税措置の見直しの要否である。上記欧州の議論を踏まえると，その声はそれほど強くないということが分かる[116]。これは，理論的には課税ベースを浸食し中立性の観点からも問題がある非課税措置は廃止ないし縮小すべきということになるものの，いざそれを実行するとなると，社会政策的配慮に基づく非課税措置は広く国民一般に影響を及ぼす措置であり，かつその便益を付加価値税導入以来数十年も（その前身の取引高税時代を含めればさらに長きにわたり）享受してきたという歴史があるため，（潜在的な）廃止・縮小論者であっても，実現のための具体的な道筋が見えていないことから論じにくいということがあるのではないかと推測されるところである。

　そのため，非課税措置の見直しの声としてあるのは，人的非課税及び物的非課税

---

[114] European Commission, Communication from the Commission to the European Parliament, the Council and the European Economic and Social Committee on the future of VAT, Towards a simpler, more robust and efficient VAT system tailored to the single market, COM(2011) 851 final, para 5.2.1.

[115] European Commission, Summary Report of the Outcome of the Public Consultation on the Green Paper on the future of VAT, Towards a simpler, more robust and efficient VAT system, (1 December 2010-31 May 2011), at 16. パブリック・コメントの中には，医療の提供に係る非課税措置を廃止し仕入税額控除が認められるようにあれば，医療への投資が増加することが期待できるという意見もあった。

[116] 理論的な観点からの批判はもちろん存在する。例えば，価値財を非課税とした場合，その便益と費用とを比較すると費用の方が大きくその効果が疑わしいため，むしろ標準税率での課税を行い同時に低所得者に対する直接給付を行うべきとするものとして，Rita de la Feria and Richard Krever, *supra* note 53, at 18-19.

に関し,非課税売上に対応する仕入税額の控除が認められないことから生じる歪みへの批判である[117]。このうち人的非課税については前節第5項で説明したとおりであるが,物的非課税に関しては,物的非課税のうち控除不能額が価格に転嫁できない取引については,付加価値税が事業者のコストとなってはならないという原則を歪めることとなるというものである。

そもそも消費税をはじめとする付加価値税は,欧州における取引高税（turnover tax）の最大の問題点である税負担の累積（cascade effect）を解消することを目的に発展した税制であることから,税負担の累積が生じるような措置は基本的に排除されるべきであるといえる。そうであれば,非課税売上であっても対応する仕入れに係る税額は控除すべきとなるはずであり,それを認めない措置は正に付加価値税の基本論理からの逸脱（aberration）である[118]。

非課税売上に対応する課税仕入れに係る税額の控除を認めないとする措置の正当性に関するドイツにおける有力説としては,前段階控除（仕入税額控除）の権利は自らの納税義務から切り離して独立して認められるべきではない[119]、というものがある。非課税売上については事業者が売上先から預かる税額がないため,その売上については納税義務が生じないことから,仕入税額控除も認められるべきではないということであろう。しかし,わが国の医療機関を例に挙げれば,医療機関の主たる収入は非課税売上である社会保険診療報酬であるが,課税売上となる自由診療収入があるため,大部分の医療機関は消費税の納税義務者となる。しかも,医療機関の課税売上割合は通常95％を大きく割り込むため[120]、仕入税額控除につき一般の課税事業者と同等以上の申告に係る事務負担を負うこととなる。

---

[117] この問題に関する包括的な分析として,Joachim Englisch, The EU Perspective on VAT Exemptions, *Oxford University Centre for Business Taxation WP 11/11* (2011) at 49-62. 一方,当該分析を受けて,付加価値税指令132条が適用対象となるサービスにつき軽減税率の適用を提案するものとして,*see*, Richard Lyal, Comments: The EU Perspective on VAT Exemptions, Edited by Rita de la Feria, VAT Exemptions, (2013, Wolters Kluwer) at 100.

[118] Liam Ebrill, Michael Keen, Jean-Paul Bodin, and Victoria Summers, The Modern VAT, (2001, International Monetary Fund), at 83; Oskar Henkow, *supra* note 49, at 71でも「仕入税額控除は制限されるべきではない」としている。売上への付加価値税の課税が困難であること（その結果としての非課税）が仕入税額控除否認へとつながらないことを指摘するものとして,*see*, Richard Lyal, Comments: The EU Perspective on VAT Exemptions, Edited by Rita de la Feria, VAT Exemptions, (2013, Wolters Kluwer) at 96.

[119] 当該ドイツの学説を紹介するものとして,三木義一「非課税取引とゼロ税率」日税研論集第30号（日本税務研究センター・平成7年）210頁参照。

[120] 課税売上割合が95％以上で進行年度の課税売上高が5億円以下であれば,いわゆる「95％ルール」により,仕入税額が非課税売上に対応するものも含め全額控除される（消法30①）。

「仕入税額控除が認められない（その結果当該税負担を医療機関が被る）」部分の事務負担を医療機関に負わせる租税政策的意義はどこにあるのであろうか。恐らく税収目的，すなわち仕入税額控除を認めないことで事業者をあたかも最終消費者のように扱って税額を負担させ税収減を食い止めるということ以外にはないであろう。ただし付加価値税は租税なので，税収目的というのはそれ自体立派な目的であるという主張も成り立ち得る。しかし，診療報酬による措置が不十分な中で，税負担能力とは無関係に特定の納税者（事業者）を狙い撃ちする形で税負担・事務負担を強いることになる医療機関の控除対象外消費税問題は，租税公平主義（憲法14条1項）の観点からも問題であると指摘し得るだろう[121]。課税技術上非課税とされている項目（金融取引など）については「課税代替措置（仕入税額控除の否認による実質的な課税化[122]）」としての正当化も言えようが，社会政策的配慮に基づく非課税措置の場合，その主張も正当性を持たないであろう。以上から，ドイツの有力説はあまり説得的ではないと思われる。

そう考えると，社会政策的配慮に基づく非課税措置の場合，最終消費者の負担軽減が実現することこそが重要なのであり，その負担を事業者が被る理論的根拠はないということになるであろう[123]。

(3) 課税選択（オプション）制度

非課税措置の問題点，すなわち非課税売上に対応する課税仕入れに係る仕入税額控除が否認されることへの対処方法として，付加価値税指令において既に導入されている制度としては，課税選択（オプション）の制度がある。すなわち，EUの付加価値税指令において，事業者の選択により，非課税となっている項目につき課税とする「オプション制度（right of option）」が導入されている。同指令137条[124]によれば，オプション制度の対象となるのは以下の非課税項目である。

① 金融取引（同指令135条1（b）から（g）に該当するもの）
② 建物，建物の一部及び建物が建つ土地の供給（supply）で同指令12条(1)aにいう建築予定の建物や土地の供給に該当しないもの

---

[121] 税収目的から非課税売上対応の仕入税額控除を認めないことの各国憲法上の問題点を指摘するものとして，Joachim Englisch, *supra* note 117, at 56.
[122] 三木前掲注119論文213－214頁。三木教授も社会政策的配慮に基づく非課税措置の仕入税額控除を認めないことの理論的根拠は薄弱である旨主張されている。
[123] その意味では，軽減税率の方が政策目的に適合しているという指摘もある。*See* Joachim Englisch, *supra* note 117, at 59. しかし，非課税適用のものを軽減税率化することの問題点については，前述第2章第7節第2項③参照。
[124] Article 137 1 of Council Directive VAT 2006/112/EC of 28 November 2006. EUの当該制度を紹介するものとして，西山由美「非課税範囲等の再検討」税研167号（2013年）40－43頁参照。

③ 建物のない土地の供給で同指令12条(1)b にいう宅地（building land）の供給に該当しないもの
④ 不動産の賃貸

EUの付加価値税指令においてオプション制度が採用されているのは，金融取引及び不動産取引のみであり，医療・福祉のような社会政策的配慮から非課税とされている項目は対象外である。また，当該指令を受けてドイツで採用されているオプション制度も，金融取引及び不動産取引のみで，かつ，事業者間（B to B）取引に限定されている[125]。ドイツにおいて不動産賃貸にオプション制度が採用されているのは，賃貸が非課税のままだと賃貸人である事業者が対応する仕入税額を控除できないため賃貸料が高くなり，賃借人である事業者が建物の賃貸よりも取得を目指すようになることから，賃貸人がマーケットから締め出されることを防止するための措置と説明される[126]。すなわち，オプション制度の狙いは，専ら事業者において非課税売上であると不可能となってしまう仕入税額控除を可能にすることであると考えられる。欧州においてオプション制度は事業者間取引に限定されているが，これは恐らく双方とも仕入税額控除の権利を有する事業者間の取引であるがゆえに混乱なく成り立つからではないかと考えられる[127]。

ただし，オプション制度をめぐっては制度の複雑化及び不透明性に関し批判[128]があり，その取扱いや制度の間隙をぬった租税回避事案が欧州各国で訴訟となっている[129]。そのうち欧州司法裁判所の判決として以下に述べるハリファックス社事件[130]などがある。

イギリスを中心に銀行業を営むハリファックス社はその提供するサービスの大部分について付加価値税が非課税であったため，通常課税仕入れの５％程度しか控除できないでいた。そこでハリファックス社は，４か所のコールセンター建物の建築工事に際し，自社では当該建築工事に係る仕入税額控除がほとんど受けられないことから，不動産業を営むその子会社に建物建築工事を発注するとともに，その資金

---

[125] 西山前掲注124論文40-41頁。
[126] 三木前掲注119論文220頁。
[127] 場合によっては，第６章でみる教育サービスのようにB to C 取引でも成り立ち得ることが考えられる。
[128] Rita de la Feria and Richard Krever, *supra* note 53, at 20.
[129] ドイツの不動産賃貸に関する中間賃貸方式については，三木前掲注119論文220-221頁，イギリスにおける非課税取引の割合が高い大学による不動産賃貸に関しての裁量信託（discretionary trust）を挿入するスキーム（C-223/03, University of Huddersfield）については，西山前掲注124論文41-43頁参照。
[130] Judgment of the Court (Grand Chamber) of 21 February 2006, Case 255/02, *Halifax plc, Leeds Permanent Development Services Ltd and County Wide Property Investments Ltd v Commissioners of Customs & Excise*.

に係る貸付を行い，またその建物を子会社から借受けることで，子会社において建物賃貸に係る非課税扱いを課税とするオプション[131]を行使して仕入税額控除を受けることを目論んだ。ここで仕入税額控除の対象となる課税仕入れは，ハリファックス社の子会社が当該建築工事についてハリファックスグループ外の業者（arm's-length builders）と契約して委託した業務についてである。

これに対し課税庁は，ハリファックス社と子会社間のコールセンター建築工事契約は実体を伴わないもので，実質的にはハリファックス社が直接グループ外の業者と契約して業務を遂行していたとみるべきであることから，グループ外の業者と子会社間の取引は税法上供給（supplies）には該当しないとして，子会社がグループ外の業者に対して支払った建築工事代金に係るVATの仕入税額控除を否認した。

ハリファックス社とその子会社は当該課税処分を不服としてロンドン付加価値税関税審判所（VAT and Duties Tribunal London）に提訴したが，審判所は欧州司法裁判所（ECJ）に以下の3点につき先決裁定（preliminary ruling）を求めた。

ア．専ら税務上のメリットを得ること以外に事業目的がなく取引に参画した事業者は付加価値税法の適用にあたりその経済活動（economic activities）として供給（supplies）を行っているといえるのか？
イ．グループ外の業者が行った業務の受け手を決定する判断基準は何か？
ウ．ECJが確立してきた権利の濫用（abuse of rights）の法理はハリファックス社の子会社が行った仕入税額控除を否認する根拠となるか？

ECJは上記アにつき，仮に税務上のメリットを得ること以外に経済的な目的がなくとも，客観的な状況からその要件を満たしていると考えられるときは，事業者は付加価値税法の適用上供給を行っていると判断した。またイについては，濫用的な取引が行われている場合には，濫用的な取引がないとした場合の取引に引き直すこととなるとした。さらにウについては，その取引が濫用的であると認められるためには，指令や国内法の規定の目的に反して税務上のメリットが受けられ，また，客観的な事象から取引の主要な目的が税務上のメリットを得ることにあることが明白である必要があると判示された。加えて，この判断基準に基づき濫用的な取引が行われていると認められる場合には，濫用的な取引がないとした場合の取引に引き直すこととなるとされた。

上記のような欧州の経験を踏まえれば，仮にわが国でオプション制度を採用する場合には，租税回避スキームへの対処策も重要な検討課題となるであろう[132]

---

[131] Schedule 10, 2-3A of the VAT Act 1994. 法文上は "election to waive exemption" という。
[132] 同様の指摘として，西山前掲注124論文42-43頁。

7　小括

　イギリスの付加価値税は，標準税率のみならず，ゼロ税率及び軽減税率を採用するなど複雑な税率構造を採っており，しかもその適用範囲がかなり広範囲に渡っているなど，それが課税ベースの浸食をもたらし中立性を損ねることとなるため，その早急な見直しが叫ばれている。イギリスにおける付加価値税の複雑な税率構造の教訓からわが国が学ぶべき点は少なくないが，ここで特に強調しておきたいのは，軽減税率の導入の可否である。イギリスは付加価値税導入時軽減税率を採用していなかったが，1990年代に採用するとその後徐々に適用範囲を広げている。主として逆進性に配慮した措置である非課税，ゼロ税率及び軽減税率は，一度採用するとその縮減，廃止は政治的ハードルが高く，実現は極めて困難である。逆進性対策の中で（そもそも逆進性対策の必要性の有無も含めて），軽減税率をどう位置づけるのかの理論的な検討なしに，わが国において安易に軽減税率を導入することには慎重であるべきことを，われわれはイギリスの経験から学ぶことができる。

　また，イギリスを含め欧州では付加価値税の「制度疲労」が問題視されており，マーリーズ・レビューやグリーンペーパーなどにより見直しの動きがみられ，非課税措置についてもその例外とはなっていない。しかしながら，医療や福祉等に対する社会政策的観点からの非課税措置については，未だ見直しの方向性が定まっていないところである。この点はわが国の医療非課税の見直し論議においても十分念頭に置くべきと考えられる。

　なお，社会政策的配慮から非課税とされ，かつ，最終消費者向け（B to C）の取引である医療・福祉については，事業者単位で課税選択をするオプション制度の導入は現場が大混乱する恐れ[133]もあり，事実上不可能ではないかと考えるところである。欧州においてオプション制度が事業者間（B to B）取引に限定されるのは，このような執行上の問題がその主たる理由ではないかと考えられる。

---

[133]　村井教授は医療サービスの提供に関してもオプション制度の適用が可能ではないかと指摘するが，現実問題として，病院等の支払い窓口において患者から向けられる「なぜこの病院は（他の病院と異なり）社会保険診療に消費税を課すのか」という問いかけ（抗議）に対し，会計担当者にその都度説明させるというのは，酷に過ぎると思われる。ただし，村井教授の「EUの経験に必ずしもこだわる必要はなく，我が国の事情を考慮した上で，選択権の適用範囲，適用要件を考えていくべきはいうまでもない」という指摘には賛成である。村井正「消費税法上の非課税取引は全廃か，課税選択権か」税研2014年1月号20－24頁参照。

第5章　カナダ及びオーストラリアにおける医療の提供に対する付加価値税の取扱い

1　はじめに

　第2章で詳述したように，わが国においては社会保険診療や福祉事業の提供は消費税が非課税とされているが，それに対応する仕入税額が控除不能となる控除対象外消費税の問題，いわゆる「損税」問題がクローズアップされている。わが国と同様の付加価値税を導入している欧州をはじめとする諸外国においては，多くの国で医療や福祉事業の提供については非課税としているが，非課税売上に対応する仕入税額控除は通常認められないため，わが国と同様に控除不能となる仕入税額が生じることとなる。しかし，カナダの付加価値税であるGST（Goods and Services Tax）においては，病院を含む公的サービスを提供する事業者に対して，非課税売上に対応する仕入税額に関し，その一部ないし全部を還付する制度が導入されている。そこで本章の前半では，カナダにおけるGST制度及び病院を含む公的機関に対するGST還付制度（public service bodies' rebate）を概観し，その意義を検討することで，わが国の控除対象外消費税問題解決に向けての参考資料にすることとしたい。

　また，本章では後半においてオーストラリアにおける医療の提供に係る付加価値税（Goods and Services Tax, GST）の取扱いと仕入税額控除制度について併せてみていくこととしたい。OECD加盟国中付加価値税の導入が最後発であるオーストラリアにおいては，医療の提供に対するゼロ税率や，非課税売上に対応する仕入税額控除が不能となる仕組みの例外として，仕入税額の75％相当額の控除を認める減額仕入税額控除制度（reduced input tax credit, RITC）が適用されるなど，諸外国において例を見ない独特の興味深い制度を導入している。わが国の医療界は医療のゼロ税率化の可能性を模索しているため，オーストラリアにおける当該措置に係る立法趣旨の解明は有意義であると考えられる。

2　カナダにおける付加価値税導入の経緯

(1)　カナダ税制の特徴

　カナダは連邦制国家であり，それがカナダ税制にも色濃く反映している。連邦制国家の下では一般に憲法の規定に基づき立法権が連邦政府と地方政府の間で分割さ

れる制度を採るが，カナダの場合，憲法上の税源の配分については，連邦が税制全般，州が州の目的のための直接課税とされている（カナダ1867年憲法91条3項及び92条2項）。このようにカナダにおいては憲法上課税権に関し連邦の優位性が明確であるが，実際には，後述する州売上税は小売業者を税務当局の代理とみなすことで直接課税の範疇に入るという解釈を採って導入されたというように，柔軟性がある[1]。これは，1867年カナダ憲法はイギリス議会の制定法であったことから，違憲審査権が1949年にカナダ最高裁判所に移譲されるまでイギリス枢密院司法委員会（Judicial Committee of the Privy Council）にあったが，同委員会が憲法92条13項の「州内における財産及び民事的権利」を根拠に州の権限を強化する解釈を行う傾向にあったということを反映しているものと考えられる[2]。

現在のカナダにおける租税等収入の内訳は図表5－1のとおりである。

図表5－1　カナダにおける租税等収入の内訳（2009年）

(単位：百万カナダドル)

	連　邦	州・準州	地　方	合計（連結ベース）
所得税	153,003	95,652	－	248,655
消費税	42,535	64,499	116	107,150
資産税	－	8,689	46,173	54,862
その他の租税	1,207	19,660	940	21,807
小計（租税）	196,745	188,500	47,229	432,474
医療保険料	－	3,390	－	3,390
社会保険料	17,284	12,866	－	35,404
財・サービスの販売	9,588	29,862	18,342	53,625
投資所得	12,878	37,314	3,355	54,068
その他の自主財源	439	5,426	1,155	6,836
自主財源計	36,934	277,358	70,082	585,799
他の政府からの移転	424	64,225	51,711	－
合　　計	237,357	341,582	121,793	585,799

（注1）　連邦及び州・準州は2009年3月期，地方は2008年12月期である。
（注2）　「他の政府からの移転」が自主財源のうち社会保険料以下に割り振られるため，社会保険料以下の各項目の合計額は連結ベースの合計額と一致しない。
（出典）　Statistics Canada, Government - Revenue and Expenditures

---

[1]　池上岳彦「カナダの連邦制度と社会保障」海外社会保障研究 Autumn 2012, 43-44頁。
[2]　岩崎美紀子「政治と現代福祉国家」城戸喜子・塩野谷祐一編『先進諸国の社会保障3　カナダ』（東京大学出版会・1999年）78-79頁参照。

第5章 カナダ及びオーストラリアにおける医療の提供に対する付加価値税の取扱い

図表5－2　カナダ連邦税収の内訳（2011－2012会計年度）

（単位：百万カナダドル）

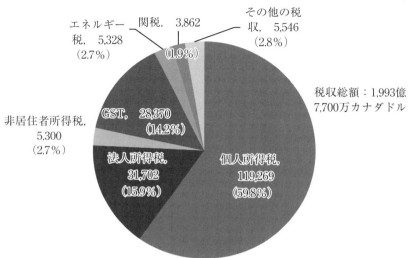

（注）　カッコ内は割合
（出典）　Department of Finance, Annual Financial Report of the Government of Canada, FY 2011-2012.

　また，連邦税収の内訳は図表5－2のとおりである。

　カナダの付加価値税制を理解する上で重要なのは，その法的構造である。すなわち，連邦国家であるカナダは本節第2項で見るような経緯を経て付加価値税を導入していったが，その過程で州政府との課税権の競合が生じたため，連邦政府は各州政府と個別にその調整を図る必要に迫られた。その結果，連邦税であるGST（Goods and Services Tax）はカナダ全土で施行されているものの，州税は以下のように複雑なパターンに分かれて施行・執行されている（2013年1月現在，後掲図表5－4も参照）。

① GSTのみの州

　間接税法（Excise Tax Act（以下"ETA"と称する））により連邦税であるGSTは課されるものの，州税として付加価値税ないし小売売上税（Retail Sales Tax, RST）は課されない州・準州で，アルバータ（Alberta）州並びにノースウェスト・テリトリーズ（Northwest Territories），ヌナブット（Nunavut）及びユーコン（Yukon）の3準州が該当する。

② GST/HSTを導入する州

　連邦税であるGSTのほかに，州税としてGSTと基本的に課税ベースを共有し州ごとに税率を設定し，執行も連邦に委託するHST（Harmonized Sales Tax）が

169

導入されている州として，ニューファンドランド・ラブラドール（Newfoundland and Labrador），ニュー・ブランズウィック（New Brunswick），ノバスコシア（Nova Scotia），オンタリオ（Ontario）及びブリティッシュ・コロンビア（British Columbia）[3]の5州がある。HSTは連邦が執行・徴収するものの，連邦との合意[4]に基づき一定金額を州に配分する仕組みとなっている。

③ GSTのほかにRSTを導入する州

連邦税であるGSTのほかに，州税としてRSTを賦課徴収する州として，プリンス・エドワード・アイランド（Prince Edward Island）[5]，マニトバ（Manitoba）及びサスカチュワン（Saskatchewan）の3州がある。州税としてのRSTが州税法に基づき執行され，税収も州に直接帰属することとなる。

④ GST/QSTを導入する州

連邦税であるGSTとほぼ課税ベースを共有する州税であるQST（Québec Sales Tax）を州政府がGSTをも含めて一括で執行し，その一定部分を連邦政府に配分するユニークな仕組みを採っているのが，歴史的に分離主義的な政治風土を持つケベック（Québec）州である。法的には，州から連邦に税法の執行権限を委譲するHSTとは逆に，QSTは連邦から州に税法の執行権限が委譲されていると評価できる[6]。

なお，上記のうち①と②は州税部分に独立の州税法はなく，連邦法である間接税法により税法が施行・執行されている（single law provinces/territories）。一方③と④は間接税法以外に独立の州税法が適用される（double law provinces）という点が大きく異なる[7]。

(2) 付加価値税の沿革[8]

カナダにおいて付加価値税制であるGSTが導入されたのは，マルルーニー

---

[3] 後述するように，2013年4月以降ブリティッシュ・コロンビア州においてはHSTが廃止されRSTが復活したため，結果として上記③のカテゴリーに分類されることとなった。
[4] 例えば，連邦政府とオンタリオ州間の合意については，see, Memorandum of Agreement Concerning a Canada-Ontario Comprehensive Integrated Tax Co-ordination Agreement (2009), and Canada-Ontario Comprehensive Integrated Tax Co-ordination Agreement (2009).
[5] 後述するように，2013年4月以降プリンス・エドワード・アイランド州は州小売売上税からHSTに移行したため，結果として上記②のカテゴリーに分類されることとなった。
[6] Rebecca Millar, Smoke and Mirrors: Applying the Full Taxation Model to Government under the Australian and New Zealand GST Laws, edited by Rita de la Feria, VAT Exemptions, Wolters Kluwer, (2013), at 169.
[7] 上記分類は，Rebecca Millar, *supra* note 6, at 168-169の考え方に依拠している。
[8] 以下は，Richard Domingue and Jean Soucy, The Goods and Services Tax: 10 years later, PRB 00-03E, 15 June 2000の記述に基づく。また知念裕『付加価値税の理論と実際』

(Mulroney) 保守党政権下の1991年のことであった。カナダにおいては，世界に先駆けて1920年に連邦税として多段階課税である税率1％の売上税（Federal Sales Tax）が導入され，これが1924年に，納税者が比較的大企業である製造業者に限定され執行が容易な単段階課税である製造（業）者売上税（manufacturer's sales tax，税率6％）となった。

連邦税である製造者売上税は税率については順次上げ下げされていたが，基本的な仕組みは維持されたまま存続していた[9]。また，1930年代の大恐慌期には州税である小売売上税が1937年のサスカチュワン州及び1940年のケベック州を皮切りに導入されていった[10]。しかしその後，1960年代以降度々制度的な問題点が指摘され，その解決のための提案がなされてきた[11]。例えば，1966年の王立税制委員会（カーター委員会）では，小売段階の売上税の方が製造段階のものよりサービスをも課税対象に含めるなど課税ベースが広いため中立的であることや，売上税に関し連邦と州とが課税ベースや徴収を共通化すべきことを提案された。1977年には物品税検討グループが，売上税は統一的に卸売段階で課税すべきというレポートを公表した。同グループは小売段階の課税の方がより中立的であることは認めていたが，9つの州税に関し小売段階課税に統一することは困難であるため採用は難しいとしていた。

1983年2月には連邦売上税検討委員会（グッドマン委員会）は，製造段階での課税も卸売段階の課税も売上税の改革案としては問題があるとした。同委員会は改革案として，①連邦と州にまたがった小売売上税（National Retail Sales Tax），②連邦レベルの小売売上税（Federal Retail Sales Tax），③連邦レベルの付加価値税（Value Added Tax）の3つの選択肢を提示した。同委員会のレポートはその中でも，連邦レベルの付加価値税の導入とそれへの州の参加を特に提案していた。連邦国家であるカナダにおいては，州において既に導入済みの小売売上税との調整が重要な鍵となっていた[12]。

───────────

（税務経理協会・1995年）162-165頁も参考になる。
[9] 製造者売上税は各国でも導入されていったが，その後次々と廃止され，結局最後まで残ったのはカナダにおいてであった。林宜嗣「EC型付加価値税と日本型消費税」貝塚啓明・石弘光・野口悠紀雄・宮島洋・本間正明編『税制改革の潮流』（有斐閣・1990年）135頁参照。
[10] Benjamin Alarie and Richard M. Bird, *Canada*, Edited by G. Bizioli and C. Sacchetto, Tax Aspects of Fiscal Federalism, A Comparative Analysis, (IBFD, 2011), at 114. その後20年間でアルバータ州以外の全州で小売売上税が導入されていった。
[11] カナダの売上税改革に係る先行研究としては，水野忠恒『消費税の制度と理論』（弘文堂・1989年）62-100頁がある。
[12] カナダの1867年憲法（Constitution Act 1867）の制定者は，隣国アメリカが合衆国憲法により連邦議会が限定された権限しか有しておらず，政策等の実行に制約が加えられていることへの懐疑（結果としてアメリカは南北戦争という内戦を引き起こしている）か

1987年6月にはウィルソン大蔵大臣が税制全般の改革に関する白書[13]を公表したが，その中で間接税（multi-stage sales tax）に関し3つの選択肢が提示された。ひとつ目が連邦と州とにまたがった付加価値税（national sales tax[14]）で，これにより既存の連邦売上税と州の小売売上税が廃止されることとされた。その他のふたつの選択肢は州の小売売上税はそのままで連邦税のみ多段階の売上税とするものであり，ひとつが非課税項目の（ほとんど）ない単一税率の財・サービス税（goods and services tax[15]）で，もうひとつが少数の非課税項目がある欧州型の付加価値税（value-added tax[16]）であった。政府はこのうち連邦と州とにまたがった付加価値税（national sales tax）の導入が望ましいとし，州との協議が行われる旨が発表された。

　翌1988年3月には下院の財政経済問題常任委員会が前年の改革案に関するふたつのレポートを公表した。ひとつはニュージーランド・モデル[17]を手本にした，連邦と州とにまたがった課税ベースの広い（食料品も課税対象とする）売上税を導入することであり，もうひとつは連邦政府が州と交渉し連邦と州とにまたがった売上税を早期に導入することであった。

　1989年4月24日にはウィルソン大蔵大臣が，連邦政府が先行して，1991年1月1日から財・サービスに対する多段階の付加価値税を導入することを宣言した。これは，付加価値税導入に関する連邦政府と州との交渉は決裂し，連邦政府によれば，州は早期に連邦政府の動きに呼応することはないということを宣言するものであった。

ら，強力な連邦政府を樹立するという意図で憲法を起草しており，条文上連邦政府による州のコントロールの余地を強く残しているが，現実には州の権限が広く認められ，連邦の政策を推進する際はかなりの譲歩を迫られている。松井茂記『カナダの憲法』（岩波書店・2012年）89-91頁参照。

[13] Michael H. Wilson, The White Paper: Tax Reform 1987, June 18, 1987. なお，当該白書では売上税の改革とともに所得税改革を一体かつ包括的に行うことが謳われていたが，これは1986年のアメリカにおけるレーガン税制改革による所得税及び法人税の税率引下げがカナダ企業のアメリカ進出を促進したため，カナダの国際競争力を回復する目的で，所得税の負担軽減と売上税改革による安定した税収構造の確立を目指していたという背景があった。水野前掲注11書92-93頁参照。

[14] 連邦税部分と州税部分とに分かれ，州部分の税率は各州に決定権がある。現在のHSTの原型となる課税構造であると考えられる。Michael H. Wilson, *supra* note 13, at 65.

[15] わが国の消費税と同様に仕入税額控除をインボイスではなく帳簿書類に基づいて行う仕組みとなっていた。Michael H. Wilson, *supra* note 13, at 69.

[16] 欧州の付加価値税制と同様に仕入税額控除をインボイスに基づいて行う仕組みとなっていた。Michael H. Wilson, *supra* note 13, at 69.

[17] ニュージーランドの付加価値税（GST）の概要については，*see* Commentary by Ian Dickson and David White, Dimensions of Tax Design, at 387-406.

第 5 章　カナダ及びオーストラリアにおける医療の提供に対する付加価値税の取扱い

　州側は当該連邦政府の決定に対して，消費課税は州固有の課税領域[18]であり，連邦政府の方針は憲法で認められた課税権を超える行使であると反発した。実際，アルバータ，オンタリオ及びブリティッシュ・コロンビアの3州[19]は連邦付加価値税の導入は憲法違反であるとして提訴した。このうちアルバータ州は，州政府自体は課税の対象外（100％還付）とされたものの，憲法上州の権限下にある大学，学校，病院といった組織が連邦付加価値税（Goods and Services Tax）の課税対象となることを問題視し，そのような課税権の行使は州の権限を侵害するとして州の控訴裁判所（Court of Appeal）に勧告意見[20]を求めた。それに対し連邦最高裁判所は1992年6月に，連邦付加価値税法それ自体は憲法第91条3号の課税権（税金のあらゆる方式及び制度による歳費の徴収）の行使であり，連邦議会の権限内であると判断した[21]。

　1989年8月8日に公表されたテクニカルペーパーでは，付加価値税の税率は9％にすると明記されたが，同年11月の財政常任委員会は，連邦政府の売上税を付加価値税に切り替える提案を支持したものの，税率は7％にすることや，連邦と州とにまたがった付加価値税に3，4州でも参加することとなるように，州との交渉を継続することを推奨した。

　連邦政府の方針に強硬に反対していた州側も，1991年の連邦付加価値税導入の日が近づくにつれ徐々に態度を軟化させていった。そしてついに1990年8月30日，連邦政府とケベック州は合意文書にサインをしたと発表した。その合意内容は，連邦政府はケベック州内の付加価値税の執行を州に移管する[22]一方で，ケベック州の売上税の課税ベースを連邦付加価値税のものと共通化することであった。もっともこれが，1991年1月1日の連邦付加価値税施行日までに連邦政府と州とが合意し

---

[18] ただし，憲法92条2号で州の課税権限は直接課税（direct tax）に限定されていたため，州売上税は消費者に対して直接課税するものという法的制約があり，税額表示についても別表示（tax-exclusive pricing）が義務付けられていた。これがGST/HSTの導入後も尾を引き，税額表示についてはその後も税額別表示を国民が支持していった。Alarie and Bird, *supra* note 10, at 120.

[19] 訴訟には加わらなかったものの，ケベック州も同様の懸念を抱いていたという。Alarie and Bird, *supra* note 10, at 116.

[20] カナダにおいては，連邦法や州法の解釈や合憲性について，連邦政府は連邦最高裁判所に，州政府は州の控訴裁判所に勧告意見を求める照会制度（reference）が存在する。R・J・シャープ「カナダ憲法における司法制度と違憲審査権（1）」法雑43巻1号（1996年）168頁参照。

[21] *Reference re Goods and Services Tax*, [1992] 2 S.C.R. 445. 松井前掲注12書104－105頁参照。

[22] 連邦政府と州政府の合意により，州政府がケベック州におけるGSTの執行を行う見返りとして，その事務委託費用を連邦政府から受けることとなっている。Alarie and Bird, *supra* note 10, at 116.

た，唯一のものだった。ケベック州のこの新しい売上税の仕組みはケベック協調売上税[23]（Québec Sales Tax, QST）と呼ばれ，1992年7月1日に施行された[24]。ケベック州に続いたのはサスカチュワン州で，連邦付加価値税施行直後の1991年2月，1992年から連邦税に州売上税を調和させるとした。

1994年6月20日，下院の財政常任委員会はレポート[25]を発表し，連邦GSTと州売上税とを統合して連邦と州とにまたがった付加価値税（National VAT）を導入することを推奨した。そのレポートでは，カナダの付加価値税は連邦税部分と州税部分とに分かれるものの基本的に全国で課税ベースが共通化されることが謳われていた（ただし州売上税が存在しないアルバータ州を除く）。付加価値税につき連邦と州とで課税ベースを共通化することのメリットは，税の簡素化に加え，執行に伴う費用の削減及び納税者側の申告コストの削減が挙げられていた。

各州と連邦政府との交渉の結果，ついに1996年4月23日，連邦政府は，太平洋に面したノバスコシア，ニュー・ブランズウィック及びニューファンドランド・ラブラドールの3州と連邦税と州売上税との調和に関し合意したと発表した。その6か月後の同年10月，連邦政府と上記3州は1997年4月1日から州売上税に代わり，新しい付加価値税である調整売上税[26]（Harmonized Sales Tax, HST）を導入すると発表した。HSTの下では，太平洋に面した州については税率15％（うち連邦税5％，ただし当面連邦税7％及び州税8％），その他の州は14％とすることとされていた。

連邦と州との合意では，連邦税と州税との調和により州税の税収減の半分程度を補うため，連邦は3州に対し，最初の2年間は毎年3億4,900万ドルずつ，3年目は1億7,500万ドル，4年目は8,800万ドルの総額9億6,100万ドル支払うこととされていた。これは連邦が州売上税を連邦税に調和させる仕組み（HST）へと各州を

---

[23] 後述するHSTと異なり，課税ベースは共有するものの，課税標準や執行権は別々（QSTの場合執行権を州政府が持つことが大きな特徴である）という重複型付加価値税（dual VAT）の一類型である。*See*, Richard M. Bird and Pierre Pascal Gendron, Dual VATs and Cross-Border Trade: Two Problems, One Solution?, *International Tax and Public Finance*, 5 (1998), at 433-434.

[24] 連邦からGSTに係る執行に係る委託を受けるQSTの枠組みについても連邦最高裁により合憲とされている。*Reference re Québec Sales Tax*, [1994] 2 S.C.R. 715.

[25] Standing Committee on Finance, Replacing the GST: Options for Canada, June 1994.

[26] 連邦政府と州政府が同一の課税ベースに対し各々均一税率（標準税率）の付加価値税を賦課し，連邦政府が徴収したのち，一定の算式に基づき州政府へと配分する，共同型付加価値税（joint VAT）の一類型である。1996年にEUで提案されたpreparatory act (*A Common System of VAT: A Programme for the Single Market*, (COM(96)0328 C4-0458/96) や日本の地方消費税もこれに分類される。持田信樹「付加価値税の政府間割当て」経済学論集67-2（2001年）13, 25頁参照。

第5章　カナダ及びオーストラリアにおける医療の提供に対する付加価値税の取扱い

誘導するため，州の税収減が5％を上回る場合，最初の2年間は税収減の100％相当額を，3年目は50％相当額，4年目は25％相当額を支払う「調整援助措置（adjustment assistance）」に基づく措置である。

当該調整援助措置制度の下では，ケベック，オンタリオ及びブリティッシュ・コロンビアの3州は税収額が5％を超えないため連邦からの援助は受けられない。一方，サスカチュワン，マニトバ及びプリンス・エドワード・アイランドに対しては連邦から5億4,000万カナダドル支払われることとなる。

しかしながら，このような州にとって有利な調整援助措置の導入にもかかわらず，州がHSTへの転換を拒んだのは，以下の5つの理由からだった。

① 政治的リスク

HSTの導入は政治的にリスクが高いとみなされていた。すなわち，課税ベースを連邦税と合わせて拡大すると，それに伴う政治的な圧力（課税対象となる業種からクレームを受けるなど）を受けることとなるというわけである。

② 転嫁の問題

HSTの導入により，前段階の仕入税額控除が認められることから，租税負担が企業から消費者に転嫁されることとなる。いくつかの州では，消費者に過重な負担を強いることになるとして，これを問題視していた。

③ 課税権の喪失

HSTの導入により，州側が課税に関し独自の権限ないし裁量権を喪失することを懸念していた。しかし，1996年の合意においては，連邦側は州に対し個人及び法人所得税に関する更なる課税の権限を付与していた。

④ 税執行の複雑化

HSTの導入により，税の執行が複雑になることが懸念されていた。連邦はHSTにより税の執行が簡素化し執行コストも減少すると主張していたが，最初に導入したケベック州においてはそれとは程遠い状況にあったとされる。確かに，各州が一致して同じ課税ベース，同じ税率を適用する場合には，連邦が主張するような状況になることが想定される。しかし，実際の税制は州により異なるため，特に州をまたがる取引に関する付加価値税・売上税の取扱いが複雑化した。

例えば，HSTを導入していない州から導入している州へ商品を販売した場合，HSTを導入していない州であっても相手先のHSTを徴収しなければならなかった。一方，HSTを導入している州から導入していない州へ販売した場合，販売者の所在する州はHSTを徴収する必要がないこととなる。これを図で示すと図表5－3のとおりとなる。

しかも，1996年の合意では，HSTを徴収する権限は州ではなく連邦側にあるとされていた。

⑤ 予算編成の困難性

図表5-3 HST導入州・非導入州間の取引

　これまで常に州側が問題にしていたことであるが，HSTの導入により州の税収が減少し予算編成が困難になることが想定された。課税ベースの拡大にもかかわらず税収が減少するのは，主として課税の累積を排除するための前段階における仕入税額控除がその理由であった。これを解決するため，連邦は前述の調整援助措置により州における税収の減額分を補填することとした。さらに，連邦との合意を締結した州に対しては，前述の③のとおり，連邦は個人及び法人所得税に関する更なる権限を付与していた。これらの措置により，少なくとも州におけるHST導入に伴う当面の税収減に関しては対応できるものと期待されていた。

　その後も連邦と州との交渉は継続され，2009年3月にカナダ最大の州であるオンタリオ州が2010年7月1日から州売上税を廃止しHSTに切り替えることを発表した。このとき連邦政府とオンタリオ州政府は合意文書[27]により，連邦政府から州政府へ43億カナダドルの一時金（transitional assistance）のみならず，HSTの執行に係る費用の名目で追加の金銭が支払われている[28]。しかも，廃止する州売上税と切り替え後のHSTの税率はともに8％であるが，州売上税よりもHSTの方が課税ベースが広いため，州政府にとって税収が増加するというメリットがあった。同様の理由で，連邦政府から16億カナダドルの一時金を受けたブリティッシュ・コロンビア州においても，州売上税がHST（税率7％）に切り替わることとなった。

　2010年7月1日から，カナダの州の中で経済的規模が大きいブリティッシュ・コ

---

[27] Comprehensive Integrated Tax Coordination Agreement between the Government of Canada and the Government of Ontario (2009), at 69.

[28] HST導入に際して1996年に連邦政府と3州が合意した調整援助措置は，あくまで州売上税をHSTに切り替える際に税収が減少することへの補償措置という位置づけであったが，オンタリオ州の場合これに該当しないという批判があった。この批判に対しては，①経済的規模の大きいオンタリオ州がHSTに切り替えることで事業活動が活発化すれば，カナダ経済全体に与える影響も小さくない，②リーマンショック後の経済危機の下で売上税改革がなされれば，ほかの経済対策よりもはるかに効果的である，というカナダ政府の意図があったものという指摘がなされている。Alarie and Bird, *supra* note 10, at 119.

第5章　カナダ及びオーストラリアにおける医療の提供に対する付加価値税の取扱い

ロンビア及びオンタリオの2州が新たにHSTを導入したが，これは上記理由のほか，州売上税で事業者が負担することを余儀なくされた税の控除（消費者への転嫁）が可能となり，新規ビジネスの誘致に魅力を増すとともに，課税ベースの調和化によりコンプライアンスコストが減少するのもメリットであるとされた[29]。しかし，2013年1月現在においてHST/QSTを導入した州は，カナダ全土の10州及び3準州のうち，ブリティッシュ・コロンビア，ニュー・ブランズウィック，ニューファンドランド・ラブラドール，ノバスコシア，オンタリオ及びケベックの6州と半数にも満たない[30]。アルバータ州及びノースウェスト・テリトリーズ，ヌナブット及びユーコンの3準州はHSTのみならず小売売上税も課していない。サスカチュワン及びマニトバの2州（2013年4月以降はブリティッシュ・コロンビア州も）ではいまだに小売売上税が課されている。

ところが，ブリティッシュ・コロンビア州においてはHSTが不人気で，2011年8月にHST廃止の住民投票（referendum）が行われ，2013年4月1日からHSTが廃止されGST 5％のみ課されることとなった。一方，プリンス・エドワード・アイランド州においては，2013年4月1日から小売売上税に代えてHSTが導入されることとなった。結果として，2013年4月以降におけるHST/QSTの導入州は，ニュー・ブランズウィック，ニューファンドランド・ラブラドール，ノバスコシア，プリンス・エドワード・アイランド，オンタリオ及びケベックの6州である[31]。

3　カナダ付加価値税の税率構造と仕入税額控除制度

(1)　税率

連邦税であるGSTは間接税法（ETA）の一部（Part VIII, Section 122 through

---

[29] Jim Day, Together on Imperfect Harmony: Ontario and British Columbia Embrace Value-Added Tax, *Journal of State Taxation*, January-February 2010, at 18.
[30] ただし，2013年1月現在の加入済み6州において，人口にして81.7％，GDPにして75.0％（いずれもStatistics Canadaの2011年国勢調査のデータに基づく）を占めており，未加入の州で大きなところはアルバータ州（人口は10.9％，GDPは16.8％）くらいである。なお，2013年4月以降HSTから離脱したブリティッシュ・コロンビア州の割合は，人口にして13.1％，GDPにして12.4％である。
[31] 連邦財政主義の下，カナダの税制は連邦と州レベルの調整が課題となってきたが，所得税に関しては，州の課税自主権を担保しつつ，二重行政の徴収コスト上昇を抑えるための工夫（徴収協定により連邦政府が州税分も徴収するなど）がなされるなど，比較的両者のバランスがうまく取れていると評価されている。Alarie and Bird, *supra* note 10, at 124. 佐藤主光「地方財政と地方消費税」租税研究2013年8月号163頁参照。

図表5－4　カナダの GST/HST の税率（2013年4月1日以降）

州　　　　名	連邦税	州税	合計
アルバータ	5％	－	5％
ブリティッシュ・コロンビア	5％	－	5％
マニトバ	5％	－	5％
ニュー・ブランズウィック★	5％	8％	13％
ニューファンドランド・ラブラドール★	5％	8％	13％
ノースウェスト・テリトリーズ○	5％	－	5％
ノバスコシア★	5％	10％*	15％
ヌナブット○	5％	－	5％
オンタリオ	5％	8％	13％
プリンス・エドワード・アイランド	5％	9％	14％
ケベック*	5％	9.5％	14.975％*
サスカチュワン	5％	－	5％
ユーコン○	5％	－	5％

（注1）　ケベック州の売上税（QST）は課税標準が「譲渡価額＋連邦税5％」であるため、州税の実質税率は9.975％（＝9.5％×（1＋5％））となり、合計税率は14.975％となる。なお、ケベック州は2012年1月1日に QST の税率が8.5％から9.5％となった。
（注2）　★印は連邦と最初に HST に合意した3州を示す。また、○印は準州を示す。
（注3）　ノバスコシア州の HST は2010年7月1日より8％から10％に引き上げられた。
（注4）　ブリティッシュ・コロンビア州は2013年4月に廃止されるまで HST の税率は7％であった。
（出典）　カナダ歳入庁及びケベック州歳入局ホームページより作成

362）として規定されている。カナダの GST/HST の税率は上の図表5－4のようになる。

　連邦税である GST の標準税率は1991年の導入時には7％であったが、2006年7月から6％、2010年7月から現在の5％と徐々に下がっている。これらの税率引下げは GST 減税を選挙公約に掲げて2006年に政権に就いた保守党ハーパー（Harper）政権により実行されている。

(2)　税率構造

　前述のとおり、連邦税である GST の標準税率は5％である。標準税率以外には、軽減税率の一形態であるゼロ税率（zero-rated）[32] 及び非課税の税率構造となっている。なお、ゼロ税率以外の軽減税率が適用される取引は存在しない。

第5章　カナダ及びオーストラリアにおける医療の提供に対する付加価値税の取扱い

① ゼロ税率

ゼロ税率が適用される取引（zero-rated supplies）は以下のものである（Section 123(1), Schedule VI of ETA）。

ア．処方薬（Schedule VI, Part I of ETA）
イ．医療器具（Schedule VI, Part II of ETA）
ウ．基礎的な食料品（basic groceries）（Schedule VI, Part III of ETA）
エ．農業や畜産業で使用される種苗や肥料，繁殖用の卵，魚介類など（Schedule VI, Part IV of ETA）
オ．輸出取引（Schedule VI, Part V of ETA）
カ．海外旅行（Schedule VI, Part VI of ETA）
キ．公共交通（Schedule VI, Part VII of ETA）
ク．国際機関向けサービス（Schedule VI, Part VIII of ETA）
ケ．非居住者向け金融取引（Schedule VI, Part IX of ETA）
コ．カナダ郵便会社及び連邦政府による関税の徴収（Schedule VI, Part X of ETA）

イギリスと同様に（もっとも欧州では例外的ではあるが），基礎的な食料品や公共交通といった生活必需品，処方薬や医療器具に対し幅広くゼロ税率が適用されるところが注目される[33]。

② 非課税

非課税となる取引は以下のものである（Section 123(1), Schedule V of ETA）。

ア．一定の中古の居住用住宅の譲渡や居住用住宅の賃貸，農地の譲渡など（Schedule V, Part I of ETA）
イ．医療及び介護（Schedule V, Part II of ETA）
ウ．小学校及び中学校・高校における教育，大学における学位取得のための授業料など（Schedule V, Part III of ETA）
エ．保育サービス（Schedule V, Part IV of ETA）
オ．法律扶助サービス（Schedule V, Part V of ETA）
カ．慈善団体や公的団体による資産の譲渡（Schedule V, Part V.1 of ETA）

---

[32] わが国のようにゼロ税率の適用対象が輸出免税のみの場合，一般にゼロ税率を「軽減税率（reduced rates）」に分類することはないが，①軽減税率の究極の形態がゼロ税率であること，②カナダは輸出免税のみならず食料品や処方薬など生活必需品にもゼロ税率が適用されることから，本書ではゼロ税率を軽減税率の一形態ととらえることとする。なお，GST導入前のカナダにおける議論では，ゼロ税率をtax-free，非課税をtax-exemptと称していた。See, Michael H. Wilson, Goods and Services Tax: Technical Paper, August 1989, at 85-87.

[33] イギリスのVATにおけるゼロ税率の適用については，第4章第3節参照。

179

キ．公的機関（public sector bodies[34]）による資産の譲渡（Schedule V, Part VI of ETA）
ク．国内における金融取引（Schedule V, Part VII of ETA）
ケ．フェリー，道路及び橋の通行料（Schedule V, Part VIII of ETA）

　欧州諸国における付加価値税の取扱いと同様に，カナダにおいても医療及び介護サービスの提供はGSTが非課税とされている。この点については本章第4節において触れる。

(3)　仕入税額控除制度

　付加価値税制度の根幹をなす仕入税額控除制度（input tax credits and refunds）であるが，カナダのGSTにおいては間接税法の225条から239条に定めがある。
　カナダのGSTにおいて仕入税額控除を受けるための要件は以下の二点である。
① 課税取引の譲渡人が譲受人に対しそれを証する証憑書類を提供し，それを譲受人が保存していること（s 223(1) of ETA）。仕入税額控除の要件となる譲受人による証憑書類の取得は譲受人の仕入税額控除に係る申告前に行う必要がある[35]。
② 譲受人に提供された物品やサービスが譲受人によって行われる事業活動（commercial activity）において消費，使用又は供給されるために取得されたものであること（s 169(1) of ETA）。仮に物品やサービスが一部は事業目的で一部は事業以外の目的で取得された場合，仕入税額控除の計算上事業分と事業以外分とに按分する必要がある。なお，非課税となる供給（exempt supply[36]）はここでいう事業活動から除外されている（s 123(1) of ETA）。そのため，非課税売上に対応する仕入れに係る税額は控除できない。

　非課税売上に対応する課税仕入れに係るGSTが控除できないことから，諸外国の制度と同様に，非課税売上を有する事業者は仕入税額控除の算定にあたり非課税売上に対応する仕入税額の除外を行う必要がある。

---

[34] 後述第4節第2項の"public service bodies"との違いは，"public sector bodies"には連邦政府及び州政府が含まれるより広い概念であるという点である（s 123(1) of ETA）。
[35] 申告前に証憑書類を取得せず発生ベースで仕入税額控除を行った（"accrued" input tax credit）ケースでそれが認められなかった判例として，*The Toronto-Dominion Bank v. The Queen*, 2009 GTC 971 (2009 TCC 264) がある。
[36] Schedule V of ETA.

第5章　カナダ及びオーストラリアにおける医療の提供に対する付加価値税の取扱い

4　カナダにおける医療の提供に対する付加価値税の取扱い

(1)　医療の提供に対する取扱い

　カナダにおいては，第3章第3節で説明したとおり，基本的に保健医療制度は憲法上州の専権事項とされており[37]，連邦レベルで統一的な制度が提供されているわけではない。しかし，一方で，連邦政府は州の専権事項に対しても財政支出（補助金）を行うことが認められており[38]，これを行使することで事実上連邦主導[39]の画一的な医療保障制度（Medicare）[40]が実現されている[41]。
　前述第3節第2項②のとおり，カナダにおける医療の提供（health care services）に関しては，わが国や欧州諸国と同様に付加価値税は非課税となっている（s 123(1), Schedule V, Part II of ETA）。カナダの間接税法上非課税となる医療の提供は以下のものが挙げられる。
①　医療機関における医療[42]の提供（Schedule V, Part II, s 2 of ETA）
②　救急車による搬送（カナダ国内外の空路搬送（ゼロ税率が適用される[43]）を除く）（Schedule V, Part II, s 4 of ETA）

---

[37] カナダ1867年憲法（the Constitution Act, 1867）92条7号で病院，保護施設，慈善施設及び慈善の組織を設置し，維持し，管理することは州の立法者の排他的権限であるとされる。
[38] これを一般に財政連邦主義（fiscal federalism）という。池上岳彦「財政連邦主義の変容」新川敏光編『多文化主義社会の福祉国家』（ミネルヴァ書房・2008年）140-163頁参照。なお，財政平準化のための補助金（equalization payments）は1982年憲法36条（2）に明記された。
[39] 連邦政府は1984年にカナダ保健法（Canada Health Act, CHA）を制定し，普遍性（universality），利用可能性（accessibility），包括性（comprehensiveness），随伴性（portability），非営利運営（public administration）という5つの基準に合致するような州政府の保健医療制度に対し財政支出を行っている。新川敏光「カナダにおけるナショナル・アイデンティティの探求と超克の旅」新川敏光編『多文化主義社会の福祉国家』（ミネルヴァ書房・2008年）19頁参照。
[40] Medicareは医療保険（Health Insurance）と称されることもあるが，運営費は税金で賄われており，保険料により賄われるわが国やドイツ・フランスの公的医療保険とは異なる仕組みである。州により保険料を課すところもあるが，その場合でも運営費の大半は税金（一般財源）による。Medicareの対象となる医療には患者の自己負担分がない。なお，歯科は原則としてMedicareの対象外であるが，GSTは非課税である。
[41] 新川敏光「カナダにおける医療と介護の機能分担と連携」海外社会保障研究 Autumn 2006 No.156, 61頁参照。
[42] 美容外科（cosmetic surgery）は除く（Schedule V, Part II, s 1.1 of ETA）。
[43] s 123(1), Schedule VI, Part VII, Section 15 of ETA.

③ 医療従事者による医療相談，診断及び治療の提供（Schedule V, Part II, s 5 of ETA）
④ 看護師及び看護助手等による看護サービスの提供（Schedule V, Part II, s 6 of ETA）
⑤ 検眼士，カイロプラクター，理学療法士，足治療師（chiropodic），整骨療法士，言語聴覚士，作業療法士，臨床心理士及び助産師によるサービスの提供（Schedule V, Part II, s 7 of ETA）

さらに，医療の提供に関連して，医療機関の患者に対する食事の提供も非課税とされる（Schedule V, Part II, s 11 of ETA）。

(2) 公的機関への還付制度

付加価値税制を有するほかの国と同様に，カナダにおいても原則として非課税となる売上に対応する仕入れに係る税額の控除は認められていない。しかしこれには例外があり，公的機関（public service bodies）については，申告により非課税売上に対応する控除不能の仕入税額（non-creditable tax charged）のうち一定部分の金額に対して還付（rebate）を行う制度が導入されている[44]（s 259(3) of ETA）。還付の対象となるのは公的機関（selected public service bodies）である病院（hospital authorities），学校（school authorities），大学（universities and public colleges）及び地方自治体（municipalities）のほか，慈善団体（charity）及び認定NPO（qualifying non-profit organization）である（s 259(3) of ETA）。還付制度は連邦税だけでなく，州税であるHST/QSTにも採用されている。

公的機関等の類型別還付割合は次頁の図表5－5のとおりであり，同じ類型であっても州により還付割合にバラつきがあることが分かる。特に，ニューファンドランド・ラブラドール州はHST部分に関する地方自治体を含む公的機関等への還付を一切行っていない点が注目される。

非課税売上に対応する控除不能の仕入税額について100％還付[45]されるのは連邦GSTに係る地方自治体に対するものだけで，その他の公的機関における還付割合は0％～93％の間である（部分還付（partial refund）制度）。カナダにおける付加価値税の還付制度は，法形式上は還付（rebate）であるが，その経済的効果に着目

---

[44] なお，欧州各国（デンマーク，フィンランド，オランダ，ノルウェー，スウェーデン，イギリス）においても地方公共団体に対する還付制度が存在する。Pierre-Pascal Gendron, How should the U.S. treat government entities, nonprofit organizations, and other tax-exempt bodies under a VAT?, *Tax Law Review*, Vol. 63, No.2, Winter 2010, at 496. また，第4章第5節第5項も参照。

[45] 100％還付された場合，実質的にゼロ税率が適用された場合と経済的効果は同じである。

図表5－5　公的機関等の類型別GST/HST/QST還付割合（2013年1月現在）

公的機関等の類型	還付割合(GST)	還付割合（HST/QST）						
		NS	NB	NL	ON	BC	QB	NPP
地方自治体	100%	57.14%	57.14%	0%	78%	75%	0%	0%
大学	67%	67%	0%	0%	78%	75%	47%	0%
学校	68%	68%	0%	0%	93%	87%	47%	0%
病院	83%	83%	0%	0%	87%	58%	51.5%	0%
慈善団体	50%	50%	50%	0%	82%	57%	50%	0%
認定NPO	50%	50%	50%	0%	82%	57%	50%	0%

（注1）　NS：ノバスコシア，NB：ニュー・ブランズウィック，NL：ニューファンドランド・ラブラドール，ON：オンタリオ，BC：ブリティッシュ・コロンビア，QB：ケベック，NPP（non-participating provinces）：それ以外の州・準州
（注2）　ブリティッシュ・コロンビア州では2013年4月以降HSTが廃止されているため，HST部分の還付も行われなくなった。
（注3）　プリンス・エドワード・アイランド州は2013年4月以降HSTを導入したが，HSTに関する公的機関等に対する還付は，慈善団体及び認定NPO（ともに35％）を除き行われていない。
（出典）　Canada Revenue Agency, GST/HST Public Service Bodies' Rebate, November 2012, at 12及びRevenue Québecホームページを基に筆者作成

すると仕入税額控除と同等の制度であると考えられる[46]。

　なお，公的機関が2以上の事業を行っている場合，例えば，大学が教育活動以外に付属病院を運営している場合には，その仕入税額につき教育活動の部分と病院の部分とに分類し，それぞれの金額に還付割合（GSTの場合，大学の教育活動は67％，病院は83％）を適用することとなる（s 259(4.1) of ETA）。

(3)　病院に対する還付制度

　GSTに関する83％の還付を受けるためには，医療機関は公的病院（public hospital）を運営している必要がある。公的病院は以下の要件を満たす必要がある（GST/HST Policy Statement, P-245, August 17, 2005, at 3）。

① 　検査，診断や治療の際いつでも医師，看護師や関連するスタッフがいること
② 　患者に対する医療サービスの提供の際，医療従事者及び医療器具を使用すること。具体的には，検査室，放射線室，医薬品管理室，手術室，保管庫，医療器具

---

[46]　カナダの還付制度を部分控除制度（partial credit）であると評価するものとして，Charles E. McLure, Jr., What Can the United States Learn from the Canadian Sales Tax Debates?, Canada-U.S. Tax Comparisons, ed. by John B. Shoven and John Whalley, University of Chicago Press, at 314.

及び手術用器具などを指す。
③　入院設備が完備されていること。入院患者は検査，診断及び治療を受けるためベッドが当てがわれることとなる。さらに，入院患者の快適な生活を保障するため，24時間看護サービスや食事及び洗濯サービスが提供される必要がある。
④　入院及び外来患者へのサービスに充てるため，州や地方公共団体から事業費及び資本投資に係る財政的な援助が受けられること。
⑤　州や地方公共団体の規定する法律や条例の下で病院業務が営まれること。

還付の対象となる仕入税額は入院に係るもののみではなく，外来に係るものも含まれる（GST/HST Policy Statement, P-245, August 17, 2005, at 4）。

(4)　公的病院の要件

還付を受けられる公的病院（public hospital）の要件であるが，例えば，その施設が提供するサービスの内容が日々の看護又は介護にとどまる場合には，当該施設は公的病院には該当しない。また，入院設備がなく，緊急の処置にのみ対応する診療所も公的病院には該当しない。

83％の還付が受けられる公的病院の要件として重要なのは，入院施設の完備及び入院サービスの提供であるが，還付の対象となる仕入税額は入院に係るもののみではなく，外来に係るものも対象となることに留意する必要があるだろう（GST/HST Policy Statement, P-245, August 17, 2005, at 4）。

さらに，仮に病院が立案した治療計画の下，病院が当該治療計画を管理・実施し，患者が外来ベースで継続的に通院しているようなケースについては，その治療が病院，患者の自宅，その他の場所のいずれで行われていようと，公的病院の要件を満たす医療サービスといえる。例えば，ある患者が病院で治療を受けたのち，退院した後も病院が立案した自宅療養プログラムに基づき病院の管理の下訪問看護及び抗生物質による療養を実施する場合，病院は当該プログラムの実施に係る仕入税額につき83％の還付を受けることができる（GST/HST Policy Statement, P-245, August 17, 2005, at 9, Example No.1）。

しかし，当該治療計画が仮に診療所によって管理・実施されているような場合には，公的病院の要件を満たす医療サービスとはいえない。

(5)　入院患者の治療行為

83％の還付の対象となる公的病院が行う入院患者の治療行為やそれに関連する施設・器具等の使用には，以下のものが挙げられる[47]。
①　入院サービス及び入院食

---

[47] GST/HST Policy Statement, P-245, August 17, 2005, at 4.

② 看護サービス
③ 病理診断や放射線検査
④ 医薬品の管理
⑤ 手術室や新生児ルーム，麻酔設備の使用
⑥ 医療器具や手術器具
⑦ 放射線治療設備の使用
⑧ 理学療法，作業療法，言語聴覚療法といったリハビリテーション

(6) その他の患者に対するサービスの提供

公的病院でなされる患者に対するサービスのうち，以下に掲げるものなどは83％還付の対象となる[48]。
① 患者の入退院に係る救急・送迎サービス
② 退院患者に対する自宅療養に係る教育サービス
③ 牧師による患者やその家族に対する精神的サポートサービス
④ 理容サービス
⑤ ソーシャルワーカーによるサービス
⑥ 患者サービスに関する研究活動
⑦ 清掃，警備，人材派遣，物品管理活動　など

(7) 公的病院の要件に該当しない活動

長期にわたる介護療養（long-term care）や病院の遊休設備等を利用した営利活動などは，患者の治療には直接関係しないことから，一般に83％の還付を受けられる公的病院の要件を満たさないこととなる[49]。したがって，急性期の一般病床以外に療養病床を抱える病院の場合，83％の還付を受けるために，介護療養病床[50]と一般病床とを区別して経理処理する必要がある。

介護療養に係る施設には，継続的ケアセンター，ナーシングホーム，居住型介護施設などがあるが，いずれも治療行為や外科的手術を行う施設ではないため，83％の還付を受けられる公的病院の要件を満たさない。

公的病院の要件に該当しないその他の活動には，以下のものが挙げられる[51]。
① 医薬品メーカーとの研究開発契約など，患者の治療行為と直接関連性のない応用研究活動

---

[48] *supra* note 47 at 5.
[49] *supra* note 47 at 6.
[50] 介護療養病床は83％の還付は受けられないが，Section 259のその他の還付制度の適用がある可能性がある。
[51] *supra* note 47 at 7.

② 医薬品の購入及びそれの第三者への供給のような，患者の治療と関連のない集中購買
③ ケータリングサービスや外部販売用の冷凍食品の製造，見舞客等への食事の提供といった患者の治療と関連のない食事の提供サービス
④ 患者の治療とは関連のない病院外の者に対する洗濯・クリーニングサービス
⑤ 会議室や宴会場，店舗スペースの賃貸事業
⑥ 暖房用などの蒸気の供給
⑦ 病院の売店スペース以外での書籍や雑誌等の販売
⑧ 患者の治療とは関連のない医療用又は手術用器具・物品の販売
⑨ 患者の治療とは関連のない看護・デイケアサービス
⑩ 患者の治療とは関連のないフィットネスやレクリエーションクラスの開催

(8) 地域貢献活動

また，病院が行う地域に対する健康・保健に係る啓蒙活動（community outreach activities）は，基本的に患者の治療活動には該当しないため，GSTの83％還付の対象とはならない[52]。病院が行う地域に対する健康・保健に係る啓蒙活動の具体例は，以下のようになる。
① 出生前クラス，新生児家庭訪問及びホットライン
② 母乳での育児教育
③ 子育て方法の伝授
④ 栄養状態のカウンセリング
⑤ 摂食障害のカウンセリング
⑥ 免疫力向上プログラム
⑦ 毒物中毒のホットライン
⑧ 麻薬中毒のカウンセリング
⑨ 禁煙プログラム
⑩ 睡眠障害のカウンセリング

(9) 還付制度の見直し論議

最後に，GST導入後の医療の提供に関する取扱いについての見直し論議について以下で見ていくこととする。

そもそも，カナダにおけるGST/HST還付制度の対象となるのは公的機関に分類される病院に対してであり，医療の提供そのものに対してではない。すなわち，

---

[52] *supra* note 47 at 7-8. ただし，Section 259のその他の還付制度（例えば慈善団体として）の適用がある可能性がある。

第5章　カナダ及びオーストラリアにおける医療の提供に対する付加価値税の取扱い

通常の開業医（physician practices）が提供する医療はGSTが非課税であるが還付は受けられないため，日本と同様に控除対象外の税額の負担を強いられることとなる。そのため，カナダの開業医を中心に構成される組織であるカナダ医療協会[53]（Canadian Medical Association, CMA）は1991年のGST導入時にカナダ連邦政府に対し，医療の提供について非課税ではなくゼロ税率が適用されるようロビー活動を行ったが，認められなかったという経緯がある[54]。

還付制度についての見直しであるが，カナダにおける2000年代に入ってからの医療制度改革の結果，従来病院によって提供されていた医療が慈善団体等（GSTの還付割合50％）により提供されるようになった。そのため，カナダヘルスケア協会（Canadian Healthcare Association, CHA）の要求などに基づき，83％の還付が受けられる病院の範囲が2005年1月から医療を提供する慈善団体及びNPO法人まで拡大されている（s 259(1) of ETA）[55]。さらにカナダヘルスケア協会は，病院に対しても地方自治体[56]と同様に100％還付するように求めている[57]。これは，原則全額税金で賄うはずの医療に関し，GSTに関しては17％相当額の負担を病院に強いているほか，州税については全く還付を認めない州もあるなど病院の立地による不均衡が生じていることから，その解決には病院への還付率を州税分も含め一律に100％に引き上げるしかないという主張である。この点については2011年10月18日の連邦議会下院財政委員会[58]でカナダヘルスケア協会会長がその旨証言しているものの，現在までのところその実現の見通しは立っていない[59]。

---

[53]）「カナダ医師会」と訳しているケースもある。新川敏光「医療保険」城戸喜子・塩野谷祐一編『先進諸国の社会保障3　カナダ』（東京大学出版会・1999年）241頁。

[54]）Nancy Robb, Harmonized sales tax a taxing issue for MDs in Atlantic Canada, *Canadian Medical Association Journal*, Nov. 15, 1997, at 1411.

[55]）Ryan, Value-Added Taxation in Canada: GST, HST, and QST, 4th Edition, CCH, at 525.

[56]）地方自治体へのGSTの還付割合は従来57.14％であったが，2004年2月から100％に引き上げられている。Canada Revenue Agency, Guides RC 4049, GST/HST Information for Municipalities, at 19.

[57]）Canadian Healthcare Association, Heath Sector GST unfair, only solution is 100% rebate, says CHA, in November 14, 2007.（CHAホームページより，2013年3月現在リンク切れ）。2011年8月にも同様の主張をしている。Canadian Healthcare Association, Pre-Budget 2012 Brief Submitted to the House of Commons Standing Committee on Finance, August 2011, at 4.

[58]）Presentation by Ms. Pamela Fralick, President and CEO, Canadian Healthcare Association, 41st Parliament, 1st Session, Standing Committee on Finance, Pre-budget consultations 2011, October 18, 2011.

[59]）同様の主張は別の業界団体であるカナダ教育医療機関協会（Association of Canadian Academic Healthcare Organizations）及びカナダ医療協会（Canadian Medical Association）からも出されている。カナダ医療協会の主張では，公的病院への還付割合を100％，現在GST還付制度の対象外となっている開業医による医療の提供をゼロ税率

また，開業医は基本的に GST の還付が受けられないという不合理を解消するため，カナダ医療協会は2005年10月に連邦議会下院財政委員会（Standing Committee on Finance）に対して提出した要望書[60]で医療の提供に関し GST のゼロ税率の適用[61]を求めており，同議会でカナダ医療協会会長がその旨を証言している[62]が，これも実現の見通しが立っていないところである。

5　カナダ付加価値税における還付制度の評価

(1)　還付制度の意義

カナダはオーストラリアとは異なり，公的病院の提供する医療サービスに係る GST が非課税とされるため，それに対応する課税仕入れに係る税額が控除不能となる問題への対応策として，控除不能額の83％相当額を還付する仕組みを採り入れている。カナダの還付制度は病院のみならず地方公共団体や大学など公的機関に広く適用される制度（MUSH rebate system[63]）であるが，還付割合は適用対象により細かく異なっている。これは，連邦売上税の改革に関して，連邦政府はそれまでの税負担よりも重くなるような改革を行わないという基本姿勢があり，連邦税である GST については，その導入時において，各公的機関がそれまで課されていた売上税（Federal Sales Tax）の負担を上回らない水準となるような還付制度（partial

---

とすることを求めており，税収に及ぼす影響はそれぞれ年間8,000万カナダドル及び6,500万カナダドルの合計1億4,500万カナダドルであるとしている。Canadian Medical Association, The Goods and Services Tax (GST) and health care access, *CMA backgrounder*, April 2006. Association of Canadian Academic Healthcare Organizations, Maximizing the Performance of Canada's Health System, A Submission to the Honourable Jim Flaherty, Minister of Finance, April 19, 2006, at 15-16.

[60]　Canadian Medical Association, A Prescription for Productivity: Towards a more efficient, equitable and effective health system, October 24, 2005, at 5.

[61]　カナダ医療協会の試算では，ゼロ税率への移行により連邦政府の GST の減収額は8,400万カナダドルで，当該減収額は2005/2006会計年度の GST 税収315億カナダドルの0.27％に相当する規模であった。ただし，当該減収額は1992年時点での推計額5,720万カナダドルにインフレを考慮した額であり，高めの数値となっている可能性がある。実際，前掲注60で触れた翌年（2006年）に算定された推計額は，税率の変更がないにもかかわらず6,500万カナダドルに下がっている。See, *supra* note 60, at 5, 16.

[62]　Presentation by Ms. Ruth Collins-Nakai, President, Canadian Medical Association, 38th Parliament, 1st Session, Standing Committee on Finance, Pre-budget consultations 2005, October 24, 2005.

[63]　地方公共団体（Municipality），大学（University），小中学校（School），病院（Hospital）の頭文字をとってこのように称される。

rebates of sales tax）及び還付割合が設定されたという経緯による[64]。実際の還付割合は，公的機関ごとに以下に示される算式により計算されている[65]。

図表5－6　還付割合

$$還付割合（\%） = \left(1 - \frac{税制改革を行わない場合の1991年の予想小売売上税税収}{1991年の予想GST税収}\right) \times 100$$

図表5－5のように州税であるHSTに関しても還付を行っている州が多いが，その割合については，例えばオンタリオ州及びブリティッシュ・コロンビア州については，各公的機関ごとに小売売上税の税収と切り替え後のHSTの税収とが同程度の金額となるように設定されたということである[66]。

また，そもそも還付を行う理由であるが，欧州やオーストラリアでも問題視された点，すなわち，非課税取引を行う事業者がそれに対応する課税仕入れに係る仕入税額を控除できないという問題を回避するため，外部に発注するサービスを内部化するという現象（self-supply bias）に対処するためであるとされている[67]。当該現象に対処するため特別のルールを導入することも検討されたが，還付制度の導入に

---

[64] 当時の立法趣旨を説明する資料として参照されるものとして，Michael H. Wilson, Goods and Services Tax: Technical Paper, August 1989, at 135-137. なお，Wilson氏は当時の大蔵大臣である。同様の指摘として，United States Government Accounting Office, Value-Added Taxes, Lessons Learned from other Countries on Compliance Risks, Administrative Costs, Compliance Burden, and Transition, *GAO-08-566*, April 2008, at 52. 及びAlarie and Bird, *supra* note 10, at 121などがある。また，最近のカナダ議会でのMerv Tweed議員（保守党）に対する財務大臣の政務秘書官（Parliamentary Secretary to the Minister of Finance）の答弁でも，公立学校へのGSTの還付割合についてであるが，それが68％と設定されたのは，その導入時において，公立学校がそれまで課されていた売上税（Federal Sales Tax）の負担を上回らない水準となるようにという趣旨であることが明らかにされている。House of Commons Hansard #243 of the 41st Parliament, 1st Session, Debates of April 30th, 2013.

[65] Michael H. Wilson, *supra* note 64, at 138.

[66] Jim Day, Together in Imperfect Harmony: Ontario and British Columbia Embrace Value-Added Tax, *Journal of State Taxation*, January-February 2010, at 19. 同論文では一方で州ごとに異なりかつGSTとも異なる還付割合が制度の複雑化をもたらすという問題点を指摘している。

[67] David W. Conklin and France St-Hilaire, Provincial Tax Reform: Options and Opportunities, The Institute for Research on Public Policy (1990) at 178. また，Michael H. Wilson, *supra* note 64, at 139にも同様の指摘がある。なお，欧州の議論は第4章第5節，オーストラリアの減額仕入税額控除制度（RITC）の議論は本章第7節参照。

よりその必要性がなくなった[68]。

(2) 還付制度の規模

カナダの還付制度を評するにあたり必要な基礎情報として，還付制度の規模，すなわち還付制度によりどの程度税収が失われているのか，というものがある。カナダ連邦財務省は1994年から毎年，税法上に定められた各種租税優遇措置の規模がど

図表5－7　GSTに係る租税支出の主要項目に関する内訳の推移

（単位：百万カナダドル）

項　　目	2007	2008	2009	2010	2011*	2012*
＜還付＞						
慈善団体	295	270	260	255	265	280
NPO法人	70	70	70	70	70	75
教育機関	770	680	700	740	740	740
病院	525	485	515	560	560	555
住宅	910	795	675	675	635	680
地方公共団体	1,805	1,745	1,890	2,070	2,000	1,985
＜非課税＞						
慈善団体及びNPO法人	845	755	775	800	825	850
教育	510	450	480	505	530	555
医療	585	545	570	600	630	660
児童扶助	135	120	130	135	140	150
住宅	1,295	1,195	1,230	1,265	1,305	1,345
地方公営交通	165	150	155	160	165	170
水道及び清掃事業	240	220	230	235	240	250
＜ゼロ税率＞						
医薬品及び医療機器	910	815	855	890	930	975
基礎的食料品	3,540	3,105	3,290	3,390	3,535	3,690

（注）　2011・2012年は予測値である。
（出典）　Canada Department of Finance, Tax Expenditures and Evaluations 2012, at 26-27.

---

[68] Michael H. Wilson, *supra* note 64, at 139.

第5章　カナダ及びオーストラリアにおける医療の提供に対する付加価値税の取扱い

の程度なのかを明らかにした租税支出レポート（Tax Expenditures and Evaluations）を作成しており，その2012年度版によれば，GSTに関する租税支出の主要項目に関する内訳は図表5－7のとおりである。

連邦GSTの税率は2007年までは6％，2008年からは5％であり，それを反映して非課税及びゼロ税率による減収額が縮小している。2011－2012会計年度のGSTの税収は283億7,000万カナダドルであるが，2012年の病院に対する還付額はGST税収の1.96％程度となっている。また，2012年の病院に対する還付額と医療非課税に伴う減収額の合計額は12億1,500万カナダドルで，2011－2012会計年度のGST税収に占める割合は4.28％である。

なお，本章第4節第2項で見たとおり，連邦GST以外にもHST/QSTについて病院に対する還付制度が導入されているが，その規模は各州から特に公表されていない。

(3)　還付制度のわが国への導入可能性

カナダの付加価値税制における公的機関への還付制度をわが国に導入することについては，さしあたり以下の点が検討事項として挙げられるだろう。

① 　カナダとの法的・経済的・社会的環境の違い

仮に海外の法制度が優れているとしても，それをそのままわが国に導入すべきとは簡単には言えない。特にカナダは連邦制の国であり，憲法上，州の専権事項に連邦が介入することは制限されており，州の専権事項である保健医療制度に連邦が介入する場合，連邦財政主義の下で，財政的な移転を行うことを余儀なくされるという状況にある。病院の控除不能税額に対する還付制度もその一環としてとらえることも可能であり，わが国とは置かれている状況が異なるということも否定できないであろう。

② 　カナダにおける還付制度の評価

カナダの還付制度については，批判的な見方も存在する。代表的なものは，還付の対象が病院のみならず公的機関全般に及び，また，図表5－5のようにその形態によって還付割合が異なるため，制度の複雑性及び中立性の欠如を問題視する批判である[69]。カナダにおいては，控除不能税額の負担の問題から，公的機関（特に地方公共団体）が外部委託すべき事業を内部化する動きが現れ，それを解消するため還付割合を上げた（地方公共団体については100％とした）という経緯がある。

わが国の場合，控除対象外消費税に関するサービスの内部化の問題は生じていないが，仮に還付制度の適用対象を医療機関全体ではなく（補助金による補填のな

---

[69] Michael Smart, Departures from Neutrality in Canada's Goods and Services Tax, *SPP Research Papers, Vol.5, Issue 5*, February 2012, at 19-20. なお，当該論文では公的機関を課税化し，ゼロ税率の適用とすることも選択肢としてあり得るとしている。

い）民間医療機関だけに限定する場合，中立性の観点のみならず，適用対象外となった医療機関においてサービスの内部化の動きが出るという観点からも問題となるだろう。そのため，適用対象を限定することには慎重であるべきであろう。

③ 人的非課税 vs 物的非課税

上記②とも関連するが，付加価値税における非課税制度は，それが人的非課税であるかそれとも物的非課税であるかに着目して評価すべき場合がある。すなわち，カナダにおける医療非課税は諸外国と同様に医療サービスを非課税とするという制度であるため物的非課税であるが，病院に対する還付制度は公的機関の一類型である（公的）病院を対象とするものであり，人的非課税制度そのものではないものの，人的非課税と軌を一にする制度である。還付制度が物的非課税制度から生じる問題（self-supply bias）に対処するための措置であるならば，還付対象は病院に限定されず医療を提供しているすべての組織を含めないと中立性の観点から問題となり得る。この点で，カナダの制度は必ずしも望ましい制度であるとは言えないように思われる。したがって，わが国に還付制度を導入する場合には，同じサービスを提供している事業者は同等に取り扱うようにすべきであろう。

④ 制度の安定性

一般に，租税制度を評価するときに重要となる基準のひとつは，制度の安定性である。仮にその制度が理論的に優れているとしても，導入後日が浅い場合，特に執行面での問題点が表面化していない可能性が少なくない。したがって，わが国の税制改正の議論の際，海外の類似の制度を参考にするときには，その制度が導入以来どの程度存続しているのか（制度の安定性）を見ることが必要であろう。この点からいうと，カナダの還付制度はGST施行時から導入されており以来既に20年以上経過しており，その間基本的な枠組みに変更は加えられておらず，また，不正還付といった租税回避事案が起こっているという報告も特に聞かれないため，制度の安定性の面から十分評価できると言えよう。

6 オーストラリアにおける付加価値税導入の経緯

(1) オーストラリアにおける付加価値税の位置づけ

オーストラリアにおける税収の内訳（連邦及び州・地方政府全体）は次頁の図表5-8のとおりである。

オーストラリアのGSTの税率は10％とわが国の消費税（現行5％）の2倍であるが，総税収に占める割合は12％強とわが国の消費税（地方消費税を含め16％強）よりも低い。これは，オーストラリアのGSTの方が課税ベースの浸食度合いが高いことを意味しているものと考えられる。実際，第2章第2節の図表2-22で示さ

第 5 章　カナダ及びオーストラリアにおける医療の提供に対する付加価値税の取扱い

図表 5 − 8　オーストラリアにおける税収の内訳（連邦及び州・地方政府全体，2011 − 12年度）

（単位：百万豪ドル）

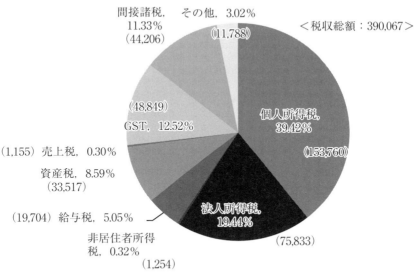

（注）　カッコ内は各税目の税収額である。
（出典）　Australian Bureau of Statistics

れたとおり，2009年におけるオーストラリアのVAT税収比率は0.52と日本の0.67よりかなり低い。

(2)　付加価値税の導入の背景

オーストラリアにおいて付加価値税（GST）が導入されたのは，"A New Tax System (Goods and Services Tax) Act 1999 (Cth)（以下"GST Act"）"の施行に伴う2000年7月1日からである。これは前述第2章第8節の図表2 − 20でも示したとおり，OECD加盟国の中では最後発である。このことは，オーストラリアは先発各国の付加価値税制の執行状況などを参考にしながら自国の制度を設計していったということを意味する。

GST導入前，オーストラリアでは卸売段階の売上税（sales tax）が施行されていた。この売上税は1930年代に単一税率2.5%で導入されたが，次第にオーストラリアの経済構造の変化，すなわちサービス産業の成長，関税その他の障壁の撤廃に伴うグローバル市場との競合といった状況にそぐわないものとなっていった[70]。そ

---

[70]　Peter Costello, Tax Reform: Not a New Tax, A New Tax System, in "An out of date

こで，1996年に政権に就いた自由党のハワード（John W. Howard）首相は，1997年8月，以下の税制改革の5原則を提示した。
① 全体の税負担を引き上げないこと
② 新しい税目は家族に特別に配慮した個人所得税の減額に寄与すること
③ 既存の間接税を整理し課税対象の広い間接税を導入すること
④ 配慮すべき事項に十分な目配りを行うこと
⑤ 連邦・州政府間の財政関係に配慮すること

翌1998年の総選挙に勝利した自由党・国民党の連立政権を率いるハワード首相は，上記5原則及び四つの理念，すなわちインセンティブ（incentive），保障（security），一貫性（consistency）及び簡素（simplicity）に基づき，他の税目の改革とともに，老朽化した売上税や個別間接税（金融機関税（Financial Institutions Duty）や有価証券取引税（stamp duty on marketable securities），宿泊税（bed taxes）など）を，欧州を中心に諸外国で導入が進んでいる付加価値税（GST）に改組することとした。

政府の当初案では，医療，教育や保育などはGSTの課税対象から外すこと（GST-free，後述第7節で述べるように「ゼロ税率」をいう）としていたが，一方で，食料品や衣料は課税対象とすることとされていた。

オーストラリアはカナダと同様に連邦制国家であるが，付加価値税（GST）の位置づけがかなり異なる。すなわち，オーストラリアのGSTはオーストラリア全土に共通して適用される連邦税であり，その税収は連邦連結財務諸表（The Commonwealth's Consolidated Financial Statements）上に連邦収入（Commonwealth revenue, taxation revenue）として計上され，州や特別地域（周辺の島々）への配分額は連邦補助（Commonwealth grants, grants expense）とされている[71]。これはGST導入時の連邦政府と州・準州政府との合意[72]により，州・準州が憲法上保障されている課税権の一部を放棄する代わりに，連邦GST税収の一部の配分を受ける権利が与えられていることによるものである。したがって，オーストラリアのGSTは課税ベースや税率が全国一律である。

なお，カナダは連邦政府と州との合意は州ごとに締結されている（一種のbilateral agreement）が，オーストラリアは連邦政府と州・準州とが一本の合意を

---

system"(August 1998). Peter Costello は GST 導入時の財務大臣（Treasurer of the Commonwealth of Australia）である。なお，廃止時の売上税は標準税率22％，最高税率45％という6段階の税率構造を持つものへと複雑化していた。

[71] Rebecca Millar, *supra* note 6, at 169. さらに，*See*, Department of Finance and Deregulation, Consolidate Financial Statements for the year ended 20 June 2012.

[72] Council of Australian Governments, Intergovernmental Agreement on the Reform of Commonwealth-State Financial Relations (1999).

第 5 章　カナダ及びオーストラリアにおける医療の提供に対する付加価値税の取扱い

締結している（multilateral agreement）という点が大きく異なる。

7　オーストラリア付加価値税の税率構造と仕入税額控除制度

(1)　税率

　GSTの標準税率は導入以来10％である。その他に非課税（exemption，なおオーストラリアでは非課税を指す独特の用語として"input taxed"を使用している）及びゼロ税率（GST-free）が適用される取引があるが，軽減税率[73]は存在しない[74]。

(2)　非課税及びゼロ税率

① 非課税取引
　オーストラリアのGSTに関し非課税とされる取引は以下のとおりである。
ア．金融取引（s 40-5 of the GST Act）
イ．居住用住宅（residential premises）の賃貸（s 40-35 of the GST Act）
ウ．居住用住宅の売却（s 40-65 of the GST Act）
エ．居住用住宅の長期リース（s 40-70 of the GST Act）
オ．精錬前の希少鉱物（precious metals[75]）の取引（s 40-100 of the GST Act）
カ．小・中・高校の校内売店（tuckshop）及び食堂（canteen）での食料及び食事の販売（s 40-130 of the GST Act）
キ．慈善団体による募金活動（s 40-160 of the GST Act）
　上記のうちアの金融取引については（4）（5）にて詳述する。

② ゼロ税率
　オーストラリアのGSTに関しゼロ税率が適用される取引は以下のとおりである。
ア．食料品（s 38-2 of the GST Act）
イ．医療（Subdivision 38-B of the GST Act[76]）
ウ．教育（Subdivision 38-C of the GST Act[77]）

---

[73] ゼロ税率を軽減税率の一形態という考え方については，前掲本章第3節注32参照。
[74] オーストラリアのGSTに係る用語法は独特で，ゼロ税率（zero-rated supplies）はGST-freeと称し，非課税はinput taxed suppliesと称する。ただし，オーストラリアのGST-freeはGSTの課税対象から除かれるという点で，諸外国の付加価値税制におけるゼロ税率，すなわち課税対象に取り込むもののゼロ税率（0％）を適用するものとは多少性格が異なる。See Peter Hill, Australian GST Handbook 2011-12, at 225.
[75] 金，銀，プラチナ等を指す（s 195-1 of the GST Act）。後述②シにあるように，精錬後の希少鉱物の取引にはゼロ税率が適用される。
[76] ss 38-7 to 38-55 of the GST Act.
[77] ss 38-85 to 38-110 of the GST Act.

エ．幼児保育（child care services）（Subdivision 38-D of the GST Act[78]）
オ．輸出（Subdivision 38-E of the GST Act[79]）
カ．宗教活動（s 38-220 of the GST Act）
キ．慈善事業（Subdivision 38-G of the GST Act[80]）
ク．事業（going concern）譲渡（s 38-325 of the GST Act）
ケ．農地（s 38-475 of the GST Act）
コ．政府等が行う一定の土地の譲渡（s 38-445 of the GST Act）
サ．上下水道（ss 38-285 to 300 of the GST Act）
シ．精錬後の希少鉱物（precious metals）の取引（s 38-385 of the GST Act）
ス．障害者用自動車（s 38-505 of the GST Act）
セ．免税店での販売（s 38-415 of the GST Act）

③　非課税取引及びゼロ税率による課税に係る仕入税額控除

　通常の付加価値税制においては，課税売上（ゼロ税率による課税を含む）に対応する課税仕入に係る税額が控除の対象となる[81]。これは基本的にオーストラリアのGSTにおいても同じである。すなわち，非課税取引（input taxed supplies）については仕入税額控除が認められていない（ss 9-30(2) and 40-1 of the GST Act）。一方，ゼロ税率が適用される売上に対応する仕入れに係る税額については全額控除が認められる（s 38-1 of the GST Act，法律構成については後述第3項参照）。ゼロ税率による課税と非課税の違いは仕入税額控除の可否であり，非課税売上の割合が高い業種については，わが国の医療機関のケースと同様に，控除不能となる仕入税額（日本でいう控除対象外消費税額）の負担[82]の問題が生じることとなる。

(3)　仕入税額控除制度の概要

　オーストラリアの付加価値税（GST）における仕入税額控除制度（input tax credits）の概要は以下の通りである[83]。すなわち，GSTの税額を最終消費者に負担させるため，登録した事業者は一般に事業のために取得し又は輸入した物品ないしサービスにかかる税額について控除する権利を有する。一般に，仕入控除税額は以下の税額の合計額である。

---

[78] ss 38-140 to 38-155 of the GST Act.
[79] ss 38-185 to 38-190 of the GST Act.
[80] ss 38-250 to 38-270 of the GST Act.
[81] 日本の消費税法については，消法30②参照。
[82] 第2章第4節注47で触れたように，オーストラリアにおいてはこのような負担を"hidden GST cost"（隠れたGSTコスト）ということがある。
[83] The Explanatory Memorandum to A New Tax System (Goods and Services Tax) Bill 1998, in Chapter 1.

第5章 カナダ及びオーストラリアにおける医療の提供に対する付加価値税の取扱い

ア．仕入れた物品及びサービスに係る税額
イ．輸入時に税関に納付した税額

しかし，上記は仕入税額控除の基本概念を説明したに過ぎず，実際の税法ではこれに様々な要件が加えられている。以下でその要件についてみていくこととする。

① 控除可能な取得であること

仕入税額控除の対象となるのは，物品ないしサービスの取得が控除可能な取得（creditable acquisitions）又は控除可能な輸入取引（creditable importations）である必要がある（s 7-1 of GST Act）。控除可能な取得とは以下の4要件をすべて満たした取得であるとされる（s 11-5 of the GST Act）。

1） 事業者が専ら控除を受けるために（creditable purpose[84]）物品ないしサービスを取得すること
2） 事業者への当該物品ないしサービスの供給が課税取引であること
3） 事業者が当該物品ないしサービスにつき対価を支払って又は支払債務を負って供給を受けること
4） 事業者がGSTの事業登録していること又は事業登録することが求められていること[85]

上記2）の課税取引であることを供給先である事業者が知るために利用されるのが，インボイス（tax invoice）である。

② インボイスを保存していること

税法上，75豪ドル（税抜価格）を超える物品ないしサービスの提供に関し仕入税額控除を受けるためには，有効なインボイスの保存（5年間）が求められている（Reg 29-80.01 of A New Tax System (Goods and Services Tax) Regulations 2000（以下では "GST Regs." と称する）。ただし，以下のケースではインボイスの保存は不要である（s 29-10(3) of the GST Act）。

1） 2000年7月1日より後に供給された物品ないしサービスに関し2000年7月1日より前に発行された送り状などで代用できる場合
2） リバースチャージ制度の適用がある資産等の譲渡
3） インボイスが風水害などで毀損した場合や物品等の供給者が譲受者の求めにもかかわらずインボイスの発行を拒否した場合など「特別なケース（special circumstances）」

さらに，ゼロ税率（GST-free）の取引及び非課税取引（input taxed supplies）についてもインボイスの発行は不要である。

---

[84] "creditable purpose" とは，事業者がその事業の用に供する目的で物品ないしサービスを取得することをいうとされる（s 11-15 of the GST Act）。
[85] 年間課税売上高が75,000豪ドル（非営利組織の場合は150,000豪ドル）以上の事業者はGSTの事業登録を行わなければならない（s 23-5 of the GST Act）。

③ 課税取引であること

上記①2）の要件にあるように，仕入税額控除が可能なのは課税取引（taxable supplies）となる仕入れに係る税額のみである。課税取引の要件は以下のとおりである（s 9-5 of the GST Act）。
1) 対価を得て行う取引であること
2) 取引が事業（enterprise）の一環又は推進（furtherance）のため行われるものであること
3) オーストラリアと結びつきのある（connected with）取引[86]であること
4) 取引を行う事業者がGSTの事業登録していること又は事業登録することが求められていること

オーストラリアのGSTにおける課税取引は標準税率（10％）により課税される取引のみであり，法律上，ゼロ税率（GST-free）による課税及び非課税取引（input taxed supplies[87]）は課税取引から除かれている（s 9-5 of the GST Act）。そのため，ゼロ税率が適用された仕入については一旦仕入税額控除の対象外であるとされる（s 11-5（d）of the GST Act）。しかし，別途ゼロ税率が適用された仕入れについても仕入税額控除の対象であると規定されている（s 38-1 of the GST Act）。分かりにくい法律構成となっているが，肝心なことは，オーストラリアのGSTにおいてもゼロ税率が適用された仕入について課された税額は仕入税額控除の対象であるということである。

(4) 仕入税額控除の特例

オーストラリアのGSTについては，他国にみられない仕入税額控除の特例が存在するので，以下でみていくこととする。

① 金融取引に係る非課税

金融取引はわが国[88]をはじめ多くの国[89]において付加価値税が非課税とされている。これは既に第2章第4節で説明したとおり，理論的帰結というよりも課税技術上の問題である。すなわち，例えば銀行の収益源であるスプレッド（貸出金利と

---

[86] 輸出取引も含まれる。ただし輸出取引は他国の付加価値税制と同様にゼロ税率（GST-free）による課税と取り扱われている（Subdivision 38-E of the GST Act）。
[87] 付加価値税の非課税売上の本質は，当該売上に対応する仕入に対し税額が課されているにもかかわらず控除できないことにあるという観点に立てば，オーストラリアのinput taxed suppliesという用語法は非課税の性質をよく表したものであると考えられる。
[88] 有価証券等の譲渡，利子を対価とする貸付，信用の保証としての役務の提供，保険料を対価とする役務の提供，外国為替業務に係る役務の提供などが非課税とされている（消法6①，別表第1二三五）。
[89] EUの付加価値税指令135条で各種金融サービスは保険を含め非課税とされている。*See* Article 135 1(a) to (g) of Council Directive VAT 2006/112/EC of 28 November 2006.

預金金利の差)については，ア．金銭の時間的価値（time value of money），イ．リスクプレミアム及びウ．銀行の手数料相当額とで構成されると考えられるが，このうちウ．の手数料相当額は付加価値税の課税対象とすることは可能である。しかし，スプレッドのうちどの程度が手数料相当額といえるか算定するのが困難であるなど，主として執行の簡便性を重視して非課税とされているものと一般に解されている[90]。

オーストラリアにおいても金融取引（financial supplies），すなわち貸付，信用の供与，年金，生命保険，保証などは原則として GST が非課税（input taxed）となっている[91]が，その理由は主として金融取引の付加価値を算定できないからとされる[92]。そのため，金融取引に対応する費用に対して課される GST に係る仕入税額控除は他国と同様に原則として認められない（隠れた GST コスト及びそれに基づくカスケード効果 "cascade effect"[93] の発生）。

このような問題点を解決する方法については従来から様々な研究[94]がなされているが，それらの研究に基づく提案は実際に執行するにはやや複雑であるため，実務にはそのままの形では導入されていない。中には課税という形で導入された例[95]もあるが，執行面を重視しているため，理論的には問題点を抱えたままである。

② オーストラリアにおける金融取引に係る仕入税額控除制度

オーストラリアにおいては，金融取引に係る仕入税額控除に関し独特のルールがある[96]。それは原則として税額控除が不能な金融取引に関し，一定の条件の下で控除を認めようというものである。それは以下のように減額仕入税額控除制度，少額金融仕入控除制度及び借入に係る仕入税額控除の3種類があるが，これら3つをまとめて本書では「部分控除制度（partial credit system）」と呼ぶことにする。

---

[90] 中里実『キャッシュフロー・リスク・課税』（有斐閣・1999年）21-31頁参照。
[91] Regs 40-5.09(3) and (4) of the GST Regulations.
[92] Explanatory Statement to Statutory Rule 245 of 1999, Attachment E.
[93] 一般に，隠れた GST コストを金融機関が取引価格に上乗せして取引先に負担を求めることで，本来中立的であるべきはずの付加価値税が市場経済に影響を及ぼす現象をいう。
[94] 先行研究としては，Lorey A. Hoffman, Satya N. Poddar, and John Whalley, Taxation of Banking Services Under a Consumption Type, Destination Basis VAT, *National Tax Journal* 40 No.4 (December, 1987) at 547-554. がある。
[95] 例えば，イギリスにおいて1994年に導入された保険税（insurance premium tax）は一定の保険契約に基づいて支払われる保険料に課税されるが，税額控除が認められていない（cannot be recovered）。また，欧州では2013年1月に金融取引税（FTT）が導入されているが，これは金融サービスに対し付加価値税（VAT）が課されないこともその根拠のひとつとされている。第2章第4節参照。
[96] 邦文でオーストラリアの当該制度を紹介したものとして，一高龍司「消費課税の世界的潮流」租税法研究第34号47，117-119頁がある。

ア．減額仕入税額控除制度

　金融機関は多くのサービスを外注しているが，当該サービスの提供に対して課される GST は非課税の金融取引に対応する費用である限り原則として控除できない。一方，当該サービスを外注せず自社で雇用する従業員に提供させれば，人件費には仕入れ段階での GST は課されないため，金融機関における隠れた GST コスト負担の点から有利となる。一般に大企業ほど従業員を雇用しサービスを内部化 (in-sourcing) することが可能であるが，そうなると大企業と中小企業との不公平が生じることとなるため，これを是正するために採られた措置が減額仕入税額控除制度 (reduced input tax credit, RITC) である。

　減額仕入税額控除制度とは，財務省規則に列挙された一定の項目につき，原則としてその仕入税額の75％相当額の控除を認めようという制度である (Reg 70-5.03 of the GST Regs.)。財務省規則に列挙された減額仕入控除制度の対象となる銀行[97]における金融取引の項目[98]（例示）は以下のとおりである (Reg 70-5.02(2) of the GST Regs.)。これらの取引は金融機関が外注する傾向の強いもので，内部化した場合との仕入控除税額の差が表れやすいことを反映したものと解される[99]。

1) 　銀行口座の開設や維持管理に関するもの
2) 　銀行口座の情報処理に関するもの
3) 　銀行取引用のカードに関するもの
4) 　銀行口座に係る小切手等に関するもの
5) 　銀行口座の信用調査に関するもの
6) 　銀行口座からの引き出しに係る手数料に関するもの
7) 　ATM やインターネットバンキング等による銀行口座取引に関するもの
8) 　銀行口座開設者以外の口座取引に係る手数料に関するもの

　当該制度により，金融機関がある種のサービスを内部化するか外注化するかについて税制が中立的であることとなる。なお，この「75％」という数値であるが，立法時における金融業界に対する調査の結果，上記サービスを外部委託から内部化した場合であっても人件費相当額以外の仕入が生じることから，引き続き25％相当額の GST コスト負担が金融機関に残るということにより決定されたとされる[100]。

---

[97] 当該制度の対象となるのは銀行のみならず，証券，貸付，債権回収，資産管理，保険といったサービスを提供している金融機関も含まれる (Reg 70-5.02(2) of the GST Regs.)。

[98] さらに，2004年に公表された146頁にわたる詳細なルーリング (blue book) で対象取引を規定している。See GSTR 2004/1 Goods and services tax: reduced credit acquisitions.

[99] Peter Hill, *supra* note 74, at 359.

[100] Peter Hill, *supra* note 74, at 359.

第5章 カナダ及びオーストラリアにおける医療の提供に対する付加価値税の取扱い

　当該制度と同様の制度はオーストラリアよりも前に，シンガポールにおいて1994年の付加価値税（GST）導入と同時に導入されていたところである（Goods and Services Tax（General）Regulations,（rg 1）Part V, Reg. 34)[101]。シンガポールにおいては，金融機関の付加価値税に関し仕入税額の一定割合を控除する制度となっているが，オーストラリアのものよりもやや洗練化されており，金融機関の5つの業態（full banks, merchant banks, wholesale banks, offshore banks, and finance companies）ごとに固定的な控除割合が定められている（full banksやfinance companiesは比較的低く70％強，merchant banksやoffshore banksは比較的高く90％強）となっている。シンガポールの制度における当該割合は，基本的に各業態がサービスを提供する相手方のうち登録事業者及び海外の事業者が占める割合に関するシンガポール金融庁（Monetary Authority of Singapore, MAS）の統計に基づいて毎年決定される[102]。また，EUにおいてもオーストラリアやシンガポールの制度が注目されその導入が検討されたが，法的安定性は評価されたものの，両国の制度は比較的均質な労働市場を前提としているがEUはそのような状況にはないことや，一旦導入すれば他の非課税取引への適用も要請されることが予想されるが，他の取引について同様の固定的な控除割合を算定することは技術的に困難であるため，非中立的な事態を引き起こしかねないといった理由で，見送られている[103]。

イ．少額金融仕入控除制度

　小規模な金融機関や金融サービスが主要な事業ではない企業の納税コストへの配慮[104]から，少額金融仕入控除制度（financial acquisitions threshold, FAT）が設けられている（s 11-15(4) of the GST Act）。当該制度の下では，少額金融仕入に該当する仕入税額は全額控除できることとなる。ここでいう少額金融仕入とは，金融サービスの提供（後述ウ．の借入（borrowing）を除く）に対応する仕入税額の総額が以下の2要件のいずれも満たす場合をいう（ss 189-5 and 189-10 of the GST Act）。

---

[101] Glenn P. Jenkins and Rup Khadka, Value Added Tax Policy and Implementation in Singapore, *VAT Monitor*, Vol.9 No.2 1998, at 40-41.

[102] Howell H. Zee, VAT Treatment of Financial Services, A Primer on Conceptual Issues and Country Practices, *Intertax*, 34（10）2006, at 458-474.

[103] European Commission, Commission Staff Working Document, Accompanying document to the proposal for a Council directive amending Directive 2006/112/EC on the common system of the value added tax, as regards the treatment of insurance and financial services, Impact Assessment, SEC（2007）1554, at 34-35.

[104] 一種のde minimis制度である。Michael Walpole, The Miraculous Reduced Input Tax Credit for Financial Supplies in Australia, *International VAT Monitor*, September/October 2011, at 317. 一高前掲注96論文47頁。

1) 150,000豪ドル以下[105]
2) 仕入税額総額の10％以下

上記「金融サービスの提供に対応する仕入税額の総額」の算定期間は，当期（current year: その月及びその前の11か月の合計12か月の期間）及び来期（future year: その月及びその後の11か月の合計12か月の期間）の両方の期間を指し，少額金融仕入控除制度の適用を受けるためには当期及び来期のいずれの期間においても上記1）及び2）の要件を満たす必要がある。なお，「来期（future year）」についてはその時点での見積もりを要することとなる[106]。

仮に少額金融仕入控除制度の適用要件を満たさない規模の仕入税額が生じる場合には，前述ア．の減額仕入税額控除制度の適用を検討することとなる。

ウ．借入に係る仕入税額控除

ア．イ．とはやや意味合いが異なるものの，借入（borrowing）が非課税の金融取引（financial supplies）に該当するため，措置されたものである。すなわち，借入資金を用いて非課税の供給を行うのでない限り，借入に係る費用の仕入税額控除は可能である（s 11-15(5) of the GST Act）。例えば，メーカーが借入金を用いて製造用の機械を取得する場合には，借入に係る費用の仕入税額控除は可能となる。

8　オーストラリアにおける医療の提供に対する付加価値税の取扱い

(1)　医療の提供に係る付加価値税の取扱い

オーストラリアにおける医療の提供に関しては，付加価値税（GST）はゼロ税率（GST-free）が適用される（Subdivision 38-B of GST Act）。前述のとおり，"GST-free" という用語はオーストラリアの付加価値税法特有の用語であり，「非課税（exempt）[107]」を指すものとの誤解を招きやすいが，対応する仕入に係る税額控除が認められない非課税ではなく，税額控除が可能なゼロ税率（zero-rated）であることに留意すべきであろう[108]。

オーストラリアのGSTに関し医療の提供にゼロ税率が適用されるのは，法案提出前からの既定路線であった。すなわち，ピーター・コステロ財務大臣が法案提出

---

[105] 2012年7月1日に50,000豪ドルから引き上げられた。
[106] Peter Hill, *supra* note 74, at 362.
[107] 前述第7節第1項のとおり，オーストラリアのGSTでは非課税取引については "input taxed" supplies（仕入につき課税された取引）と称する。
[108] Catherine Whitby, First Do No Harm: GST and Health Care Services, *Revenue Law Journal*: Vol. 10: Issue 1, Article 9 (2000), at 120.

前に発表したレポート[109]で，以下の項目が"GST-free"となることが明記されていた。
① 財貨サービスの輸出取引
② 国際運輸サービス，非居住者による国内航空旅客サービス
③ 医療，教育，保育サービス
④ 慈善団体の活動
⑤ 宗教活動
⑥ 政府や地方公共団体の課する税金や公共料金　など

(2)　医療の提供に対するゼロ税率適用の理由

　オーストラリアのGSTに関し医療の提供にゼロ税率が適用されるのは，欧州の付加価値税のように医療が公共財であり政策的配慮から特別の取扱いをすべきという考え方に基づくのではない。むしろ，欧州（中でもイギリス）における医療の提供に対する付加価値税の取扱いを検討した結果，非課税ではなくゼロ税率を適用することにより，公的部門と民間部門との競争の中立性を確保することが可能になるためであると説明される[110]。すなわち，仮に民間の医療機関が提供する医療サービスにGSTを課税する場合，サービスの価格が上昇することとなる。その結果，国民は民間病院ではなく公立病院を受診するようになるが，これは民間の医療機関の事業活動を奨励し医療制度の持続性を確保するという連邦政府の政策目的に合致しない。また，医療に対するGSTの課税により，消費者の医療の選択（受診するか否か）に対する制限要因となることも回避されるべき課題であった[111]。さらに，1998年の総選挙では，医療制度の維持とGSTの導入が最大の争点となったが，医療に対してGSTを課税するという議論を提示すると不必要なまでに世論が割れることとなるため，政権与党がそれを避けたといういきさつがあった[112]。

(3)　Vos委員会のレポートと上院の委員会による批判

　医療の提供に対するGSTのゼロ税率適用に係るこのような考え方は，コステロ財務大臣に提出された租税諮問委員会（Tax Consultative Committee, or "Vos Committee[113]"）のレポート[114]でも確認された。そこでは，基本方針として，GST-free（ゼロ税率）の取扱いに関し公的部門と民間部門との間の差異があって

---

[109] Peter Costello, *supra* note 70, at 13.
[110] Catherine Whitby, *supra* note 108, at 120-121.
[111] Catherine Whitby, *supra* note 108, at 123.
[112] Catherine Whitby, *supra* note 108, at 120.
[113] この委員会の議長の名を採って「Vos委員会」と称される。
[114] Tax Consultative Committee, Report of the Tax Consultative Committee (1998).

はならないことが謳われていた[115]。Vos委員会は，どの医療サービスにつきGST-freeとするかについては，サービスの内容がすでに社会通念上「主流である（mainstream）」ことや，十分に専門的な能力のある人により提供されることが重視されるとしていた[116]。この観点からすると，「カウンセラー」はソーシャルワーカーや臨床心理士のように国や州政府，業界団体が能力を審査し資格を付与したものではないことから，Vos委員会はカウンセラーが提供するカウンセリングサービス（counselling services）はGST-freeの適用がある医療サービスのリストに入らないとした[117]。

しかし，Vos委員会の提示した考え方をもとに立案されたGST法案は，上院の委員会[118]で厳しい批判を浴びることとなった。すなわち，租税は統一的に課されるべきであり，一般に利用されているサービスについてはすべて同じように取り扱われるべきである。端的に言えば，法案では比較的低所得者が利用する代替的な治療法（alternative therapies）をゼロ税率の適用対象から外しているが，これは差別的な取扱いであり問題であるとした[119]。

これに関連し，上院の委員会は具体的には特に以下の点を問題にした。メディケアが主流である医療をカバーしているとしても，かなりの割合のオーストラリア国民が代替的な治療法を利用しており，メディケアでカバーされるような公的医療に対する需要が減少している。もしGSTが代替医療ないし補完医療に対し課される場合，それが患者にとって経済的な負担となり公的医療に対する需要の増加につながることとなる。代替医療にGSTを課税するということは，公的部門と民間部門とを同等に取り扱うという税制改革の基本方針の例外となり，望ましくない。伝統的な医学教育を受けた医療従事者もある種の疾患には代替医療（例えば鍼療法（acupuncture）など）を利用するケースが増加している。しかも，医師は一般に短期間のコースを受講しただけで鍼治療を行うのに対し，鍼灸師は多くの場合長期間の専門的なコースを受講して知識や技能を高めている。しかし，Vos委員会の考え方では，医師が行った鍼治療にはGSTが課されない（ゼロ税率）が，鍼灸師が行うと標準税率で課税されることとなる。したがって，上院の委員会は，治療行為を行う者の資格を基準に課税の可否を決定すべきでないとした[120]。

上院の委員会のこのような批判は，最終的な法律には必ずしも十分には反映されなかった。すなわち，GST-freeとなる医療の提供は，最低限の専門的な知識と技

---

[115] Tax Consultative Committee, *supra* note 114, at ch 1.
[116] Tax Consultative Committee, *supra* note 114, at 28-29.
[117] Tax Consultative Committee, *supra* note 114, at 29.
[118] Senate Select Committee (1999) "A New Tax Main Report"
[119] Senate Select Committee, *supra* note 118, at 10.73.
[120] Senate Select Committee, *supra* note 118, at 10.76.

能を証明するような資格を有する者により行われることが必須であるということが条文に盛り込まれたのである（Section 38-7, 38-10 and 195-1, Schedule 3 of GST Act）。しかし，上院の委員会で指摘された代替医療の重要性には一定の配慮がなされた結果，鍼灸師（acupuncturist）や薬草療法士（herbalist），自然療法医（naturopath）による施術の提供は GST-free とされた[121]（Section 38-10(1)）。

(4) GST-free となる医療の提供

GST 法で GST-free となる医療サービス（medical service）は，メディケアの対象となる医療従事者（medical practitioner）によるもの又は認定された病理学者（approved pathology practitioner）によるものに限定される（Section 38-7, 195-1）。メディケアの対象とならない美容外科は，一般に GST-free の適用対象から外れている（Section 38-7 (2)(b)）。

メディケアの対象とならない医療サービスのうち，GST-free となるかどうかの判断は，以下の3点が基準となる[122]。

① 患者が診療を受けるにあたっての自発性（voluntariness）

仮に，保険会社や雇用主の要求により診療を受ける場合には，患者の自発性が乏しいため GST が課税されるということになる。例えば，保険会社の要求で健康診断を受ける場合，その結果は患者又は保険会社に送付されるが，患者はその結果を他者（ほかの保険会社や医師など）に提供することはできない。この場合，実質的には保険会社が当該サービスの受け手ということになるため，患者のための医療サービス（medical service）が GST-free の要件であることを定めた法の適用がないこととなる（Section 195-1）。

なお，イギリスでは，「診断の直接の受益者が受診者ではなく将来の雇用主又は保険会社であることは（課税の判断基準として）重要とは言えない[123]」として，当該「自発性」を VAT の課税・非課税の判断基準とすることが裁判で否定されている。イギリスでは雇用主又は保険会社の要請で行う健康診断は，受診者の健康の維持・回復，病気の早期発見を目的に行うものである限り VAT が非課税とされている[124]（Notice 701/57 Health professionals and pharmaceutical products, November 2011, at 4.8, 4.11）。

---

[121] ただし，後述第5項の「認知された専門家（recognised professional）」に係る国や州政府，業界団体等が能力を審査し資格を付与するという要件を満たすため，2003年7月1日まで準備期間を置くこととされた（Section 21(1) of A New Tax System (Goods and Services Tax Transition) Act 1999）。

[122] Catherine Whitby, *supra* note 108, at 126-127.

[123] *D'Abrumenil v Commissioners of Customs and Excise* (1999) VAT Decision 15977.

[124] イギリスの医療提供に関する付加価値税の取扱いについては，第4章第4節参照。

②　サービスの内容が医療従事者・専門家の間で一般に受け入れられており，患者にとっても必要であるかどうか

　無論，サービスの提供が資格のある医療従事者により行われていることが前提となる。「一般に受け入れられた（認められた）サービス」とは，一般に，有効性に関して医学的証拠があり，かつ，専門家集団の学会等でそれが認められているものを指すと考えられる[125]。

③　サービスが美容のためのものであるかどうか

　「美容のため（cosmetic reasons）」とは一般に，専ら患者の容姿（appearance）の改善を図るために行われる施術のことをいうものと解されている[126]。美容のためではなく医療目的であるとするためには，病気や心理的トラウマ，先天的な奇形（congenital deformity）による外観上の欠陥を治療するために行うものであるということが必要である[127]。また，美容外科手術に関する精神科医又は臨床心理士の推奨は多くの場合必須である[128]。ただし，オーストラリアでは美容外科には一般にGSTが課されるが，ホワイトニングなどの審美歯科の領域は一般にGST-freeとなっている（Section 38-10(1)）。これはわが国をはじめ[129]他国の取扱いとは異なり，必ずしも十分な合理性を有する取扱いとはいえないと思われる。

　サービスの提供がGST-freeとなるかどうかの要件として，誰がそのサービスを提供するのかが多くの場合重要となる。すなわち，GP（一般医）がニキビの痕を治療するため行うケミカルピーリングは，それがメディケアで賄われようとなかろうと，皮膚科において一般的に行われる医療行為であるとしてGST-freeと取り扱われる（Section 38-7(1)）。しかし，同じ患者が美容セラピストを訪れ全く同じサービスの提供を受けた場合には，GSTが課される。美容セラピストは，GST-freeと取り扱われる医療の提供主でなければ，次の（5）で述べる医療隣接サービスの提供主としても取り扱われないのである[130]。

(5)　医療隣接サービスの提供

　GST法でGST-freeとなる医療隣接サービス（health service）の提供の具体例

---

[125] Catherine Whitby, *supra* note 108, at 129.
[126] Catherine Whitby, *supra* note 108, at 130-131.
[127] Catherine Whitby, *supra* note 108, at 131.
[128] Catherine Whitby, *supra* note 108, at 131.
[129] わが国においては美容外科と審美歯科のいずれも一般に自由診療扱いであり，消費税が標準税率で課税される。
[130] 一方わが国においては，皮膚科で行うケミカルピーリングは一般に自由診療であり，医療行為が行えないエステサロンで行うケミカルピーリングと同様に消費税は課税される。同一のサービスを同等に取り扱うわが国の消費税の取扱いの方が中立性の観点からは望ましいといえるかもしれない。

第5章　カナダ及びオーストラリアにおける医療の提供に対する付加価値税の取扱い

は，図表5－9に列挙されたとおりである（Section 38-10(1)(a)）。

　イギリスやカナダにおいてVATないしGSTが非課税となる医療の提供と比較した場合，オーストラリアの上記規定の方が適用範囲が広いという指摘がある[131]。すなわち，イギリスやカナダでは自然療法のような代替医療は非課税とはならない。これは，オーストラリアの地理的条件から，主としてアジアで普及している代替医療が広まっていることの反映であると考えられる。

　また，医師以外の者が提供する医療サービスがGST-freeとなる要件として，関

図表5－9　GST-freeとなる医療隣接サービスの具体例

1	アボリジニ及びトレス海峡諸島の住民に対する医療
2	鍼療法
3	聴覚療法
4	足治療（Chiropody）
5	カイロプラクティック
6	歯科
7	食事療法
8	薬草療法（漢方療法を含む）
9	自然療法
10	看護
11	作業療法
12	検眼・視力測定
13	整骨治療（Osteopathy）
14	準医療従事者（Paramedical）
15	調剤
16	臨床心理
17	理学療法
18	足病治療（Podiatry）
19	言語病理学（Speech pathology）
20	言語療法（Speech therapy）
21	ソーシャルワーク

---

[131] Catherine Whitby, *supra* note 108, at 123.

連法令等により登録することが義務付けられている認知された専門家（recognised professional）がサービスを提供し，当該サービスの内容が患者に対する治療行為として必要であることが専門家団体により一般に認められていることが必要である（Section 38-10(1)(b)(c), 195-1）。

このうち，認知された専門家により提供されるという要件は，「十分に専門的な能力のある人により提供されること」というVos委員会の見解を反映してのものと考えられる。また，治療行為として必要であることが専門家団体により一般に認められていることという要件は，前述の第4項②の要件と同様の意義を有すると考えられる。

9　小括

本章では前半でカナダ，後半でオーストラリアの付加価値税における主として医療の取扱いについて検討した。それからいえる結論としては，付加価値税の税率構造と仕入税額控除との対応関係，中でも非課税売上げに対応する仕入れに係る税額の控除が認められないとう措置が必ずしも付加価値税制における本質的かつ不可変の構造であるとはいえず，むしろ政策的な措置で可変的なものではないか，ということである。このことは，減額仕入税額控除制度（reduced input tax credit, RITC）を採用するオーストラリアの制度から直接的に導き出せると考えられるが，カナダの還付制度も本質的には部分控除制度であるとみることができるため，カナダの制度からも補強されるものと考えられる。

次に両国の制度の中身についてみていくと，付加価値税における公的機関が負担する控除不能税額に係る包括的な還付制度はカナダ特有のものであるが，近年欧州において当該制度への関心が高まっている[132]。これは人的非課税に伴う控除不能税額の発生による不合理をいかに取り除くかという側面からの関心であり，わが国の状況とは異なる。しかし，物的非課税に伴い発生する控除不能額の転嫁がうまく機能していないわが国の医療機関への対処方法として，カナダの付加価値税制における還付制度は，その制度の安定性とも相まって極めて参考になる手法であると考えられる。ただし，カナダの制度は中立性の観点から問題があるため，還付対象を

---

[132] 公的機関の人的非課税の問題点と解決策を検討したものとして，Richard M. Bird and Pierre-Pascal Gendron, VAT Revisited: A New Look at the Value Added Tax in Developing and Transitional Countries, University of Toronto, October 2005が，カナダ税制からの分析として，Pierre-Pascal Gendron, VAT Treatment of Public Sector Bodies: The Canadian Model, *Oxford University Centre for Business Taxation WP 10/17*, July 2010がある。また，Copenhagen Economics, VAT in the Public Sector and Exemptions in the Public Interest, Final Report for TAXUD/2011/DE/334, 10 January 2013; Rebecca Millar, *supra* note 6も同様の観点からの検討が加えられている。

第5章　カナダ及びオーストラリアにおける医療の提供に対する付加価値税の取扱い

事業者の類型ごとに行うのではなく，同一サービスについては同一に取り扱うというようにすべきであろう。

　また，オーストラリアの付加価値税（GST）においては，諸外国の付加価値税とは際立った相違点がいくつかみられる。本書において特に注目したのは，非課税売上に対応する課税仕入れでありながら75％相当額を控除する減額仕入税額控除制度と，医療の提供に対するゼロ税率（GST-free）の適用である。前者は付加価値税制において「非課税売上」と「仕入税額控除不可」の対応関係は制度上必ずしも絶対的なものではなく政策的な判断に過ぎないということを示唆する規定であると考えられる。一方後者は，オーストラリアが付加価値税制に関し先行する欧州における医療の提供に対する取扱いを検討した結果，非課税ではなくゼロ税率を適用することにより，公的部門と民間部門との競争の中立性を確保することが可能になるため採用されたものであり，医療の提供体制において民間の役割が大きい日本においても参考になる取扱いである。中でも前者は財政事情が厳しく新たなゼロ税率の導入が事実上困難と考えられるわが国において，控除対象外消費税問題の解決策を検討するにあたって，部分的とはいえ一定の効果が望める方法であることから，非常に示唆に富む規定であるといえよう。

第6章　　　　　　　　　　結　　　論

1　控除対象外消費税問題への対処方法

(1)　控除対象外消費税問題の診療報酬改定からの切り分け

　前章まで，付加価値税である消費税における仕入税額控除制度と税額の転嫁の仕組み，医療機関において控除対象外消費税が発生するメカニズムとその問題点，イギリス・カナダ・オーストラリアを中心にした海外の医療保障制度とそれを踏まえた付加価値税の取扱い，カナダの還付制度とオーストラリアの部分控除制度の意義と機能とを検討してきた。

　前章まで検討してきたこれらの諸点を考慮すると，医療機関における控除対象外消費税問題の解決策としては，理論的には，まず過去の診療報酬改定による対応[1]の不合理性，換言すれば裁量行政による不透明性を排除し法の支配を貫徹するとともに，問題の枠組みを単純化し透明性が確保された枠組みの中で妥当な結論を導くため，医療政策（診療報酬改定）と租税政策（消費税法による措置）とを切り分け，税制上の措置すなわち租税立法により対応することが望ましいということがいえるだろう。医療機関における控除対象外消費税の負担は現行消費税法の仕組み上必然的に発生するもので，その時点での経済状況や財政事情とは無関係である。このような問題への対処方法は，その時点での経済状況や財政事情を踏まえて柔軟に対応することが可能な診療報酬改定という裁量行政によるのではなく，租税法規に従い裁量の余地なく透明性をもって執行される方が妥当といえる[2]。

---

[1]　8％引上げ時の診療報酬改定による控除対象外消費税負担への補填（還元）割合についてはいくつか推計があり，全国自治体病院協議会の「平成26年度診療報酬改定影響率調査結果（概要版）」によれば2014年4月～6月の3か月分のその割合は69％であった。なお，同調査によれば，一般病院の還元率が68％であるのに対し精神科病院（単科）のそれが136％と負担額以上の補填がなされており，診療報酬改定による対応により診療科による不公平が生じていることが分かる。診療報酬による対応の不合理性を示す事象のひとつといえよう。

[2]　控除対象外消費税問題解決推進を主張する者に対する批判として，医療機関やその経営者である医師は経済的に恵まれた地位にあり，税制上の措置は必要ないというものがある。しかし，仮に経済的に恵まれているということが言えるとしても，その是正は基本的に医療政策，中でも診療報酬改定によるのが筋であり，負担の問題はそれとは切り分けて税制上の措置により透明性をもって解決すべきであろう。

また，非課税を維持しつつ診療報酬引上げにより対処するという方法は，保険料及び窓口負担（原則3割）の引上げを通じて患者負担の上昇を伴うが，第2章第4節で見た医療非課税の政策目的である「患者に消費税を負担させるべきではない」という理念との不整合も指摘できるため，妥当ではないといえるであろう。

(2) 医療非課税の維持

　そうなると，消費税の枠内における対応を検討すべきということになるが，その場合は次に，現行消費税の「医療非課税の原則」を維持するか否かが問題となる。付加価値税における非課税措置は，課税の累積を排除する機能を持つ仕入税額控除を停止させることであり，それが事業者の仕入税額の負担につながるため，中立性・簡素性の観点から理論的には回避すべき措置であるといえる。実際，付加価値税制の見直しを検討したイギリスのマーリーズ・レビューやEUのグリーンペーパーなどにおいては，付加価値税における非課税を含む複数税率構造を単一税率構造にすることを提言しているところである。しかしながら，仮に理論的には妥当なものであったとしても，その実現への具体的な道筋が見通せない場合には，画餅に帰するといわざるを得ない。非課税規定の中でも社会政策的配慮に基づく措置の見直しは，その代替措置に対する国民的なコンセンサスを得るのに相当の時間を要することが容易に想像できるところである。これはわが国においても同様であり，医療非課税の見直しは言うは易く，行うは難き課題である。控除対象外消費税問題は医療機関側の強い要望で当初2015年10月に予定されていた消費税率10％引上げ時における解決が求められている問題であり，それが2017年4月に延期されたとしても，2016年4月には次の診療報酬改定があるため，残された時間は限られている。

　前述のとおり，消費税導入時に医療が非課税となったのは，「患者に消費税を負担させるべきではない」という医療界の主張を採り入れたという意味合いが強い。医療界のこのような主張は，基礎的な医療は社会保険診療により国民全体に平等に提供されるべきという国民皆保険の原則やフリーアクセスといった，当時から現在まで維持されてきたわが国の医療政策の基本理念と整合的であると考えられる。また，消費税導入以来20年以上も非課税であったという歴史に基づく当該措置への国民の「安心感」を踏まえると，今後採るべき医療政策との齟齬が予想されるのではない限り，消費税に関して医療非課税を維持するのが自然な流れであるものと考える。

(3) 還付制度の導入

① 還付制度導入の意義

　医療に関し消費税非課税を維持するとなると，現状のように医療機関が控除対象外消費税額を負担することとなる。これは現行消費税法上，売上が非課税の場合対

第6章　結　　論

応する仕入に係る消費税が控除できないからであるが，非課税を維持したままこの問題に対応したのがカナダである。すなわち，第5章第4節で説明したとおり，カナダでは病院に対して非課税売上に対応する仕入税額の83％相当額が還付される。カナダの当該制度は法的には「控除」ではなくあくまでも「還付」であるが，経済的効果は控除と同等であり，いわば「部分控除（partial credit）」とみることができる[3]。

　ところで，カナダの還付制度は人的非課税措置への対処方法であり，日本の医療非課税のような物的非課税措置に導入することに対して，理論的な整合性が疑問視される可能性がある。これについては，第2章第4節でも触れたとおり，物税である付加価値税に関しては，理論的にはその非課税措置は原則として人的非課税ではなく物的非課税によるべきこと，及び，人的非課税であれ物的非課税であれ控除不能額が生じることには変わりがなく，その対処方法として還付制度はいずれの措置に対しても有効であることから，問題ではないと考えられる。したがって，税方式[4]と保険方式の違いこそあれ，国民の健康に政府が責任を持つという医療政策に関し共通の理念を有するカナダの制度[5]をわが国に適用することは，理論的にも実務的にも妥当性があるものと考えられる[6]。

　わが国において当該還付制度を導入する意義のひとつは，問題解決の迅速性という点が挙げられる。主要国において付加価値税に関し社会政策的観点から非課税とされている項目につき課税（標準税率，軽減税率又はゼロ税率）に変更した事例は皆無と考えられる。標準税率はもちろんのこと，軽減税率であっても，非課税の場合と比較すると消費者の負担は純増であるため，消費者サイドの理解を得ることは容易ではないだろう。医療のような国民全体に影響を及ぼす項目（課税化は大衆課

---

[3] 仮に還付割合を100％まで引き上げると，経済的効果は完全控除（full credit）となりゼロ税率との差がなくなる。そのため，カナダの還付制度は"partial zero-rating system"とも評価されている。See Pierre-Pascal Gendron, VAT Treatment of Public Sector Bodies: The Canadian Model, *Oxford University Centre for Business Taxation WP 10/17*, at 19.

[4] 第3章第3節でみたとおり，カナダの医療保障制度は基本的に国民全般をカバーするMedicareにより運営されている。Medicareは医療保険と称されることもあるが，運営費は税金により賄われ，保険料が徴収されるわが国の公的医療保険とは異なる。

[5] なおこの趣旨はあくまで理念を共有しているということであって，（特に待ち時間に関し）カナダの医療制度が特別優れているということを言いたいわけではない。

[6] ちなみに，日本医師会は2012年11月に公表した「今こそ考えよう　医療における消費税問題（パンフレット第2版）」24頁で，非課税のまま控除対象外消費税を還付する制度を「税制の基本的な仕組みを超えたものになりますので，実現困難と考えています」としているが，カナダ（還付制度）やオーストラリア（部分控除制度）において既に実現している。医師会はその後2014年3月の「医業税制検討委員会答申」の26頁において，非課税還付案を「取り得る選択肢の一つ」と位置づけている。

税化を意味する）であればなおさらである。税率10％引上げ時までに解決策を見出すことが迫られているわが国においては，議論の収斂に相当な時間を要すると想定される「課税化」ではなく，還付制度の導入により対処するのが現実的と考えられる。また，非課税を維持したままでの還付措置の導入は，その適用範囲が基本的に医療（介護及び福祉）にとどまるため，将来の消費税に係る逆進性緩和措置の全般的な見直しに関して柔軟に対応できるという点も見逃せない。仮に医療機関における控除対象外消費税問題に関し軽減税率による対応[7]を選択した場合には，将来軽減税率の弊害が顕在化し更なる見直しを迫られたとしてもその廃止が決して容易ではないことは，欧州における現状を見れば明らかであろう。

ただし，ここでわれわれが気を付けなければならないのは，他国の制度をわが国に採り入れるときには，その国のおかれている社会的，経済的，政治的背景や歴史的経緯をできるだけ詳細に検討し，それが租税政策にどのように反映しているのか十分理解した上で，わが国にそのまま導入するのか一部でも改変するのか，また導入するタイミングはいつがベストであるのか見極めることが重要であるということである[8]。

② 還付制度の概要

還付制度を導入するにあたりその基本となる要素は，還付割合とその原資である。

仮にカナダ型の制度を導入する場合，まずどのくらい還付するのか，すなわち還付割合をどうするのかが問題となる。カナダのように還付割合を何パーセントと定める方法もあるが，その数値を理論的に導き出すことは意外に難しい。そこで，還付対象税額[9]を以下の算式に基づき算定するという案を提示してみたい。

$$還付対象税額 = 非課税売上（社会保険診療等）対応課税仕入税額 \times \frac{標準税率 - 5\%}{標準税率}$$

上記算式（税率連動型還付税額計算）の趣旨は，非課税売上（ただし社会保険診療等公定価格の診療報酬に限る[10]）に対応する課税仕入れ税額のうち平成26年3月

---

[7] 軽減税率導入のメインターゲットは食料品等の生活必需品であり，適用対象が医療に限定される（もしくは先行して導入される）ということは極めて考えにくいことに留意すべきだろう。

[8] 導入元の国の租税政策の真の影響に関する情報の欠如は，導入先の租税政策ひいては国民に害悪をもたらしかねない。*See* Rita de la Feria and Richard Krever, Ending VAT Exemptions: Towards a Post-Modern VAT, *Oxford University Centre for Business Taxation WP 12/28* (2012), at 28.

[9] 還付対象税額はまず事業者の納付税額から控除され，控除しきれない金額がある場合にはその金額を還付することとなる。

[10] 医療機関における非課税売上のうち，助産については，自由診療であるため控除不能

までの税率である5％までは仕入税額控除を認めず，それを超過する部分について控除を認めるというものである。これは，平成26年3月までの適用税率5％までは過去になされた診療報酬改定で消費税負担分を（一応）加味していること[11]，標準税率が今後10％を超える場合[12]にも対応できること，という点から一定の妥当性があると考える[13]。

当該算式はカナダのように一定割合（公的病院に対するGSTは83％）とする方法と一見異なるように思えるが，第5章第5節で触れたとおり，カナダの場合も還付割合は税制の切り替え前後で事業者の負担が変わらない水準とするよう設定されており，上記算式は税率5％のときと事業者の負担が変わらないように設定されたものであると解するのであれば，基本的な考え方は同じであるとも評価できる。

また，還付の対象となる課税仕入れは社会保険診療等に対応するもの全般であり，高額医療機器や病棟建設費等に係る課税仕入税額に限定しない。これは，非経常的な投資である高額医療機器等についての合理的な線引きが困難であるという中立性の観点に加え，経常的な費用である医薬品や医療材料等は医療の安全性や質を担保するのに必要欠くべからざる支出であり，それらに係る課税仕入税額を還付対象から除外することはわが国の医療政策の理念にも反すると考えられることがその主たる理由である。

額の転嫁が可能であることから除外し，また，その他の非課税売上（利子収入など）については，他の業種においても控除できないため同様に対象外とするのが妥当と考えられる。

[11] これに対しては医療界からの反発（すなわち控除できない部分があるのはおかしいという主張）も予想されるが，過去に診療報酬で対応したという政府の立場を全く無視することもできない（もし無視するのであれば，過去の診療報酬改定の効果はゼロ又はマイナスであったことを証明する必要がある）だろう。そのため，5％未満の部分についても還付せよという主張に対しては，特に財政当局から「過去に対応した部分の診療報酬を返還せよ」という議論が誘発されることも想定されるところである。このような（ある種不毛な）議論を引き起こさないためにも，還付額を上記算式によることには一定の合理性があるものと考える。

[12] 税率10％への引上げは当初予定より1年半延期されたが，その引上げ前に次の診療報酬改定の時期が到来する。本来であれば次の診療報酬改定より前に税制上の措置を講ずるべきであるが，そのために軽減税率導入を前倒しすることは事実上不可能である。しかし，還付制度であれば8％時であっても導入は可能である。

[13] ところで，還付額を減らすため等の理由で5％を超える分ではなく8％を超える分を還付の対象とするという方法もあり得るが，仮にそうした場合，5％から8％への税率引上げに係る診療報酬による対応も問題ないということを間接的に認めることとなるため，診療報酬ではなく還付による対応を行う根拠が崩れるものと思われる。なお，5％を超える部分を還付の対象とする場合，2014年の診療報酬改定で8％対応分として増額改定された項目（初診料＋12点や再診料＋3点など）は次の診療報酬改定で元に戻す（引き下げる）必要があるだろう。

次に医療機関へ還付される金額の原資であるが，それは徴収済の税金となる。そのため，消費税収はその分だけ減少することとなる。また，診療報酬の改定の場合と比較して，受益と負担の関係が曖昧となる恐れもある。これらの点については，還付金額は医療（中でも社会保険診療）という国民共通のインフラを維持するための社会的なコスト[14]であり，国民全体が負担するのが望ましいという考え方に基づくという説明が可能であると考える。

③　還付制度導入による影響

　仮に②で述べた還付制度をわが国に導入するとした場合，その影響はどの程度となるであろうか。まず還付制度導入による減税規模について推計してみる[15]。

---

[14] 健康状態が良好で病院にかからない若い世代にはこのロジックがやや分かりにくいところかもしれないが，厚生労働省の「平成23年度国民医療費の概況」の年齢階層別国民医療費によれば，75歳以上の人口一人当たりの医療費（892.2千円）は15～44歳のそれの8.14倍にも上るなど，医療需要は一般に年齢を重ねるにつれて高まるものであり，「人は必ず老いる」という点から一応正当化できるものと考えられる。

[15] この点は課税庁にとっても関心が高い事項であろう。実際，2014年3月3日の参議院予算委員会で民主党の足立信也委員（医師）と麻生財務大臣とでこの点が以下の通りやり取りされている。

　「足立信也君：先ほど総理は，薬や医療機器のことで，その分は入っているとおっしゃいました。ですから，それ以外の部分で損税が生じているというのが多くの団体の意見です。これは納得していません。それから，国民の皆さんも，非課税と言われながら実際はその報酬の中に入っているんだと今説明されると，国民の皆さんも納得できないと私は思うんですよ。

　そこで，私は，この分野を課税にするという多くの団体の要望があります。そして，ゼロ税率，これは私は反対です。非課税のまま，世界中そうなんですから，非課税のまま，先ほど冒頭に申し上げたように，足らざる部分は還付するという方式がやっぱり私は正しいんだろうと思います。

　そこで，できれば財務大臣，税のことですので財務大臣だと思いますが，カナダの公共サービス機関リベート制度ございますですよね。この概略，そして，私は日本で導入したらどうかと思うんですが，その点についていかがでしょうか。

国務大臣（麻生太郎君）：これは，お尋ねのカナダの公共サービス機関のリベート制度ということの説明でしたけれども，いわゆる公益団体などが医療や教育などの非課税サービスの提供を行う際に仕入れに係る付加価値税につきましては，国が一定割合は還付するという制度であります。このうち，公営病院に対する還付がヘルスケアリベートと呼ばれているということを承知をいたしておりまして，国分の付加価値税が八三％，州分の付加価値税が八七％となっております。

　いわゆる，昔，日本でもゼロ税率という話があったと承知をしておりますが，ヘルスケアリベートというのを，これを仮に日本で導入することになりますと，還付によって国や地方公共団体においては多額のこれは減収を招くことになるのは間違いないと思いますが，医療を含みます社会保障のために必要な財源を確保するというところが必要になりますので，そこをどうするか。また，リベートの申請をしていただくことになるんですが，これは消費税額の正確な計算が必要になります。

　したがって，現在消費税の免税対象になっている事業者である医療機関が約七割ぐら

第６章　結　　論

　税率10％に引き上げられた時点での消費税収（地方消費税を含む）は，平成25年度の消費税収（地方消費税を含む，予算ベース）が約13.3兆円であり，５％の増税に係る税収増が約13.5兆円と見積もられている[16]ため，単純に加えると合計約26.8兆円と推計される。

　一方，税率10％時点での還付税額であるが，計算の前提として，平成24年度の公的医療保険が適用される医療費[17]が約36.4兆円，日本医師会の調査[18]による社会保険診療報酬に占める控除対象外消費税の割合（平成18年度・19年度）が約2.2％であることから，両者を掛け合わせることにより，税率５％における控除対象外消費税額の総額が約8,008億円と推計できる。そこから，税率10％時における控除対象外消費税額の総額は，５％時のそれの倍であるとすると，約１兆6,016億円と推計できる。

　ここで，社会保険診療報酬から生じる控除対象外消費税額のうち，税率５％を上回る部分の金額は，10％時における控除対象外消費税額の総額から５％時における控除対象外消費税額の総額の差額であるため，約8,008億円と推計できる。そのため，還付対象となる控除対象外消費税額の総額も約8,008億円となる。当該還付制度の導入により10％時の消費税収は上記推計から還付金額だけ減少するため，導入後の消費税収は約26.0兆円となる。したがって，還付金額が消費税収に占める割合

いありますかね，七割の医療機関につきましては消費税に係る記帳というものをきちんとやっていただかないかぬ（ママ）という事務が新たに発生することになる。
　したがいまして，そのもし仮に事務ができるということになるんであれば，今小規模の医療機関においては，地方の診療所等々はこの事務負担を配慮して，所得税，法人税に関しては，これは概算で経費を計算することを認めるという特例制度がありますので，それを見直さないと論旨が合わないということになろうということになりますので，これはいろんな問題が発生するということははっきりしております。
足立信也君：先ほど田村大臣三％のところでおっしゃらなかったんですが，資料五に書いてあります。今回，医療経済実態調査でやっぱり一番大きなのは，その他課税費用というのが数値がしっかり出たということなんです。これは，いただいている消費税分，それから事業者ですね，この場合は医療機関ですが，払っている消費税分ってかなりクリアになったんですよ。今の事務的なことを云々おっしゃいましたけれども，割とクリアになっている。そして，それは持ち出し分が多い，歯科医師会では一・二三％，あるいは医師会は二・二％損税だと，そのように言っているわけです。
　これは，自民党の議員の中にもこの非課税還付方式を取るべきだという方はいらっしゃいます。是非とも私はその形が成立できるように頑張っていきたいと，そのように思っている次第です。」
[16]　第１回社会保障制度改革国民会議「社会保障・税一体改革関連参考資料」（平成24年11月30日）７頁。
[17]　厚生労働省「平成24年度医療費の動向」１頁。
[18]　日本医師会・日医総研「消費税の実態調査」（平成21年２月12日・平成24年７月改）７頁。

は3.08％程度となる。

　これはカナダのGSTにおける病院に対する還付額が税収に占める割合1.96％[19]よりも高いが，カナダの場合HST/QSTに係る還付制度も存在するので，それを加えれば，実際には日本における上記試算と還付の規模はそれほど変わらない水準であるといえそうである。

　また，消費税率8％引上げ時の診療報酬による対応を検討していた厚生労働省の中医協の資料[20]によれば，診療報酬の引上げはプラス約1.2％と試算されるところであり，この割合を平成24年度の公的医療保険が適用される医療費に単純に乗じると約4,368億円となる。公的医療保険に占める税金（公費，国・都道府県・市町村計）の割合は平成23年度[21]で約31.7％であるので，消費税率3％引上げに対応する診療報酬の改定に係る税投入額は約1,385億円と見積もられることとなる。これが還付の規模を検討する際の一応の基準となる数字であろう。

　なお，控除対象外消費税額のうちの一定額の還付は，医療機関の費用（原則として医業費用）のマイナスとなり，法人税・所得税法上も損金の額ないし必要経費の額が減少する。その結果，法人税及び所得税の税収も増加することが見込まれるが，その規模は不明である。還付の規模の適正性を検討する際この点も考慮に入れるべきであろう。

④　還付制度導入への抵抗感

　控除対象外消費税問題の解決方法として，カナダ型の還付制度を採用しようとする場合，予想される反論は，不正還付を誘発するのではないかという懸念である。これは特に課税庁サイドから主張される懸念であろう。確かに，わが国において従業員（給与所得者）を外注者と偽装して不正に仕入税額控除を適用し還付を受けるという事案[22]や，マンションに投資し非課税の家賃収入を得る一方で架空の法律助言料を収入として計上することで不正に還付を受けるという事案[23]が報じられているし，海外でも欧州においてカルセール・スキーム[24]等の輸出免税を利用し

---

[19] 2012年予測値。第5章第5節第2項参照。
[20] 厚生労働省中央社会保険医療協議会診療報酬調査専門組織（医療機関等における消費税負担に関する分科会）第7回（2013年8月2日）資料（税―1）10頁。
[21] 厚生労働省「医療保険制度の財政構造表（平成23年度）」91頁。
[22] 2012年5月24日付毎日新聞。この事案では，従業員を人材派遣会社に転籍させ，非課税仕入れである給与の支払いを課税仕入れである人材派遣料に変更していたが，人材派遣会社側は資本金1,000万円未満の法人等が設立後2年間の課税売上高がそれぞれ1,000万円以下であれば免税事業者となることを利用して，2年ごとに法人の設立・解散を繰り返して消費税を免れるという手法を用いていた。当該スキームについては平成22年11月1日の政府税調第10回専門家委員会でも取り上げられ，平成23年度の税制改正により，このような事業者には事業者免税点制度が適用されないこととなった（消法9の2）。
[23] 2013年7月13日付読売新聞夕刊。

第6章　結　　論

た不正還付事案が生じている。

　元来課税庁には，一度国庫に収まった税金を納税者に返還（還付）することを躊躇するメンタリティーがあるようで，消費税の不正還付事案が少なくないこと[25]も相まって新たな還付制度の導入に抵抗を示すのは，心情的には理解できないでもない。しかし，法律に定められた納税者の権利であれば，課税庁は法律に従い粛々と執行する義務を負うはずであり，それは還付であっても同様である。また，消費税に関する不正は「控除できないものをできるように装う」方法により実行されており，これまで控除できない制度下で適正な申告に努めてきた医療機関が，還付制度導入により実質的に控除できるようになるという有利な制度改正がなされる中で，さらに進んで不正に手を染める事態というのは極めて想定しにくい[26]。また，既に導入され20年余が経過しているカナダ[27]において，病院による不正還付事案に悩まされているという報告もないようである。したがって，還付制度導入により医療機関の不正還付が誘発されるというのは，仮にあっても極めてレアケースであり，当該制度導入の障害とはならないと考えられる。

　仮に還付制度への抵抗感が強いというのであれば，代替的にオーストラリアで採用している減額仕入税額控除制度（部分控除制度）を導入することも検討対象となり得る。いずれを採用しても経済的効果は同じであるが，減額仕入税額控除制度は仕入税額控除制度の枠組内であるという点で，（理論的にはともかくとして軽減税率と同様に）課税庁の心情的な抵抗感はより小さいのかもしれない。

⑤　執行可能性

　税制上の措置を検討する上で欠かすことのできない事項は，執行可能性である。すなわち，いかに理論的に優れた立法措置であったとしても，導入に多額の費用を要したり，納税者に過度なコンプライアンスコストを強いるといったものであっては，執行可能性の点から導入可能性が危ぶまれることとなる。

---

[24] カルセール・スキーム（carousel scheme, 回転木馬型スキーム）については，例えば，西村周多「第3回 OECD 税務行政フォーラム（FTA）会合について」ファイナンス2006年11月号55頁及び西山由美「消費課税における『事業者』の法的地位」税法学557号（2007）209－219頁参照。

[25] 国税庁（国税庁編『国税庁レポート2011』20頁）によれば消費税の不正還付事案は税務調査の重点項目であるが，不正件数・追徴税額ともにここ数年減少傾向にある。国税庁「平成23事務年度法人税等の調査事績の概要」の「消費税還付法人に対する取組」参照。

[26] もし医療機関のコンプライアンス意識が低いのであれば，現行消費税制度の下でも不正控除・不正還付を行う事案が頻発していることとなろうが，そのような事実は特に見受けられない。

[27] 制度の効率性を評価する際の留意点として，中里教授は，継続している制度は多くの場合合理的なものであることを指摘する。中里実「制度の効率性と租税」論究ジュリスト2014年夏号91頁参照。

カナダ型の還付制度をわが国に導入することは，執行可能性の観点からも問題ないものと考えられる。なぜなら，多くの医療機関においては[28] 既に現行制度の下で控除対象外消費税の金額を算定しており，その金額を基に還付額を算出することは容易であるためである。なお，国税庁の統計によれば平成24年度の国税の還付金（還付加算金を含む）に関し，消費税は3兆1,000億円強と総額の50％強を占める税目となっている[29]。その主たる理由は輸出免税と設備投資によるものと考えられるが，消費税の還付は仮に新たな項目が加わっても最小限の追加的なコストで執行可能な税目であると想定される。

(4)　簡易課税適用事業者及び免税事業者への対応

　還付制度を導入した場合，その適用対象に簡易課税適用事業者を含めるべきかが問題となり得る。簡易課税の適用事業者は基準期間の課税売上高が5,000万円以下の事業者であるから，課税売上となる自由診療等[30]の規模が小さい開業医はその適用対象となるため，中小の医療機関を中心に適用事業者は少なくない[31]。

　そもそも簡易課税制度は納税事務の簡素化とコストの軽減のために，税額の算定を容易にしてほしいという中小企業者からの要望に基づいて採用された制度であるが[32]，売上に係る消費税額の一定割合（みなし仕入率）を仕入税額とみなして控除する制度であるため，原理的に売上が計上される限り必ず納付税額が生じることとなる[33]。このような簡易課税制度と還付制度との親和性，すなわち簡易課税制度の適用事業者にも還付制度の適用を認めるのかについては，還付制度の前提は社会保険診療等に係る控除対象外消費税の金額を算定することであり，そのためには課税仕入れの税額を正確に把握する必要があることから，相容れないものではないかと考えられる。また，簡易課税制度についてはみなし仕入率が実際の仕入率と乖離しておりそれが益税を生み出しているという批判[34]があり，廃止を含めた抜本的な

---

[28]　簡易課税制度適用事業者及び免税事業者については，次項参照。
[29]　国税庁「平成24年分税務統計（徴収関係各表）」21頁。
[30]　社会保険診療等は非課税売上であるため課税売上から除外される。
[31]　日本医師会の調査によれば，調査対象医療機関数に占める簡易課税事業者の割合は平成18年が14.4％（母数1,207），平成19年が12.0％（母数1,138）であった。日本医師会・日医総研前掲注18調査11頁参照。ちなみに同調査によれば免税事業者の割合は平成18年が40.3％，平成19年が40.0％であった。
[32]　金子宏『租税法（第二十版）』（弘文堂・2015年）709頁。
[33]　輸出売上がある場合，簡易課税適用事業者は仕入控除税額の算定の際，みなし仕入率を乗じる課税標準額に対する消費税額がゼロとなるため，仕入控除税額もゼロとなることから還付は受けられない。したがって，輸出売上（免税）に基づく還付を受けるためには，仕入税額控除に関し必ず簡易課税ではなく実額控除の適用を受ける必要がある。
[34]　例えば，会計検査院「『消費税の簡易課税制度について』に関する会計検査院法第30条の2の規定に基づく報告書（要旨）」（平成24年10月）3－7頁参照。また，平成24年8

改革が必要となる制度である[35]。さらに，簡易課税制度を採用している医療機関の多くは，実額控除計算が可能でありながらみなし仕入率を選択した方が有利であるから採用しているというのが実態であり，実額控除計算へ移行は実務的にはそれほど困難でないものと考えられる。したがって，医療機関に対する還付制度の適用対象から簡易課税適用事業者を除外するのもやむを得ないものと考える。

同様に，歯科等の開業医を中心に存する免税事業者についても，還付制度の適用対象から除外し，そのような小規模事業者[36]が還付制度の適用を受けるためには，原則通り課税事業者となることを要件とせざるを得ないものと考える。

なお，簡易課税適用事業者及び免税事業者へのこのような措置により，所得税・法人税における概算経費控除制度（措法26・67）への影響を懸念する向きもあろうが[37]，そもそも社会診療報酬に係る概算経費控除制度は，縮小されたとはいえ未だに存続していることの根拠が薄弱な規定であり，原則として廃止すべき制度であると考えられるため，その影響については考慮する必要はないものと考えられる。

(5) 公的介護保険サービスへの対応

本書は社会保険診療に係る消費税の非課税措置に係る控除対象外消費税問題を検討してきた。しかし，同様の問題が公的介護保険サービス（消法別表第１七イ）の非課税措置についても生じることとなるため，現在までのところ業界団体からの要望もあまり聞こえず[38]ほとんど議論されていないが，仮に社会保険診療について還付措置を導入する場合には，次節でも論じるように公的介護保険サービスについても同様の措置を講じることを検討すべきであろう。

(6) 非課税還付制度導入論の限界

本書では医療機関の控除対象外消費税問題への解決策として，非課税を維持したまま還付制度を導入することを結論としているが，当該結論については以下のよう

月に可決・成立した改正消費税法においてもその第７条第一号ニにおいて，簡易課税制度の仕入れに係る概算控除率については，更なる実態調査を踏まえて，その水準について必要な見直しを行う旨が明記されており，平成26年度の税制改正でみなし仕入率の見直しがなされている（ただし医療機関に関しては変更なし）。

[35] もっとも，日本医師会は「平成27年度医療に関する税制に対する意見（改訂版）」４頁で，簡易課税制度の見直しは慎重に行うことを要求している。

[36] 小規模な事業者への対応が仮に必要であるとした場合には，税制上の対応ではなく，医師会等の同業者団体がそのような事業者に対し経理面での支援策を講ずる（例えば一時的に税理士に業務を委託する費用を支出するなど）という対応が採り得るであろう。

[37] 前掲注14における麻生財務大臣の答弁参照。

[38] 最近になって全国老人保健施設協会（全老健）が厚生労働省老健局に提出した税制改正要望で，消費税が非課税である介護保険事業を原則課税とすることを要求していると報じられた。2014年11月４日付 CB news 参照。

な限界ないし留意事項が指摘できるであろう。

第一に，非課税還付制度導入論は当該問題の抜本的な解決策ではない点である。すなわち，当該問題の抜本的な解決策は恐らく後述する給付付き税額控除の導入を軸にした非課税制度の廃止ということになるのであろうが，本論文の結論では時間的な制約から国民的なコンセンサスを得るのが容易でない抜本的な解決策の導入を先送りしているという面は否めないところである。

第二に，カナダの制度をわが国に導入する意義について必ずしも十分には論証されていない点である。税方式を採用しているカナダの医療保障制度を背景に人的非課税制度への対応策として機能しているカナダの還付制度は，わが国が置かれている状況と同じであるとはいえず，その制度を導入する意義が十分説得的であるとはいえない恐れがある。もっともこれは，わが国の置かれている状況が世界的に見て極めて特殊な状況にあることを反映しているがゆえの限界であると考えられる。

第三に，財源問題への配慮が十分には検討されていない点である。前述のとおり非課税還付制度の導入により約8,008億円が医療機関に還付されると見込まれるが，その金額については厳しい財政事情から財政当局からの激しい抵抗が予想されるところである。最終的な還付水準の決定は，理論的にはともかくとして，当該制度導入に伴う2014年の診療報酬改定分の引下げ[39]による税投入額の減少額等を控除し，税の純減収額を算定することにより判断することとなるであろう。

2　他の非課税措置への応用可能性

(1)　仕入税額控除制度の法的意義と非課税措置

本論文では消費税法における仕入税額控除制度の法的意義として，税額計算における基本構造をなすものであるという点を強調してきた。それでは，仕入税額控除制度は課税仕入税額の「完全控除」を要求する措置であるととらえるべきなのであろうか。欧州では中立性の原則からそのように解すべきという議論があるが[40]，第2章でみた神戸地裁判決はそのようには解しておらず，控除不能額が生じた場合まずは最終消費者への転嫁というルートを採るべきとしている。これを踏まえると，仕入税額控除制度の日本法の解釈としては，裁判規範として課税仕入税額の「完全控除」を要求する措置ととらえるのではなく，事業者において控除対象外消費税の負担が生じた場合には立法者にその排除を要求する「根拠」となり得るものととらえるのが妥当ではないかと考えられる。

---

[39]　2016年の診療報酬改定前に税制上の対応をした場合を想定している。
[40]　西山由美「金融セクターに対する消費課税」金子宏・中里実・J. マーク・ラムザイヤー編『租税法と市場』（有斐閣・2014年）306－307頁参照。

（2） 他の非課税措置への応用可能性と判断基準

　わが国における仕入税額控除制度のこのような解釈をさらに突き詰めていけば，現行税法上全く認められていない非課税売上に対応する課税仕入税額に係る控除につき，どこまで認められるべきなのかが問題となり，その判断基準を示す必要がある。なぜなら，原理上は非課税措置全般に還付制度等を導入し控除対象外消費税額の完全排除を目指すことは可能であるが，仮にそうした場合，わが国の厳しい財政事情の中到底容認できない「バラマキ」であるという批判を免れないためである。非課税措置の態様別に基準を示すと，以下のように整理できるものと考えられる。

① その性質上消費税になじまないもの

　消費税の非課税措置については，第1章の図表1－7で示したように「その性質上消費税になじまないもの」と「社会政策的配慮に基づくもの」とに分けられるが，そのうち前者については，後者のように最終消費者に消費税の負担を求めることを回避する目的で非課税とされているわけではなく，控除対象外消費税の負担を転嫁するか否かは事業者に委ねられている。そのような取引に対して還付制度等を導入し何らかの控除が認められるようにするのは必ずしも妥当とは言えず，基本的に非課税から課税への転換により対処すべきと考えられる。

② 社会政策的配慮に基づくもの

　一方の「社会政策的配慮に基づくもの」であるが，まず事業者により控除対象外消費税額の価格への織り込み（転嫁）が可能なものとそうでないものとに分けられる。ここでいう価格への織り込みができないものとは，社会保険診療や介護保険に基づくサービスのような事業者に価格決定権がない公定価格のものをいい，可能なものとはそれ以外のものをいう。

ア．価格への織り込みが不能なもの

　価格への織り込みが不能なものへの対処方法の判断基準としては，まず事業者による価格決定の代償措置として控除不能額の転嫁が保障されているかが問題となり，次にそれが保障されていない（又はそれは不完全な）場合税制上の措置によるか，それとも財政上の措置によるかが問題となる。ここで控除不能額を転嫁により解消することを優先的な対処方法としたのは，当該金額は第一義的に事業者のコストであることから，当該コストは売上金額に織り込むことで解消するのが標準的な価格決定メカニズムであるからである。転嫁による解消は法的にも消費税創設を謳った税制改革法第11条が根拠となり得る。仮にそれが十分に機能しない場合には，その状況に応じたきめ細かな対応，すなわち税制上や財政上の措置といった公的介入が必要となるのである。

　次に個別の類型を見ていくと，まず「教科用図書」は，恐らく事業者における控除対象外消費税の負担をも加味して文部科学省によりその価格が決定されてい

る[41]と考えられるため，転嫁による対応で十分であり，還付制度の導入は不要であろう。

　一方本書で検討してきた「公的な医療保障制度に基づく療養・医療等」は，事業者による価格決定の代償措置としての診療報酬の改定が適切に行われているのであれば，転嫁による対応を志向し，適切とはいえない場合には還付等の税制上の措置により対処することとなる。同様に，「社会福祉・更生保護事業等」のうちの介護保険法の規定に基づくサービス（消法別表第１七イ）も，介護報酬改定が適切であれば転嫁により対応し，適切とはいえない場合には還付等の税制上の措置により対処することとなる。

イ．価格への織り込みが可能なもの

　価格への織り込みが可能なものについて見ていくと，まずサービス内容の公共性の高低により分類が可能となる。サービス内容の公共性が比較的乏しい「住宅の貸付」は，公的介入の必要性が乏しいと考えられる。また，「住宅の貸付」は「逆進性緩和の一環」として平成３年度の税制改正で非課税とされたが，理論的には，持家が課税とされていることによる持家居住人と賃貸居住人との水平的公平性は，賃貸居住人への全額転嫁によって確保されることとなる[42]。したがって，住宅家賃に対する措置は不要と考えられる。ただし，借上社宅のように非課税とされ（消基通６－13－７）仕入税額控除の対象とはならないものの，実質的には事業者間取引と考えられるものについては，事業者が課税選択を行うことができるオプション制度の導入も検討に値するだろう。

　次に，サービス内容の公共性が高く転嫁による対応が必ずしも望ましくないことから，事業者の経営に配慮した税・財政上の措置（公的介入）が求められるものとして以下の４項目が挙げられる。第一に「助産」であるが，自由診療であり転嫁可能であることや，自由診療であるため過去における消費税率引上げ時の診療報酬対応による措置の対象外であったことなどから，従来医療界からも特に要望は出ていないようである[43]。しかし，転嫁できるかどうかは医療機関と患者との関係に依存し，比較的低所得の妊婦の多い医療機関においては正常分娩の価格[44]を低く設定せざるを得ないため，転嫁が不十分であるケースも少なくない。このようなケースについても自由診療であるという理由で公的介入の対象外とするのは，必ずしも妥

---

[41] 教科用図書は文部科学省告示により毎年科目ごとに定価の最高額が示されている。
[42] 知原信良「消費税と不動産取引」論究ジュリスト2014年夏号203頁参照。
[43] ただし最近日本医師会は，自由診療については10％引上げ時に軽減税率の適用とすることを求めている。日本医師会「平成27年度医療に関する税制に対する意見（改訂版）」４頁参照。
[44] 都市部の富裕層向けは100万円程度のケースもみられる半面，地方では助産に対応している医療機関自体が少ないため，健康保険から支給される出産育児一時金（原則42万円）に満たない金額となっていることもあるなど，かなりの開差が生じている。

第6章　結　　論

当とは言えないと考えられる。しかしそのようなケースについては，画一的な対応とならざるを得ない税制上の措置よりも，医療機関や患者の実情に応じたきめ細かな対応が可能となる財政上の措置（補助金や給付金など）の方がむしろ適切とも考えられる。したがって，助産を行っている医療機関の転嫁の状況に関する実態調査を行い，それが不十分な医療機関に対してのみ税制上ないし財政上の措置を講ずることも検討に値するであろう。

「埋葬料・火葬料」も「助産」と同様に，その利用者の実情に応じたきめ細かな対応が求められる項目であるが，事業者は価格に転嫁し，行政は（仮に必要な場合には）低所得者に対して利用料の補助を行うという方法が最も効率的であると考えられる。

次に「身体障害者用物品の譲渡等」も「助産」と同様に転嫁可能ではあるが，その譲渡先が原則として身体障害者であることから，事業者が転嫁できず負担しているケースがみられる。それでも平成23年度の税制改正前は，いわゆる95％ルールの適用により課税売上割合が95％以上であれば非課税売上対応分についても控除ができたが，改正後はその課税期間の課税売上高が5億円を超える事業者は実額控除が求められるようになったため，該当する事業者にとっては新たに控除対象外消費税問題が生じたこととなる[45]。身体障害者用物品の公共性に鑑みれば，その譲渡等を行う事業者に対して還付を行う措置を講ずることも検討する余地があるだろう[46]。

最後に「一定の学校の授業料・入学金等」であるが，8％引上げ時に授業料等の値上げによる転嫁ができず経営状況が悪化している学校法人もみられるところである。学校法人の代表格である私立大学（大学部門[47]）についてみれば，平成24年度において収入の77.0％[48]を学生等納付金（授業料，入学金等）が占めており，控除対象外消費税額の転嫁の可否は私学経営に直結する。私立大学の経営状況は地方・中小規模の大学において特に厳しく[49]，転嫁不能分の負担が更なる経営状況の悪化

---

[45] 平成26年度の厚生労働省税制改正要望でも，「平成23年度の税制改正において消費税の仕入税額控除に関するルールが見直されたことに伴い，福祉車両等を製造・販売する事業者において仕入れに係る消費税の取扱いに影響が生じていることなどを踏まえ，福祉車両等に係る消費税の取扱いのあり方を検討し，所要の措置を講じる」とされている。

[46] 公の支配に属さない慈善・博愛の事業（福祉事業）に対する公金支出を禁ずる憲法89条との関係で，民間事業者への財政支出は可能かどうかの検討が必要である。

[47] 学校法人会計基準第13条及び第24条の規定による会計単位としての大学をいい，法人部門や附属病院，研究所等の別部門は含まない。

[48] 日本私立学校振興・共済事業団『今日の私学財政（平成25年度版）』28頁。

[49] 多少古いデータであるが，平成21年度においては，帰属収支差額（収入－支出）がマイナスの大学の割合が学生数10,000人以上では7.1％に過ぎないにもかかわらず，1,000人未満では63.2％にも上る。また，地域別では，帰属収支差額がマイナスの大学の割合が近畿（大阪・京都を除く）及び東海・北陸（愛知を除く）では50％を超えているのに対し，京都（16.0％），宮城（18.2％），東京（24.3％）といった都市部では比較的に低い。平成22

をもたらしかねないところである。このような状況への対処の方法としては，税制上の措置のほか，補助金[50]（私学助成）の拡大[51]も考えられるため，いずれが適切であるかは教育行政・教育政策の方向性をも踏まえながら更なる検討が必要である[52]。なお，教育サービスは広範であり，受給者（及びその家族）の所得水準もまちまちであるが，私立大学の医学部教育など比較的富裕層（その子弟を含む）向け

図表6-1　社会政策的配慮に基づく非課税措置と控除不能額への対処方法

	価格への織り込みが可能	価格への織り込みが不能
転嫁（公的介入無）	助産，教育，住宅，埋葬料・火葬料	−
転嫁（公的介入有）	−	医療（改定が適正） 介護（改定が適正） 教科用図書
還付等税制上の措置	教育（オプション制度） 住宅（オプション制度） 身体障害者用物品（還付） 助産（低所得層向け・還付）☆	医療（改定が不十分・還付） 介護（改定が不十分・還付）
補助金等財政上の措置	助産（低所得層向け）☆ 教育（地方・中小規模） 埋葬料・火葬料（利用料の補助）	−

（注）　☆印は選択を示す。

年10月15日中央教育審議会大学分科会「私立大学の収支状況（平成21年度決算）」4・5頁。
[50] 日本私立学校振興・共済事業団前掲注48によれば，収入に占める補助金の割合は10.5％である。
[51] OECDの統計によれば，2011年の日本のGDPに占める教育機関への公的支出の割合は3.8％とOECD加盟国中最下位であり（加盟国平均は5.6％），公的支出全体に占める教育機関への支出の割合も9.1％とイタリア（8.6％）に次いで低い（加盟国平均は12.9％）。生徒一人当たりの公的支出額は8,106ドルで加盟国平均7,876ドルよりやや高い水準である。See OECD, Education at a Glance 2014, at 249, 254. 私見では，わが国の教育機関への公的支出の水準は低く，それを高めることが必要と考えられるため，この問題については税制上の措置ではなく補助金の拡大によるべきではないかと考えている。
[52] 平成26年度の文部科学省の税制改正要望では，「消費税率が引上げられた際に，学校法人等の経営に影響が及ぶことが想定されるが，教育研究の質を低下させることなく，学生等に対する負担が過大にならないようにするため，税制上の配慮を行うことが必要である。」とされている。

のサービスについては最終消費者に消費税を負担させることに問題はないと考えられることから，事業者が課税選択を行うことができるオプション制度の導入も検討に値するだろう。

上記判断基準に基づく対処方法を図示すると図表6－1のようになる。

3　今後の課題

(1)　医療提供体制の変化とそれに対する税制の対応

医療の提供は現在対面で行うことが前提とされ，必然的に国内取引に該当することとなるが，医療技術の発展[53]により遠隔の画像診断や治療[54]が可能となり，対面による診断・治療を要しなくなったとした場合には，医療の提供もクロスボーダー取引となりその結果輸出免税の適用となることもあり得る。そうなると，控除対象外消費税問題がネックとなって，医療機関はむしろ仕入税額控除の適用上有利となる輸出免税の適用が受けられる医療の提供形態を模索するような事態，要するに国内の患者をわざわざ海外の拠点（滞在費の比較的安価な東南アジアなど）に移動させ，そこに対し国内から医療を提供するというスキームによることも考えられないわけではない。無論，そのような診療は現状公的医療保険の適用対象とはならないのであろうが，仮に海外居住・滞在中の邦人に対しわが国から遠隔治療を行うことができるようになれば，今後それについても公的医療保険の適用対象となることもあり得るだろう。もしそのような医療の提供形態が無視できない規模となったら，公的医療保険のあり方すら抜本的な見直しを迫られることとなりかねない。また，クロスボーダーの役務提供に対する消費税の取扱いに関しては，今後わが国においても輸出免税の適用ではなく原産地国課税（日本から提供された医療であれば日本で課税）へ移行するということも考えられる。

医療政策の基本が変われば租税政策も変わらざるを得ない。そこまで考えると，現在検討されているような控除対象外消費税問題に係る解決策の寿命は，意外に短いのかもしれない。

(2)　非課税措置の抜本的な見直し

非課税措置は対応する課税仕入れに係る仕入税額控除が認められない[55]ことか

---

[53] ロボットと画像技術の進展により遠隔手術の可能性を論じるものとして，小西晃造・橋爪誠「医療とロボット技術」都市問題研究第61巻第8号（2009年）20－32頁参照。

[54] 現在のロボットによる治療方法である米国 Intuitive Surgical, Inc. のダ・ヴィンチ外科手術システム（da Vinci Surgical System）の延長線上に遠隔操作の手術システムがあるように思える。

ら，課税の累積を排することを基本的な仕組みとする付加価値税制度の中では特異な措置であり，その廃止が望ましいとする主張も随所でみられる[56]。確かに理論的には十分根拠のある主張であり，中長期的にはその見直しは避けて通れない課題であることは疑いないが，仮にそれが理論的には正当性があるとしても，少なくとも社会保険診療を含む社会政策的配慮に基づく非課税措置をここ数年のうちに廃止にまで持ち込むことは極めて困難であると考えられる。その理由は以下の点が挙げられる。

　第一に，非課税措置には社会政策的配慮によるものと，その性質上消費税になじまないものの二種類があり，性格が異なる両者は分けて議論すべきと考えられるからである。後者については，本来課税すべきであるが「その性質上消費税になじまない」故に非課税としているだけであり，課税技術上の問題が解消されれば課税化することには，事業者・国民共にそれほど抵抗はないであろう。しかし前者については，導入時にいわゆる逆進性対策として措置されたもので，例えば社会保険診療や介護・福祉サービスに係る非課税措置を標準税率により課税することには，国民のみならず事業者からの強い異論が予想されるところである。

　第二に，そのため，仮に後者につき非課税措置を廃止するのであれば，その理論的根拠を十分に詰め，国民及び事業者の理解を得られるよう周到な準備と広報が必要不可欠であると考えられるからである。したがって，社会政策的配慮に基づく消費税の非課税措置の見直しは，中長期的な課題とならざるを得ないだろう。これは，欧州において見直しが叫ばれながら遅々として進まない状況からも言えるだろう[57]。この点からも，医療の安易な「課税化」という議論には問題が多いと言わざるを得ない。

　しかし，今後わが国を取り巻く社会経済情勢が変化し，財政状況が益々厳しさを増すことが予想される中で，社会政策的配慮に基づく消費税の非課税措置といえどもいつまでも聖域として見直しを免れるという状況が継続するとは限らない。非課税措置が消費税における仕入税額控除のメカニズムの中で特殊な存在（マーリーズ・レビューの言では anathema（異端））であることは疑いのないところであり，制度の簡素化及び課税の歪みの是正の観点から，廃止を含めた抜本的な見直しが必要となるであろう。その観点からは，本研究で提案した還付制度の導入は，暫定的な措置に過ぎないといえる。

　恒久的な改革の方向性としては，制度の簡素化及び税収調達機能の確保（税率を

---

[55] 「遮断する」という表現を用いる論考も存在する。西山由美「消費税の理論と課題（第5回）仕入税額控除（Ⅰ）」税理2013年9月号89頁参照。

[56] 例えば，村井正「消費税法上の非課税取引は全廃か，課税選択権か」税研2014年1月号16-25頁など。

[57] 欧州における議論については，第4章第6節参照。

可能な限り抑制することをも意味する）の観点から，消費税の税率構造は標準税率のみとし，非課税・軽減税率は認めず，例外として輸出免税（ゼロ税率）のみ認めるというものとなるだろう。その一方で，廃止されることとなる非課税措置が担ってきた低所得者（逆進性）対策は，仮にそれを消費税の枠組みの中[58]で対応するとしたならば[59]，マイナンバー制度（社会保障・税番号）[60]による所得把握が一定の精度を確保することを前提に，一定の所得水準以下の納税者に消費税を還付する制度の導入により代替することが考えられる。すなわち，付加価値税制の透明性・中立性を確保しつつ，低所得者層への逆進性対策を実現する方策として有力なのは，いわゆる「給付付き税額控除制度[61]」の導入である。

　給付付き税額控除制度導入の前提となるインフラは，納税者の所得を把握し名寄せするための番号制度，すなわち納税者番号制度の整備であり，わが国においてその役割を果たすものは上記マイナンバー制度である。当該制度を実施するための関連法案[62]は難産の末ようやく2013年5月9日に衆議院を通過し，同年5月24日に参議院も通過して成立した。ただし，当該法律が成立しても制度が実際に動き出すのは2016年1月以降にずれ込むため，2014年4月の税率8％の施行時はもちろんのこと，2015年10月の税率10％の（当初予定）施行時にも間に合わないこととなる。また，マイナンバー制度が導入されても，当該番号制度の税目的の利用がどこまで認められるのかは不透明である。仮にマイナンバー制度をもってしても納税者（及び課税最低限以下の所得水準の者）の所得把握の程度が不十分である場合には，その情報に基づく給付付き税額控除制度が新たな不公平を生みだすことも懸念される

---

[58] 給付付き税額控除は所得税の税額から消費税相当額を控除し，控除しきれない部分の金額を還付する仕組みであるため，消費税と所得税とにまたがる制度である。

[59] そもそも消費税の逆進性対策が必要なのかについての議論が十分になされることが必須なのは言うまでもない。

[60] アメリカでは共通番号として社会保障番号（Social Security Number, SSN）を用いているが，当該番号について成りすましによる不正還付が問題となっている。給付付き税額控除の導入に際してはこの点からの対策についても今後議論すべきであろう。アメリカの共通番号制度の問題については，石村耕治「アメリカの登録納税申告書作成士（RTRP）制度（上）」税務事例2013年9月号23頁参照。また，アメリカにおけるなりすまし不正還付の実態については，柏木恵「米国におけるID窃盗となりすまし不正還付の問題」CIGSコラム2012年7月27日参照。

[61] 給付付き税額控除制度による社会保障政策の転換，具体的には公的年金・医療保険の保険料負担の軽減，低所得者支援策の転換を提言するものとして，小塩隆士・田近栄治・府川哲夫『日本の社会保障政策』（東京大学出版会・2014年）214－221頁参照。

[62]「行政手続における特定の個人を識別するための番号の利用等に関する法律」及び「行政手続における特定の個人を識別するための番号の利用等に関する法律の施行に伴う関係法律の整備等に関する法律」をいう。

[63] 執行の観点から給付付き税額控除導入の前提としてのインフラ整備の重要性を強調するものして，中里実「給付付き税額控除の執行上の問題点」税研2009年5月号45－49頁

ところである[63]。

　したがって，ここは一旦腰を据えて，中長期的な観点から，消費税における逆進性・低所得者対策の必要性の有無，仮に必要な場合どのような方策が最も適切であるかについて，諸外国の番号制度をめぐる不正事案とその対処法をも十分参照しながら検討することが不可欠であろう。

　参照。

参考文献

＜邦語文献＞
芦部信喜（高橋和之補訂）『憲法（第五版）』（岩波書店・2011年）
天野拓『オバマの医療改革』（勁草書房・2013年）
猪飼周平『病院の世紀の理論』（有斐閣・2010年）
池上直己・J.C.キャンベル『日本の医療』（中央公論新社・1996年）
伊藤裕香子『消費税日記』（プレジデント社・2013年）
占部裕典『国際的企業課税法の研究』（信山社・1998年）
占部裕典『租税法の解釈と立法政策Ⅱ』（信山社・2002年）
ジョルジュ・エグレ（荒木和夫訳）『付加価値税』（白水社・1985年）
大島隆夫・木村剛志『消費税法の考え方・読み方（二訂版）』（税務経理協会・平成9年）
小塩隆士・田近栄治・府川哲夫『日本の社会保障政策』（東京大学出版会・2014年）
会計検査院「『消費税の簡易課税制度について』に関する会計検査院法第30条の2の規定に基づく報告書（要旨）」（平成24年10月）
加藤寛・横山彰『税制と税政』（読売新聞社・1994年）
加藤淳子『税制改革と官僚制』（東京大学出版会・1997年）
加藤智章・菊池馨実・倉田聡・前田雅子『社会保障法（第5版）』（有斐閣・2013年）
加藤智章・西田和弘編『世界の医療保障』（法律文化社・2013年）
金子宏『租税法（第二十版）』（弘文堂・2015年）
菊池馨実『社会保障法』（有斐閣・2014年）
木下和夫『税制調査会』（税務経理協会・平成4年）
ポール・クルーグマン＝ロビン・ウェルス（大山道広・石橋孝次・塩澤修平・白井義昌・大東一郎・玉田康成・蓬田守弘訳）『クルーグマンマクロ経済学』（東洋経済新報社・2009年）
経済企画庁編『経済白書（年次経済報告）』昭和31年版
厚生省編『昭和36年度版厚生白書』
厚生労働省編『平成24年版厚生労働白書』
国税庁編『国税庁レポート2011』
塩野宏『行政法Ⅱ（第五版補訂版）』（有斐閣・2013年）
島崎謙治『日本の医療』（東京大学出版会・2011年）
新村拓『国民皆保険の時代』（法政大学出版局・2011年）
ジョセフ・E・スティグリッツ（藪下史郎・秋山太郎・金子能宏・木立力・清野一治訳）『ミクロ経済学』（東洋経済新報社・1995年）
ジョセフ・E・スティグリッツ（藪下史郎訳）『公共経済学（下）』（東洋経済新報社・1996年）

谷口勢津夫『税法基本講義（第3版）』（弘文堂・平成24年）
中川一郎『税法学巻頭言集』（清文社・平成25年）
中川淳司・清水章雄・平覚・間宮勇『国際経済法（第2版）』（有斐閣・2012年）
中里実『キャッシュフロー・リスク・課税』（有斐閣・1999年）
中里実・弘中聡浩・渕圭吾・伊藤剛志・吉村政穂編『租税法概説』（有斐閣・2011年）
中島誠『立法学（新版）』（法律文化社・2007年）
中西優美子『EU法』（新世社・2012年）
西村健一郎『社会保障法』（有斐閣・2003年）
日本私立学校振興・共済事業団『今日の私学財政（平成25年度版）』（学校経理研究会・2013年）
平井宜雄『法政策学（第2版）』（有斐閣・1995年）
原田大樹『自主規制の公法学的研究』（有斐閣・2007年）
船本智睦『医療と消費税』（徳間書店・2013年）
堀勝洋『社会保障法総論（第2版）』（東京大学出版会・2004年）
松井茂記『カナダの憲法』（岩波書店・2012年）
松井茂記『アメリカ憲法入門（第7版）』（有斐閣・2012年）
N・グレゴリー・マンキュー（足立英之・石川城太・小川英治・地主敏樹・中馬宏之・柳川隆訳）『マンキュー経済学Ⅰミクロ編（第3版）』（東洋経済新報社・2013年）
水野忠恒『消費税の制度と理論』（弘文堂・1989年）
水野忠恒『租税法（第5版）』（有斐閣・2011年）
森信茂樹『日本の消費税』（納税協会連合会・2000年）
吉原健二・和田勝『日本医療保険制度史』（東洋経済新報社・1999年）
渡辺智之『インターネットと課税システム』（東洋経済新報社・2001年）
浅妻章如「通商法と国際租税法」金子宏編『租税法の発展』（有斐閣・2010年）
安部和彦「税率引上げで拡大する消費税の『損税』問題」税務弘報2011年10月号
安部和彦「医療提供に係るイギリスVATの検討」税務弘報2012年7月号
安部和彦「医療の提供に係る付加価値税（GST）の適用（1）カナダ」税務弘報2012年11月号
安部和彦「医療の提供に係る付加価値税（GST）の適用（2）オーストラリア」税務弘報2012年12月号
安部和彦「医療機関の控除対象外消費税問題への試論」税務弘報2013年5月号
安部和彦「社会保険診療等に係る消費税非課税措置とその転嫁」税務弘報2013年10月号
安部和彦「社会政策的配慮に基づく消費税の非課税措置の将来像（上）」税務弘報2015年6月号
安部和彦「社会政策的配慮に基づく消費税の非課税措置の将来像（下）」税務弘報2015年7月号
池上岳彦「財政連邦主義の変容」新川敏光編『多文化主義社会の福祉国家』（ミネルヴァ

書房・2008年)

池上岳彦「カナダの連邦制度と社会保障」海外社会保障研究 Autumn 2012

石村耕治「アメリカの登録納税申告書作成士（RTRP）制度（上）」税務事例2013年9月号

一高龍司「消費課税の世界的潮流」租税法研究第34号（2006年）

稲森公嘉「公的医療保険の給付」日本社会保障法学会編『これからの医療と年金』（法律文化社・2012年）

岩崎美紀子「政治と現代福祉国家」城戸喜子・塩野谷祐一編『先進諸国の社会保障3 カナダ』（東京大学出版会・1999年）

遠藤久夫「診療報酬制度の理論と実際」遠藤久夫・池上直己編著『医療保険・診療報酬制度』（勁草書房・2005年）

岡村忠生「消費課税とヒューマン・キャピタル」日本租税研究協会第65回研究大会記録（日本租税研究協会・2013年）

笠木映里「フランスの医療制度－受診時の患者自己負担と私保険の特殊な役割－」クォータリー生活福祉研究65巻 Vol.17 No.1（2008年）

笠木映里「医療・年金の運営方式」日本社会保障法学会編『これからの医療と年金』（法律文化社・2012年）

柏木恵「米国における ID 窃盗となりすまし不正還付の問題」CIGS コラム2012年7月27日

片山信子「社会保障財政の国際比較」レファレンス平成20年10月号

加藤智章「公的医療保険と診療報酬政策」日本社会保障法学会編『これからの医療と年金』（法律文化社・2012年）

金子宏「総論―消費税制度の基本的な問題点」日税研論集30号（日本税務研究センター・平成7年）

金子宏「租税法における学説と実務」『租税法理論の形成と解明上巻』（有斐閣・2010年）

金子宏「消費税制度の基本的問題点」『租税法理論の形成と解明下巻』（有斐閣・2010年）

亀田隆明「病院経営が抱える諸問題」貝塚啓明・財務省財務総合政策研究所編『医療制度改革の研究』（中央経済社・2010年）

マイケル・キーン「付加価値税のタックスギャップについて」租税研究2013年6月号

小西晃造・橋爪誠「医療とロボット技術」都市問題研究第61巻第8号（2009年）

小林秀太「法と経済学における税と保険料」季刊社会保障研究 Vol.42 No.3（2006年）

小林秀太「租税政策と社会保障制度」金子宏編『租税法の基本問題』（有斐閣・2007年）

小松隆二「社会保障・社会福祉の歴史と現状」『先進諸国の社会保障2 ニュージーランド・オーストラリア』（東京大学出版会・1999年）

斎藤誠「臨時特例企業税条例が法人事業税に関する地方税法の規定の趣旨に反するとされた事例」ジュリスト No.1398（2010年）

坂巻綾望「欧州連合司法裁判所の動向」租税研究2010年9月号

佐藤英明「電子的配信サービスと消費課税」ジュリスト2012年11月号

佐藤主光「地方財政と地方消費税」租税研究2013年8月号

品川芳宣「国税通則法の実務解説（第 2 回）納税義務の成立・税額の確定手続」租税研究2013年10月号

篠田剛「現代付加価値税の論理と課題－マーリーズ・レビューの検討を中心に」宮本憲一・鶴田廣巳・諸富徹編『現代租税の理論と思想』（有斐閣・2014年）

柴田洋二郎「フランス社会保障財源の『租税化』」海外社会保障研究 Summer 2012 No.179

島崎謙治「わが国の医療保険制度の歴史と展開」遠藤久夫・池上直己編著『医療保険・診療報酬制度』（勁草書房・2005年）

R・J・シャープ「カナダ憲法における司法制度と違憲審査権 (1)」法雑43巻 1 号（1996年）

新川敏光「医療保険」城戸喜子・塩野谷祐一編『先進諸国の社会保障 3 カナダ』（東京大学出版会・1999年）

新川敏光「カナダにおける医療と介護の機能分担と連携」海外社会保障研究 Autumn 2006 No.156

新川敏光「カナダにおけるナショナル・アイデンティティの探求と超克の旅」新川敏光編『多文化主義社会の福祉国家』（ミネルヴァ書房・2008年）

首藤重幸「消費税法解釈論上の諸問題」租税法研究第34号（2006年）

高橋和之「『戦後憲法学』雑感」成田頼明・園部逸夫・塩野宏・松本英明編『行政の変容と公法の展望』（行政の変容と公法の展望刊行会・1999年）

武内砂由美「ニュージーランド社会保障研究の現在」大原社会問題研究所雑誌2002年 2 月号

立石雅俊「GDPより推計した消費税額と納税申告額との乖離」自治総研2010年 8 月号

田中治「租税における中立の法理」日税研論集54巻（日本税務研究センター・平成16年）

田中治「納税義務者・課税取引と非課税取引」金子宏編『租税法の基本問題』（有斐閣・2008年）

田中治「消費税における仕入税額控除の存在理由と判例動向」金子宏編『租税法の発展』（有斐閣・2010年）

田中謙一「ドイツにおける社会保障と税制との関係」健保連海外医療保障 No.91（2011年 9 月）

玉岡雅之「付加価値税としての消費税」租税研究2012年11月号

田村誠「医療技術と人間社会」山崎喜比古編『健康と医療の社会学』（東京大学出版会・2001年）

知原信良「消費税と不動産取引」論究ジュリスト2014年夏号

辻美枝「保険取引への消費税課税」税法学565号（2011年）

戸田典子「ドイツの医療費抑制施策—保険医を中心に—」レファレンス2008年11月号

富永健一「福祉国家の分解日本の国際的位置」海外社会保障研究 Spring 2003 No.142

中里実「金融取引（銀行取引・保険取引）・不動産取引に対する消費税の課税」日税研論集第30号（日本税務研究センター・平成 7 年）

中里実「給付付き税額控除の執行上の問題点」税研2009年 5 月号

中里実「制度の効率性と租税」論究ジュリスト2014年夏号

西村淳「社会保障・社会福祉の歴史と現状」小松隆二・塩野谷祐一編『先進諸国の社会保障２ニュージーランド・オーストラリア』（東京大学出版会・1999年）

西村聞多「第３回OECD税務行政フォーラム（FTA）会合について」ファイナンス2006年11月号

西山由美「付加価値税のEU域内協調」租税法研究第26号（1998年）

西山由美「公益活動に対する消費課税」租税法研究第35号（2007年）

西山由美「仕入税額控除」金子宏編『租税法の基本問題』（有斐閣・2007年）

西山由美「消費課税における『事業者』の法的地位」税法学557号（2007年）

西山由美「消費課税における公法人の事業者適格」税大ジャーナル13号（2010年）

西山由美「EU付加価値税の現状と課題―マーリーズ・レビューを踏まえて―」フィナンシャル・レビュー2011年１月号

西山由美「非課税範囲等の再検討」税研167号（2013年）

西山由美「消費税の理論と課題（第５回）仕入税額控除（Ⅰ）－その法的性質と実体要件」税理2013年９月号

西山由美「消費税の理論と課題（第７回）消費課税システムにおける『税額転嫁』」税理2014年１月号

西山由美「金融セクターに対する消費課税」金子宏・中里実・J. マーク・ラムザイヤー編『租税法と市場』（有斐閣・2014年）

沼田博幸「EUにおけるVATの最近の動向について」租税研究2012年３月号

根岸哲「産業補助金・融資と法」碓井光明・来生新編『現代の法8　政府と企業』（岩波書店・1997年）

橋本恭之「逆進性対策の再検討」税研2013年１月号

林宜嗣「EC型付加価値税と日本型消費税」貝塚啓明・石弘光・野口悠紀雄・宮島洋・本間正明編『税制改革の潮流』（有斐閣・1990年）

藤枝純「神奈川県臨時特例企業税最高裁判決と課税自主権」租税研究2013年８月号

藤谷武史「非営利公益団体課税の機能的分析（一）」国家学会雑誌117巻11・12号（2004年）

藤谷武史「財政活動の実体法的把握のための覚書（一）」国家学会雑誌119巻３・４号（2006年）

コリーン・M・フラッド「公的医療制度と民間保険の区分に関するカナダの選択と裁判に基づく医療制度改革の危険」フィナンシャル・レビュー2012年９月号

星野泉「国際比較から見た消費税」自治総研2011年11月号

増井良啓「帳簿不提示と消費税の仕入税額控除」判時1676号（1999年）

増井良啓「租税政策と通商政策」小早川光郎・宇賀克也編『行政法の発展と変革　下巻』（有斐閣・平成13年）

増田英敏「イギリスの付加価値税（Value Added Tax）の法構造」石島弘・木村弘之亮・玉國文敏・山下清兵衛編『納税者の保護と法の支配』（信山社・2007年）

松本勝明「医療保険の公私関係－ドイツにおける変化と今後の方向－」フィナンシャル・レビュー2012年9月号

松田晋哉「診断群分類導入の国際的動向と医療費への影響」田中滋・二木立編著『医療制度改革の国際比較』（勁草書房・2007年）

丸山士行「オーストラリア」井伊雅子編『アジアの医療保障制度』（東京大学出版会・2009年）

三木義一「非課税取引とゼロ税率」日税研論集第30号（日本税務研究センター・平成7年）

三木義一「消費税法の基本構造と対価」税理2014年3月号

宮島洋「消費課税の理論と課題」宮島洋編著『改訂版消費課税の理論と課題』（税務経理協会・平成12年）

村井正「わが国消費税制の課題と展望」税理2013年9月臨時増刊号

村井正「消費税法上の非課税取引は全廃か，課税選択権か」税研2014年1月号

毛利健三「社会保障の歴史」武川正吾・塩野谷祐一編『先進諸国の社会保障1 イギリス』（東京大学出版会・1999年）

持田信樹「付加価値税の政府間割当て」経済学論集67-2（2001年）

山田二郎「消費税の納税義務の成立・確定と消費税の課税標準額」『租税法の解釈と展開(2)』（信山社出版・2007年）

吉田静雄「医療消費税訴訟の経緯」社会保険旬報No.2527（2013年4月1日号）

吉村典久「消費税の課税要件としての対価性についての一考察」金子宏編『租税法の発展』（有斐閣・2010年）

吉村政穂「出資者課税－『法人税』という課税方式（一）～（四・完）」法学協会雑誌120巻1・3・5・7号（2003年）

吉村政穂「法定外税の限界」ジュリスト No.1404（2010年）

吉村政穂「アマゾン税をめぐる議論は州売上税の将来に何をもたらすのか？」論究ジュリスト2013年冬号

渡辺智之「付加価値税（VAT）におけるゼロ税率」論究ジュリスト2012年春号

渡辺智之「欧州委員会グリーンペーパーの含意」税務弘報2012年7月号

渡辺徹也「外国子会社配当益金不算入制度の意義と効果」租税法研究第40号（2012年）

＜外国語文献＞

Australian Institute of Health and Welfare, Australia's Health 2012

Benjamin Alarie and Richard M. Bird, *Canada*, Edited by G. Bizioli and C. Sacchetto, Tax Aspects of Fiscal Federalism, A Comparative Analysis, (IBFD, 2011)

Yves Bernaerts, The 2010 VAT Directive and the case law of the Court of Justice of the European Union, (2010, Anthemis)

William Beverage, Social Insurance and Allied Services, Cmd 6404, HMSO (1942)（一圓光彌監訳『ベヴァリッジ報告　社会保険および関連サービス』（法律文化社・2014年））

Richard M. Bird and Pierre Pascal Gendron, Dual VATs and Cross-Border Trade: Two Problems, One Solution?, *International Tax and Public Finance*, 5 (1998)

Richard M. Bird and Pierre-Pascal Gendron, VAT Revisited: A New Look at the Value Added Tax in Developing and Transitional Countries, University of Toronto, October 2005

Kiesten Borgsmidt, Decades of European Value Added Tax (VAT): Where do we stand?, *European Business Law Review*, 139 (2000)

Canadian Medical Association, The Goods and Services Tax (GST) and health care access, *CMA backgrounder*, April 2006

Commission of the European Economic Community, The Report of The Fiscal and Financial Committee and The Reports of The Sub-Groups A, B and C, (An unofficial translation prepared by Dr. H. Thurston, IBFD Publications, 1963)

David W. Conklin and France St-Hilaire, Provincial Tax Reform: Options and Opportunities, The Institute for Research on Public Policy (1990)

Copenhagen Economics, VAT in the Public Sector and Exemptions in the Public Interest, Final Report for TAXUD/2011/DE/334, 10 January 2013

Peter Costello, Tax Reform: Not a New Tax, A New Tax System, in "An out of date system" (August 1998)

Council of Australian Governments, Intergovernmental Agreement on the Reform of Commonwealth-State Financial Relations (1999)

Stephen Dale and Wilbert Nieuwenhuizen, VAT Yearbook 2010/2011: VAT Decisions of the Court of Justice of the European Communities 1974-June 2010, (2011, Wolters Kluwer)

Jim Day, Together on Imperfect Harmony: Ontario and British Columbia Embrace Value-Added Tax, *Journal of State Taxation*, January-February 2010

Department of Finance and Deregulation, Consolidate Financial Statements for the year ended 20 June 2012

Richard Domingue and Jean Soucy, The Goods and Services Tax: 10 years later, PRB 00-03E, 15 June 2000

Liam Ebrill, Michael Keen, Jean-Paul Bodin, and Victoria Summers, The Modern VAT, (2001, International Monetary Fund)

Joachim Englisch, EU Perspective on VAT Exemptions, *Oxford University Centre for Business Taxation WP 11/11* (2011)

European Commission, Commission Staff Working Document, Accompanying document to the proposal for a Council directive amending Directive 2006/112/EC on the common system of the value added tax, as regards the treatment of insurance and financial services, Impact Assessment, SEC(2007) 1554

European Commission, Green Paper on the future of VAT, Towards a simpler, more robust and efficient VAT system, COM(2010) 695

European Commission, Green Paper on the future of VAT, Towards a simpler, more robust and efficient VAT system, SEC(2010) 1455 final

European Commission, Commission Staff Working Document, Accompanying document to the Green Paper on the future of VAT, Towards a simpler, more robust and efficient VAT system, COM(2010) 695 final

European Commission, Summary Report of the Outcome of the Public Consultation on the Green Paper on the future of VAT, Towards a simpler, more robust and efficient VAT system, (1 December 2010-31 May 2011)

European Commission, Communication from the Commission to the European Parliament, the Council and the European Economic and Social Committee on the future of VAT, Towards a simpler, more robust and efficient VAT system tailored to the single market, COM(2011) 851 final

Pierre-Pascal Gendron, VAT Treatment of Public Sector Bodies: The Canadian Model, *Oxford University Centre for Business Taxation WP 10/17*, July 2010

Pierre-Pascal Gendron, How should the U.S. treat government entities, nonprofit organizations, and other tax-exempt bodies under a VAT?, *Tax Law Review*, Vol. 63, No.2, Winter 2010

Government Accounting Office, Value-Added Tax, Lessons Learned from Other Countries on Compliance Risks, Compliance Burden, and Transition, *GAO-08-566*, (Washington D.C., 2008)

Michael J. Graetz, 100 Million Unnecessary Returns, A Simple, Fair, and Competitive Tax Plan for the United States, (2008, Yale University Press)

Oskar Henkow, The VAT/GST Treatment of Public Bodies, (2013, Wolters Kluwer)

Peter Hill, Australian GST Handbook 2011-12 (2011, Thomson Reuters)

HM Revenue & Customs, Notice 749, Local authorities and similar bodies, April 2002

HM Revenue & Customs, Notice 706, Partial exemption, June 2011

HM Revenue & Customs, Notice 708, Buildings and construction, November 2011

HM Revenue & Customs, Notice 701/57, Health professionals and pharmaceutical products, November 2011

HM Revenue & Customs, Measuring tax gaps 2012, 18 October 2012

HM Revenue & Customs, HMRC Tax and NIC Receipts, August 2013

HM Revenue & Customs, VFUP 1000 – Introduction

HMSO, Green Paper, *Value Added Tax*, Cmnd 4621 (1971)

HMSO, White Paper, *Value Added Tax*, Cmnd 4929 (1972)

HM Treasury, Financial Statement and Budget Report 1993-94

Lorey A. Hoffman, Satya N. Poddar, and John Whalley, Taxation of Banking Services Under a Consumption Type, Destination Basis VAT, *National Tax Journal* 40 No.4 (December, 1987)

Institute for Fiscal Studies, Dimensions of Tax Design: The Mirrlees Review (2010, Oxford University Press)

Institute for Fiscal Studies, Tax by Design: The Mirrlees Review, (2011, Oxford University Press)

Glenn P. Jenkins and Rup Khadka, Value Added Tax Policy and Implementation in Singapore, *VAT Monitor*, Vol.9 No.2 1998

Richard Lyal, Comments: The EU Perspective on VAT Exemptions, Edited by Rita de la Feria, VAT Exemptions, (2013, Wolters Kluwer)

Charles E. McLure, Jr., What Can the United States Learn from the Canadian Sales Tax Debates?, Canada-U.S. Tax Comparisons, ed. by John B. Shoven and John Whalley, (1992, University of Chicago Press)

Meade Committee, The Structure and Reform of Direct Taxation: Report of a Committee chaired by Professor J. E. Meade (1978, Institute for Fiscal Studies)

Rebecca Millar, Smoke and Mirrors: Applying the Full Taxation Model to Government under the Australian and New Zealand GST Laws, Edited by Rita de la Feria, VAT Exemptions, (2013, Wolters Kluwer)

The NHS Plan: A plan for investment, A plan for reform, Presented to Parliament by the Secretary of State for Health, By Command of Her Majesty, July 2000

OECD, Implementation of the Ottawa Taxation Framework Conditions, The 2003 Report

OECD, International VAT/GST Guidelines, February 2006

OECD, Consumption Tax Trends 2012

OECD, Education at a Glance 2014

Shelagh Pearce and Stephen Taylor, British Tax Guide: Value Added Tax 2012-13 (2012, Wolters Kluwer)

The President's Advisory Panel on Federal Tax Reform, Simple, Fair, and Pro-Growth: Proposals to Fit America's Tax System, November 2005

Reckon, Study to quantify and analyse the VAT gap in the EU-25 Member States, 21 September 2009

Rita de la Feria and Richard Krever, Ending VAT Exemptions: Towards a Post-Modern VAT, *Oxford University Centre for Business Taxation WP 12/28* (2012)

Nancy Robb, Harmonized sales tax a taxing issue for MDs in Atlantic Canada, *Canadian Medical Association Journal*, Nov. 15, 1997

Ryan, Value-Added Taxation in Canada: GST, HST, and QST, 4th Edition, (2011, CCH Canadian Limited)

Alan Schenk and Oliver Oldman, Value Added Tax: A Comparative Approach, (2007, Cambridge University Press)

Antony Seely, VAT: European law on VAT rates, SN 2683, House of Commons Library (2013)

Senate Select Committee, A New Tax Main Report (1999)

Luigi Siciliani, Michael Borowitz and Valerie Moran, Waiting Time Policies in the Health Sector: What Works?, *OECD Health Policy Studies* (2013)

Michael Smart, Departures from Neutrality in Canada's Goods and Services Tax, *SPP Research Papers, Vol.5, Issue 5*, February 2012

Standing Committee on Finance, Replacing the GST: Options for Canada, June 1994

Tax Consultative Committee, Report of the Tax Consultative Committee (1998)

United States Department of the Treasury, Approaches to Improve the Competitiveness of the U.S. Business Tax System for the 21st Century, (Washington D.C. 2007)

Michael Walpole, The Miraculous Reduced Input Tax Credit for Financial Supplies in Australia, *International VAT Monitor*, September/October 2011

Derek Wanless, Securing our Future Health: Taking a Long-Term View, Final Report, April 2002

Neil Warren, The UK Experience with VAT, *Revenue Law Journal*, Vol.3, Issue 2 (1993)

Catherine Whitby, First Do No Harm: GST and Health Care Services, *Revenue Law Journal*: Vol. 10: Issue 1, Article 9 (2000)

WHO, World Health Statistics, Life expectancy 2011

Michael H. Wilson, The White Paper: Tax Reform 1987, June 18, 1987

Michael H. Wilson, Goods and Services Tax: Technical Paper, August 1989

Konstantinos Zacharopoulos, Value-Added Tax: The Partial Exemption Regime, *Canadian Tax Journal*, Vol. 49, No.1 (2001)

Howell H. Zee, VAT Treatment of Financial Services, A Primer on Conceptual Issues and Country Practices, *Intertax*, 34(10) 2006

Howell H. Zee, Further Thoughts on Reforming the VAT: Treatment of Financial Intermediation Services, Edited by Rita de la Feria, VAT Exemptions, (2013, Wolters Kluwer)

索　引

【1-0, A-Z】

1点単価制　76
2年縛り　22
95%ルール　63, 152
B to B　29
B to C　30
C 効率性　90
DPC　41
EC　124
ECJ　165
ETA　177
EU 域内供給　26
GP　99
GST　167, 192
GST-free　205
hidden VAT　51
HST　169, 174
Medicare　102
MS 法人　85
NHS　98
QST　170
RITC　200
RST　170
VAT　14, 123
VATA　126
VAT ギャップ　91
VAT 収入比率　92
Vos 委員会　203

【あ行】

医業費用　55
一括比例配分方式　22
違憲審査　61
一般医　100, 105
一般消費税　12, 54, 57
一般病院　36

医療サービス　205
医療政策　98, 211
医療制度　98
医療提供体制　227
医療非課税　1, 82
医療非課税の原則　212
医療の平等消費　39
医療保険補助　83
医療隣接サービス　206
インボイス　16, 129, 197
インボイス制度　16
売上税　54, 57, 193
英連邦　123
益税　1, 23
欧州司法裁判所　165
オバマケア　117
オプション制度　163

【か行】

価格への織り込み　224
かかりつけ医　104
隠れた付加価値税　50, 64
カスケード効果　14, 199
課税売上　45
課税売上割合　21
課税化　228
課税貨物　21
課税選択　163
課税対象外　138
課税対象外取引　24
課税代替措置　163
課税物件　23
カルセール・スキーム　218
簡易課税制度　23, 220
間接消費税　13
間接税法　177
還付制度　182, 188, 189, 213

241

還付対象税額　214
還付割合　189
期間税　18
基幹税　15
基準期間　23
逆進性対策　28, 80
給付付き税額控除制度　229
金融仲介サービス　47
金融取引　199
金融取引税　48
勤労意欲　159
グリーンペーパー　160
繰越欠損金　20
軽減税率　78, 127
ゲートキーパー　100
ケベック協調売上税　174
減額仕入税額控除制度　200
原産地主義　25
源泉地主義　25
現物給付　115
憲法適合性　61
権利　30
権利確定主義　19
行為計算否認規定　86
控除対象外消費税　4, 33, 65, 67, 71
控除対象外消費税額　1, 45
控除対象外消費税問題　2
公的医療保険　39
公的介護保険サービス　221
公的機関　154, 182
公的病院　183
効率性　94
小売売上税　14, 89, 171
合理的根拠の基準　61
国家賠償請求　58
国家賠償法　58
国境税調整　25
国内取引　24
国内総生産　11
国民皆保険　39

国民皆保険制度　112
個別対応方式　21
混合診療　41, 104

【さ行】

裁判規範　1
裁量行政　211
暫定按分割合　132
仕入税　124
仕入税額控除　19, 129
仕入税額控除制度　180, 196
事業活動税　89
事業者　17
資源配分の非効率性　43
実質的平等　108
実定法　2
仕向地主義　25
社会支出　116
社会政策的配慮　27
社会保険診療　54
社会保険診療報酬　1
社会保障・税一体改革　97
社会保障・税番号　229
社会保障と税一体改革　5, 83
自由開業医制　35, 115
自由診療　41
少額金融仕入控除制度　201
少額不追及制度　134
小規模事業者　50, 221
償還払い方式　115
消費課税　13
消費支出　17
消費税　17
消費地課税主義　25
処方薬　139
助産　64
人的非課税　50, 146, 192
診療報酬点数表　74
診療報酬の改定　62
診療報酬改定　5, 75

索　引

随時税　18
制限政体　90
製造者売上税　14, 171
生存権　108
制度の安定性　192
制度疲労　166
税負担の累積　162
税負担の累積を防止　19
税方式　121
税率構造　1, 135, 178
税率連動型還付税額計算　214
セカンダリ・ケア・サービス　100
設備投資　68
ゼロ税率　24, 76, 126, 179, 195
先決裁定　150
選択的雇用税　124
前段階控除　162
前段階税額控除型　12, 57
租税支出　136, 191
租税政策　211
租税法律主義　86
損税　1

【た行】

対応関係　57
第6次指令　141
第二付加価値税指令　124
多段階　57
中央社会保険医療協議会（中医協）　42
中立性　14, 56
超過税率　125
調整売上税　174
調整援助措置　175
帳簿書類　1
手続法　1
デリバリー　40
転嫁　9, 64, 223
透明性の確保　76
登録された医療従事者　140
特例法　133

取引高税　148

【な行】

内部化　189
認知された専門家　208

【は行】

比較制度論的アプローチ　7
非課税　24, 52, 81, 128, 179
非課税事業者　147
非課税取引　27, 45, 195
標準税率　81
標準法　131
病診連携　41
比例控除　146, 151
ファイナンス　40
付加価値　15, 16
付加価値税　4, 87
付加価値税指令　49, 77
付加価値税のチェーン　16
付加メディケア税　107
福祉国家　49, 108
負担　65
物税　17
物的非課税　50, 147, 192
部分還付　182
部分控除　213
部分控除制度　199
部分的控除否認　130, 151
プライマリ・ケア　99
フリーアクセス　114
ベヴァレッジ報告　98
法解釈学的アプローチ　2
法社会学的アプローチ　2
法人　17
法的安定性　5
法的紛争　1
法の支配　76
保険外併用療養費制度　42
保険診療　41

243

保険方式　121
補助金　155
保税地域　21

【ま行】

マーリーズ・レビュー　158
マイナンバー制度　229
待ち時間　119
みなし仕入率　23
明白の原則　61
メディケア　106, 205
メディケア税　107
免税　24
免税事業者　221

【や行】

歪み　153
輸出補助金　25
輸出免税　24, 25
用途区分　21, 46
ヨガ　142
予測可能性　5

【ら行】

濫用的タックスプランニング　85
立法過程　3
リバースチャージ　26
連邦財政主義　191
連邦付加価値税　173

▓著者略歴

安部　和彦（あんべ　かずひこ）
　　国際医療福祉大学大学院医療経営管理分野准教授　税理士
　　1967年12月　大阪市生まれ
　　2014年9月　一橋大学大学院国際企業戦略研究科経営法務専攻博士後期課
　　　　　　　程単位修得退学　博士（経営法）一橋大学

〔著書〕
『Q&A　相続税の申告・調査・手続相談事例集』税務経理協会，2010年
『税務調査の指摘事例からみる法人税・所得税・消費税の売上をめぐる税務』清文社，2011年
『税務調査事例からみる役員給与実務Q&A』清文社，2012年
『【新版】税務調査と質問検査権の法知識Q&A』清文社，2012年
『事例でわかる病医院の税務・経営Q&A（第2版）』税務経理協会，2012年
『医療・福祉施設における消費税の実務』清文社，2012年
『医療現場で知っておきたい税法の基礎知識』税務経理協会，2012年
『修正申告と更正の請求の対応と実務』清文社，2013年
『消費税の税務調査対策ケーススタディ』中央経済社，2013年
『消費税［個別対応方式・一括比例配分方式］有利選択の実務』清文社，2013年
『国際課税における税務調査対策Q&A』清文社，2014年
『相続税調査であわてない「名義」財産の税務』中央経済社，2014年
『Q&A　医療法人の事業承継ガイドブック』清文社，2015年

▓消費税の税率構造と仕入税額控除
　　──　医療非課税を中心に　──

▓発行日──2015年8月6日　初版発行　　　　　〈検印省略〉

▓著　者──安部　和彦

▓発行者──大矢栄一郎

▓発行所──株式会社　白桃書房
　　〒101-0021　東京都千代田区外神田5-1-15
　　☎03-3836-4781　Fax 03-3836-9370　振替00100-4-20192
　　http://www.hakutou.co.jp/

▓印刷／製本──藤原印刷

Ⓒ Kazuhiko Ambe 2015 Printed in Japan
ISBN 978-4-561-46178-4 C3034

本書のコピー，スキャン，デジタル化等の無断複製は著作権法上での例外を除き禁じられています。本書を代行業者等の第三者に依頼してスキャンやデジタル化することは，たとえ個人や家庭内の利用であっても著作権上認められておりません。

JCOPY 〈(社)出版者著作権管理機構　委託出版物〉
本書の無断複写は著作権法上での例外を除き禁じられています。複写される場合は，そのつど事前に，（社）出版者著作権管理機構（電話 03-3513-6969，FAX 03-3513-6979，e-mail : info@jcopy.or.jp）の許諾を得てください。
落丁本・乱丁本はおとりかえいたします。

好評書

中村　忠【著】
新訂現代簿記（第5版）　　　　　　　　本体 1,905 円

平野秀輔【著】
非上場株式に関する相続税・贈与税の問題点　本体 3,200 円
　　―応能負担原則からの考察と分離型の導入

桜井久勝【編著】
テキスト国際会計基準（第6版）　　　　本体 3,300 円

山浦久司・廣本敏郎【編著】
ガイダンス企業会計入門（第4版）　　　本体 1,905 円
　　―手ほどき　絵ほどき　A to Z

越知克吉【著】
会計士物語（第3版）　　　　　　　　　本体 2,381 円
　　―公認会計士の仕事と生活

W. H. ビーバー【著】　伊藤邦雄【訳】
財務報告革命（第3版）　　　　　　　　本体 3,300 円

永野則雄【著】
ケースでまなぶ財務会計（第7版）　　　本体 2,800 円
　　―新聞記事のケースを通して財務会計の基礎をまなぶ

秋山和宏【著】
医療システムのモジュール化　　　　　　本体 2,700 円
　　―アーキテクチャの発想による地域医療再生

内山研一【著】
現場の学としてのアクションリサーチ　　本体 5,500 円
　　―ソフトシステム方法論の日本的再構築

―――――― 東京　白桃書房　神田 ――――――

本広告の価格は本体価格です。別途消費税が加算されます。